城市社会空间研究书系

主编　冯健

旅游社区可持续再生：基于社会空间视角

Sustainable Regeneration of the Tourism Community:
A Social Space Perspective

徐小波　著

中国建筑工业出版社

图书在版编目（CIP）数据

旅游社区可持续再生：基于社会空间视角 / 徐小波著；— 北京：中国建筑工业出版社.2016.12

（城市社会空间研究书系　主编　冯健）

ISBN 978-7-112-20033-7

Ⅰ.①旅…　Ⅱ.①徐…　Ⅲ.①社区－旅游业－可持续发展－研究　Ⅳ.①F59

中国版本图书馆CIP数据核字（2016）第255798号

本书首先依据社会—空间辩证法，阐释旅游社区发展的社会—空间互动机理，并基于社区主体的微观性空间生产、整体性空间生产，论述旅游社区的社会空间本质及其分析框架；其次，结合可持续再生的理念内涵、旅游发展与社区转变的社会—空间互动机制，梳理旅游社区发展与可持续再生的逻辑关联及其矛盾；最后，综合描述统计、多重对应、卡方检验等方法，对扬州"双东"旅游历史街区的社会—空间发展状态展开分析，提出建议和对策。本书系统分析了旅游社区发展的社会—空间关联机制，率先建构了旅游社区可持续再生理论体系，提炼出旅游社区演变的社会空间模型。本书为旅游社区发展、管理提供一般性指导，同时也为总结和推介扬州"双东"旅游历史街区发展提供经验借鉴。

责任编辑：李　东　陈海娇
责任校对：陈晶晶　李欣慰

城市社会空间研究书系
主编　冯健

旅游社区可持续再生：基于社会空间视角

徐小波　著

＊

中国建筑工业出版社出版、发行（北京海淀三里河路9号）
各地新华书店、建筑书店经销
北京京点图文设计有限公司制版
北京中科印刷有限公司印刷

＊

开本：787×1092毫米　1/16　印张：14¾　字数：347千字
2017年6月第一版　2017年6月第一次印刷
定价：48.00元
ISBN 978-7-112-20033-7
　　　（29512）

PREFACE | 总　序

　　我想利用为"城市社会空间研究书系"丛书撰写总序的机会，重点说清楚三个问题。

　　一是这套丛书出版的背景。这包括了两个层面的内涵，即现实背景和学术背景。

　　现实背景是在中国快速城镇化发展进程中，尤其是在大都市用地扩张和人口高度集聚的同时，促进了社会空间的发育，催生了社会组织的成长，同时也伴生了一系列社会问题的出现。特别是当经济发展到一定程度后，城市居民的各种社会性需求充分显现，需要得到空间上硬件设施合理布局的保障以及社会关系网络的支撑。这样，"社会"和"空间"便产生频繁联系，进而相互影响和制约，西方学者称之为"社会空间辩证法"（Socio-Spatial Dialectic），这属于地理学家的研究范畴。与此同时，中国的城市规划建设出现了前所未有的繁盛局面，城市规划需要应对大量的社会层面的新趋势、新现象和新问题，而地理学家所重视的空间思维与空间分析方法与城市规划中的"空间"内涵有着天然的契合关系。因此，围绕"城市社会空间"的主题，召集以地理学家为主的创作群体并出版系列研究成果，对于体现城市规划的"时代性"具有重要意义。

　　学术背景是，西方的城市社会空间研究肇始于 20 世纪 20 年代，可以追溯到著名的"芝加哥学派"，而国内的同类研究出现在 20 世纪 80 年代中后期。国内的城市社会空间研究经过 30 年的实证研究积累和学术发展，目前已经到了建设学科、形成有中国特色的系统理论以及把相关核心问题放大并开展系列研究的阶段了。在这个阶段，策划出版有关城市社会空间系列丛书，扩大研究的社会影响，无疑是促进相关学科发展的重要手段。

　　二是为什么策划出版这套丛书。一句话，就是要促进城市地理的社会化发展。通过这套丛书，高举"城市地理社会化"的大旗，切实推进新时期中国城市地理研究迈向一个新的台阶。

城市地理学是人文地理学中最有生命力、从事研究的人员数量最多、与城市规划关系最为密切的重要分支学科。一般而言，城市地理学的主要构成框架包括四个部分，即城市发展史（城市历史地理）、城镇化、城镇体系和城市内部结构。城市内部结构属于城市社会地理学范畴，而城市社会空间是其最主要的研究内容。西方的城市地理学研究，对城市发展史、城镇化和城镇体系的研究早已十分成熟，难以再产生新的理论，所以目前的情况是以城市内部结构为主要研究内容。我曾统计过美国的权威期刊 *Urban Geography* 近年某一年内所发表的论文，发现四分之三以上的论文主题属于城市内部结构方面，而只有不到四分之一的论文属于城市地理的另外三个方向。如前所述，国内学术界对城市内部结构或城市社会空间研究的关注，至今不超过 30 年时间，而尤以近 15 年来研究最为热门，取得的研究成果也最多。事实表明，中国城市社会空间研究已经成为城市地理研究理论创新最多的领域。因此，国内的城市地理研究，要强化对"城市地理社会化"的认识，让城市内部结构成为未来一段时间内中国城市地理和城市规划理论创新和实践应用最广泛的研究方向之一。

　　三是这套丛书的特点。这套丛书最大的特点就是通过强调"社会空间和文化生态"的理念和视角，实现地理学的"人文关怀"，包括对行为主体的人的关怀、对行为主体集聚体的社会的关怀和对行为主体活动载体的空间的关怀。

　　目前已经列入丛书出版计划的著作已经有 10 本，这些著作多数是博士论文或是国家自然科学基金课题的研究成果，作者以中青年学者为主。一方面，这保证了本套丛书的写作质量；另一方面，相对年轻化的作者年龄结构特点，更容易激发学术创新的火花。当然，今后还可以继续吸纳一些前沿的研究成果纳入本套丛书的出版。

　　这套丛书在论证选题时，本着趣味性、前沿性和学术性并重的理念，旨在吸引更广泛的读者群。这套丛书可供城乡规划、地理学、社会学、区域经济与管理等研究领域的人员，以及政府有关部门的决策人员、房地产开发与经营管理者和高校师生参考使用。

兹为序。

中国地理学会人文地理专业委员会副主任

北京大学城市与环境学院副教授

2016 年 1 月

PREFACE | 序

　　徐小波的博士论文终于将要正式付梓了，作为曾经参与研究过程的一员，我感到由衷的高兴。该书以作者的北大人文地理学博士论文为基础，运用多学科理论作为分析工具，选择扬州市区历史地段（东关街—东圈门历史街区）为研究案例地，系统观察和分析了城市历史地段遗产保护与发展利用过程中发生的社会关系，特别是当地居民与其他利益主体的种种关系。因为是在人文地理学的学科框架之内讨论上述话题，空间的角度又成为其中一个重要的视点。城市社区、旅游发展、历史地段、地段更新、空间结构，这些概念要逐个讲清楚需要相当的积累，如果将其打碎了再糅合在一个容器里，其逻辑重构与科学分析就是一件很令人头大的事情了，当然，学者的任务不就是把复杂的事情用简单的方式理顺当、讲清楚吗？

　　作为博士论文研究的指导教师，我对扬州东关街和东圈门历史街区的了解是不够深入的，对作者所采用的研究方法中的若干部分我也不是好的专家，所以关于这部著作的学术内容和主要贡献还是留给读者自己去阅读和评价吧。我想借小波这本书出版的机会，结合最近几年来针对城市历史地段的保护与活化研究和规划咨询的实践，从以下三个角度谈谈我的一些思考心得。

　　第一个问题是关于社区旅游与居民增权。社区旅游与传统的大众观光旅游和大众休闲度假相比，它更关注接待地或目的地之内长期居住的本地居民，关注居民对旅游发展的态度及其变化，关注居民在旅游产品和服务提供中的参与程度和决策影响力，关注其在旅游发展收益中的控制和分配比例，关注其所在社区发展旅游前后的社会文化的演变，等等。当然，社区旅游本身，首先暗示出社区自身对旅游者较突出的吸引力和参与水平。少有人居住的自然保护区、航行在公海上面的邮轮等旅游方式，社区的参与程度就小得多，也就谈不上多少社区旅游的事情。社区旅游往往就是那些当地居民的生活常态和生活方式也被旅游者、外来访客视为有文化特色和满足好奇心的一个对象。人及其生活，当地的活的文化传承，都具有重要旅游资源价值，因而也是需要重点关注的对象。但是在政府权力和资本力量过于强大的地方，当地居民虽然本身的居住、生产、生活和文化景观构成本地最为关键的旅游产业发展的基础，但他们却常常得不到规划建设、景区管理、利益分享的参与及合理收益。由于担心管理不便、利益分配不均、商业信用不可靠等原因，投资者和地方政府常常选择更为简单粗暴的全部外迁的办法来推进历史地段的旅游开发。不要忘记上文提及的一个科学道理，社区旅游很大程度上是依赖社区的，社区的生活方式是主要的吸引物，如果把居民外迁了，"社区"就没有了，"社区旅游"也就失去了存在的基础，成了"空架子"，剩下来的其实就是古建筑旅游、物质遗产旅游了，而社区旅游远比遗产建筑旅游有更丰富和更深的体验。那么，如何实现让社区旅游保持真正的社区生活而非"空壳一座"呢？无他，公平"分赃"而已，也就是说让大家都有饭吃，都能分一杯羹喝，用学者的语言叫做增权（empowerment），"说人话"就叫共享发展成果。不可否认，确实也有可能出现极少数的"刁民"，天价要求无法满足，但大多数情况下，当地居民不乐意，是因为他们处于信息不对称的弱势一方，确实签了协议后来反悔的，法律上看是他们不守约、没信用，根本原因还是签署的条款存在"不平等条约"的情况。

第二个问题是关于可持续再生与遗产活化。城市历史地段一旦被纳入文物保护单位名录，如果按照过去长期以来文物精英层的专家意见和在此基础上形成的文物保护法规，被动保护现象比较突出，其中一条就是列入全国重点文物保护单位的建筑物是不可以作为商业经营使用的（2015版《文物保护法》第二十四条）。"不得作为企业资产经营"也就是剥夺了这个地区发展的权利。实际上，西方各个国家，被列为世界文化遗产的建筑空间照样可以开展商业经营，开旅馆、做餐厅、举行婚礼仪式，样样可以，但并不影响文物的保护。现在被当作文物保护起来的建筑物，历朝历代都是处于使用之中的。今天的《文物保护法》应该改为《文物法》，不应该独立地讲"保护"一个问题，而要同时以法律的语言，界定清楚保护、利用、产权等多种利益关系及其协调的准则。用习近平总书记的话讲，就是要让文物说话，要让文物活起来。令人高兴的是，被动保护这种情况最近有了一些改变，《国务院关于进一步加强文物工作的指导意见》(国发〔2016〕17号)明确指出，要"制定鼓励社会参与文物保护的政策措施"，对市县级的文物保护单位和尚未核定公布为文物保护单位的不可移动文物的，可"给予一定期限的使用权"，这一点变化今后完全可以放宽到更高级别的文保建筑的合理使用上。中央政府要求文物要"为促进经济社会发展服务"，"发挥文物资源在促进地区经济社会发展、壮大旅游业中的重要作用，打造文物旅游品牌，培育以文物保护单位、博物馆为支撑的体验旅游、研学旅行和传统村落休闲旅游线路，设计生产较高文化品位的旅游纪念品，增加地方收入，扩大居民就业"。文件具体规定乡村地区"实现文物保护与延续使用功能、改善居住条件相统一"，实际上城市历史地段的文物也应该给予同样的政策鼓励和管理措施。只有允许、鼓励各种保护前提下的合理使用，才是真正的长久的保护。遗产活化是一种更为有效的保护途径。

第三个问题想讲讲社会空间与城市规划的地理机遇。城市不是建筑物的堆砌而是人类生活居住交流发展的场所，人应该而且永远是城市的核心，城市规划的核心，城市建设的核心，城市经济的核心，城市生态的核心，也是城市文化的核心。人群与人群，人群与环境，人群与建筑，相互作用产生的地方和场所，无不打上社会空间的烙印。随着中国城市化高速、粗暴、威权式的模式逐步暴露出种种负面特征，而被越来越多的人所认知和抛弃，增量规划逐步转向存量规划，城市规划的物质主义、技术主义和强权态度，逐步转向对空间权力民主、资源配置效率、社会利益均衡等非物质问题的关注。城市规划也已由原来工学门类下的建筑学之下的一个二级学科，独立成为与建筑学、风景园林学平行的一级学科，尽管城市规划仍然被国务院学科规划小组置于工学门类之下。现在，无论是传统住建系统之内的专家，还是涉及城市规划、城市管理研究的势力范围外的专家，大家纷纷意识到，城市的人文主义精神已经觉醒，城市规划研究必须依赖多学科的共同参与。在这样的发展背景下，人文地理学的社会空间研究，以及地理学家在城市规划领域的发言权,逐步得到学术和政治上的认同。对于地理学来说,是一次学科发展的机遇。但是能不能抓住这个机遇,不取决于建筑学,也不取决于城市规划研究,而取决于地理学本身的努力。

作为 1980 年进入华东师范大学地理系求学,并在那里连续获得地理学本、硕、博三个学位,长期从事区域发展和城市旅游规划观察与研究的我来讲,深感地理学面临的挑战仍然是严峻的,因为我发现,中国地理学研究者们并没有真正准备好,至少北大的地理学并没有真正准备好。

吴必虎

2016 年 3 月 9 日

于北大逸夫楼

PREFACE | 前　言

　　就我国旅游地理学而言，物质空间是过去 30 多年的研究重心，将社会学思维引入其中，推动旅游地理和旅游社会研究相融合，成为一项有意义的理论尝试。20 世纪后期，随着社会学"空间转向"和地理学"社会关联运动"的兴起，社会—空间辩证法逐步成为联结"空间"与"社会"的理论纽带，使社会空间发展为地理学、社会学等学科交叉和综合研究的理论平台。作为一种新兴理念，社会空间在旅游地理乃至整个旅游学领域的发展前景广阔，但其引介和探究仍待勉力。

　　可持续再生以社会空间辩证法或者说社会空间为立足点，已经成为国际范围内社区规划和发展的核心指导理念。对旅游社区来说，物质、社会环境是其延续之基础和发展之资本，两者始终在社区演化中以某种方式动态存续。换言之，物质、社会要素在旅游社区发展过程中被不断扬弃和重构。于是，社区"传统性"可能熠熠生辉，也可能让位于"现代性"的普照之光。无论何者，都不能抹灭旅游社区实质上是社会与空间相互建构的产物。旅游社区特质的存续终究对应于社会空间演化的状态。这种"状态"可以偏向"传统"而趋于可持续再生，当然也可以随着现代性洪流而趋于重新书写或"焕然一新"。从这些不同的"状态"看，潜伏在"状态"背后的机理和矛盾将逐渐显露出来。"状态"作为一种现象，只是这些机理和矛盾基于特定时空情景的"涌现"。"机理"在旅游社区时空流转和其发展脉络之中，是以"有机顺承"的进路还是以"割断失耦"的方式寓居于"状态"，对旅游社区的发展方式乃至发展态势和性质具有本原影响。社会作为一种组织化的共同体，所充斥的"主体间"矛盾和"资源性"关联更是加剧了旅游社区演化的复杂性。统而言之，旅游社区发展绝非物质环境单方面可及可为之事，而是建立在社会—空间辩证法基础之上的社会空间的重构过程。如果不想以"圆规和方尺"来建造旅游社区，那么就要正视社会—空间辩证法在旅游社区的传统或过去、现代或将来之间的时空轮转中所发挥的基底效应。

　　物质空间是镶嵌于社会空间之中的黏附系统，抽离社会肌理的物质空间将丧失活性而沦为一副空洞的骨架。在各类社区，尤其是本书所研究的历史街区的旅游发展中，历史都是作为地域社会的根基和记忆而客观存在。这种"客观性"不以规划者、旅游者、居住者、管理者等各方利益者的主观性而移易。然而，当"历史"接触或走进这些利益者之中，找到的往往是不同的"存在感"。旅游在联结历史和物质并将其重新形塑于旅游社区的"发展"过程中，所面临的绝不仅仅是技术和理性层面的检验，更是人文和价值层面的考验。

总之，在社会学思维渐入旅游地理研究的"新时代"，对旅游社区社会—空间辩证机理及其可持续再生体系展开进一步探究，应可谓适逢其时。故而，本书以扬州"双东"历史街区可持续再生为例，探讨旅游地物质空间和社会发展有机统一的方式和进路，以期为我国蓬勃发展的旅游社区事业提供参考。

本书首先分析了旅游社区发展的社会—空间互动机理，探讨旅游社区核心社会主体，具体包括社区居民、游客、从业者、市民社会、政府部门、开发商、规划师等，进行个体性（局部性）、社会性（整体性）空间建构的理论框架。然后，对可持续再生理念内涵做出解析，并分析了旅游发展与社区转变之间的社会—空间互动机制。在此基础上，归纳出旅游社区"发展"与"（可持续）再生"之间的主要矛盾。继而，综合多种方法，对扬州"双东"旅游历史街区的社会空间开展实证分析，并基于可持续再生理念提出相关建议、措施。最后，统合理论分析和"双东"实证，建立旅游社区社会空间分析体系及其可持续再生理论模型。

综上，本书认为：

（1）每个旅游社区都是特定的地域性社会空间。其特定的社会性由其社会主体及社会关系所赋予；特定的空间性由其自然风貌、建筑景观、历史遗产、空间肌理、居民特质所生成；特定的空间生产方式由其地域活动所确立。

（2）鉴于行为能力与行为范畴诸方面分异，旅游社区形成"精英"

与"大众"两大社会阶层,并客观性建立"恩庇—侍从"机制。前者包括地方政府、开发商、规划师等掌握旅游社区开发(发展)话语权、主导权等"操控权"的优势主体;后者包括社区居民、游客、从业者等社会主体及其形成的市民社会,通常居于从属、弱势地位。

(3)旅游社区是社会个体、群体所进行的"二重生产"的产物。社会主体以各自方式进行旅游社区的微观(个体/局部)生产,同时又因社会互动而形成旅游社区的整体(社会)生产,并围绕各自利益而产生社会矛盾和社会抗争。在此过程中,旅游社区的物质空间辩证限定社会主体(实体)的活动方式,同时又和旅游社区的社会主体(实体)一道,借由社会主体(实体)的空间活动而被重塑,以此实现旅游社区的自我生产或发展演化。

(4)旅游社区可持续再生应关注和统筹地域功能、社会内涵、空间正义三重要义。旅游作为目的地社区的一种空间生产方式,从经济、文化、社会、形体等方面介入目的地社区的社会空间转变过程。不同社会主体(阶层)对目的地社区发展存在偏好差异,这导致社区社会空间演化相对于不同社会主体(阶层)具有客观上的利益(诉求)非对称性。或者说,旅游社区作为一个整体性社会空间的客观演变,对不同社会主体(阶层)所产生的功能、意义、利益等影响效应是不均等的。这种不对称性或不均等性滋生旅游社区可持续再生的潜在矛盾。

(5)旅游开发为扬州"双东"历史街区提供了一种发展途径。这种"发展途径"引发"双东"物质空间、社区社会和地域活动的事实性"重构"。目前,"双东"发展状态一定程度偏离可持续再生目标,在地域功能、社会内涵、空间正义三方面都有所体现,需要制定相应的响应措施。

书中所陋,诚望读者指正!

CONTENTS | 目　录

规划应对的不是一个抽象的、分析性的程序概念，
而是特定的历史社会现象。

Scott A J, Roweis S T. Urban Planning in Theory and Practice:

A Reappraisal. 1977.

第1章 绪论
ONE

1.1 研究背景、目的与意义

1.1.1 研究背景

1.1.1.1 社区旅游方兴未艾

我国长期以来以观光旅游为主的发展模式正面临重大转型期（徐文燕，2010）。社区旅游作为一种新兴旅游发展形式正在逐步兴起。一方面，我国悠久历史孕育出众多景观独特、底蕴深厚、风情浓郁的历史社区或民族社区，这些社区具有旅游开发的资源优势、政策优势和社会优势（赵福祥、李全德，2003；邓光奇，2007）。另一方面，很多传统资源优势并不突出的社区也在通过多种努力进行旅游开发（王萌，2005；汪宇明、程怡、龚伟，2006）。

以周庄、乌镇为代表的"江南六镇"，以凤凰、丽江、平遥为代表的历史城镇，以婺源、龙胜为代表的乡野社区，以西递、宏村为代表的传统村镇……一个个著名成功案例使得众多社区将旅游视为重要的、核心的发展途径。从政策层面上，各级政府都积极支持社区旅游发展，以图旅游扶贫（PPT）、旅游致富，以及通过旅游发展来促进社区资源的保护。例如，自2003年至今，住房和城乡建设部、国家文物局联合公布了6批次共528处"历史文化名镇名村"，其中大多进行了不同程度的旅游开发。此外，2010年以来，住房和城乡建设部、国家旅游局联合评定了3批次共553处"全国特色景观旅游名镇名村"。这些举措对村镇旅游社区发展具有重要推动作用。社区旅游发展不仅能从经济、文化、社会等方面造福目的地社区，还因其多种产品组合、多种设施结合的集聚优势而成为众多新旅游地的开发形式（唐顺铁，1998）。

实践表明，社区旅游对众多社区的经济增长、居民生活、设施环境等也起到了极大的促进作用，产生了显著的效果（保继刚、文彤，2002）。"社区"已经成为一种重要的旅游地域开发形式。

1.1.1.2 旅游社区瓶颈初现

伴随着社区旅游如火如荼地开展，各种问题与缺陷也相继开始出现。总的来说，社区旅游在发展过程中主要面临以下几方面的发展瓶颈，如不及时加以解决，将威胁到社区旅游的持续发展能力。

（1）资源利用问题

资源条件是旅游发展的基础和组织核心。现实中，社区多将旅游作为一种产业活动来加以开发，在经济利益诉求上过于冲动，往往对社区资源保护的重要性缺乏足够认识，保护措施不到位,传统资源面临毁灭性灾难（胡跃中,2001）。例如,京郊爨底下村代表性的四合院"财主院"、"广亮院"由于居民缺乏充分的保护意识,在旅游发展中不仅未加维护,更受到游客的严重破坏;云南束河古镇为开发旅游拆毁较多历史建筑而代之以新的复古建筑,大理为加快旅游发展而将原来的石板路改为柏油路。与此相对,一些旅游经济效益较低的资源却得不到保护而日益衰败。浙江古郭洞曾将部分零散旅游资源转租给个人进行旅游经营,导致这些资源得不到充分有效的维护。

（2）旅游影响问题

旅游是一把"双刃剑",在惠及社区的同时也会产生负面影响。旅游发展在经济、文化、社会效益的分配上往往并不均衡,从而一定程度地引发或激化了社区居民之间的矛盾（Duffield,1982; Farve, 1984; 熊侠仙等, 2002; Gu and Ryan, 2008）。例如,京郊农家乐游客节日期间,在凌晨燃放烟花爆竹,干扰了村庄居民休息,从而引发农家乐开发户与未发展农家乐居民之间的社会矛盾。苏州同里在旅游发展中曾不均等地限制居民"凿墙开店",从而引发开店居民与未开店居民之间发生社会冲突。2002年8月,西双版纳两个傣族村寨为争夺客源而相互堵住村寨入口,相互辱骂,从此形成较深积怨。云南迪庆藏族自治州石卡雪山旅游发展过程中曾与周边4个藏族村寨在土地征用、环境污染等问题上发生冲突。

从社区整体层面上,旅游发展侵蚀社区传统文化、生活方式、思维观念等现象也屡见不鲜（Lange,1980; 阮仪三、邵甬,1996; Walker等,2000）。因此,旅游发展可能在某些方面导致目的地社区社会文化的衰退和变味,影响社区和谐与稳定。

（3）发展模式问题

社区旅游在开发与发展模式上的同构性、相似性问题也逐步浮现出来（田喜洲,2002; 李苏宁,2007）。这一方面不利于相关社区错位发展、互补发展,并可能加剧旅游社区之间的同质竞争;另一方面,一味跟随其他社区的发展模式可能脱离社区自身的资源条件和市场条件,不利于长远持续发展。同时,大量社区旅游发展、经营与管理长期停滞在初级阶段,片面依赖规模经济、商业化发展,旅游效益迟迟得不到内涵型提升（刘昌雪、汪德根,2003; 宗晓莲,2005）,不仅延缓了旅游经济的发展,也表现出保护、开发与旅游业发展关系的不协调,影响资源的永续利用,不能建立旅游发展与社区参与的良性互动机制,阻碍了社区的可持续发展。

（4）社区边缘化问题

由于地方政府旅游发展动机和社区居民发展能力之间的错位,目的地社区在旅游发展过程中却被边缘化的现象时有发生。社区居民往往缺乏从事旅游经营和旅游开发的初始资本,包括技能、资金、关系等,在地方政府快速推进社区旅游发展的背景下,社区旅游商机会多被外来经济精英和劳力精英攫取,从而导致社区居民沦为利益弱势群体（彭建,2009;刘俊、楼枫烨,2010; 饶勇,2013）。

社区旅游依托于社区这样一种地方性公共空间资源。在实际发展中,地方政府在发挥主导作用的过程中假借公共利益或宏观调控等名号,可能侵害目的地社区应有的发展权益,从而使目的地社区在制度层面上处于弱势地位。例如,2009年,江西婺源实行"大门票"改革,此举凸显出地方政府经济效益的逐利动机，而一定程度地阻碍了居民获益能力和开发旅游项目的积极性，引发居民的集体抗议。此外，部分旅游社区通过非社区型外来企业或其他形式的企业来负责旅游发展与管理，在某种程度上剥夺了社区居民的自主发展与受益能力。

总之，在现行旅游开发体制与市场化环境背景下，社区居民往往处于弱势地位而得不到应有的扶持与关怀，在旅游发展的形势下却沦为"失语"、"失权"的弱势群体。

（5）旅游管理问题

旅游社区管理具有复杂性、系统性。目前，旅游社区管理主要存在三方面问题。第一，多头管理、职权交叉。我国社区旅游往往是先有社区，后有旅游开发，加之社区资源产权、开发方式等方面的原因，旅游社区通常存在多头管理的情况（邹统钎、李飞，2007）。一旦出现问题，各管理部门相互推诿的"踢皮球"现象不时发生。同时，社区社会管理和旅游职能管理相互脱节，而社区旅游涉及社区公共环境、民居建筑、社会风情等方方面面，因而不利于旅游社区综合管理的实施。以浙江乌镇为例，主要传统地段被作为收费景点由乌镇旅游开发有限公司统一经营管理，而景区周边环境又隶属镇政府管理。这种"两张皮"体制在我国众多旅游社区普遍存在。第二，管理目标偏颇。社区本位应成为旅游社区管理的立足点，要避免旅游管理中社区居民主体地位的缺失（曹兴平，2012）。在我国，社区旅游开发公司或地方政府成为社区旅游的强势群体和主导者，两者炒作社区旅游以实现各自利益，而旅游发展与社区发展却相互脱节的事例并不少见（孙九霞，2006；王成超，2010）。政府、开发商在旅游社区管理目标上偏离目的地社区，已成为旅游社区管理面临的现实问题。第三，管理能力不足。无论是政府还是开发商，在进行旅游社区综合管理中往往缺乏统筹性、全面性，对社区旅游发展面临的实际问题往往缺乏有效的应对措施，表现出管理能力上的不足（郭华，2007）。这些管理方面的基本缺陷威胁到旅游社区发展的可持续性，有待作出有效应对。

1.1.1.3 社区主位意识觉醒

居民作为目的地社区的传统主人，伴随着旅游发展的逐步推进而对"旅游环境"表现出逐渐适应、融入、参与与干预意向，主位意识的觉醒与复苏将成为旅游社区的内在趋势。尽管居民对社区旅游的经济利益诉求倾向相对突出，但对旅游其他效应也并非缺乏关注。韩国圣、张捷、黄跃雯等（2012）基于旅游影响感知提炼出天堂寨周边社区居民的基本类型：盲目乐观派、社区经济挂帅派、谨慎支持派、悲观反对派。后两类居民对社区旅游开发表现出一定忧患意识。然而，一旦旅游发展触犯到社区居民的核心利益，那么居民采取的反抗措施可能会非常强烈。例如，2011 年 8 月，三亚凤凰镇居民因旅游地产开发商在未谈妥征地补偿情况下强行施工而爆发大规模群体事件。中山市崖口村居民在旅游发展过程中也出现集体抗议和被动接受等社会反应（龙良富、黄英、黄玉理等，2010）。总体上，社区居民主位意识现阶段还主要围绕旅游利益，而较少涉入社区旅游管理和社区发展方式等层面。

然而，学术界对社区参与旅游发展却予以高度重视，将其视为旅游社区可持续发展的基本保障（Sofield，2003），并对社区主位意识的觉醒表现出殷切希望（王兆峰、腾飞，2012）。孙九霞、保继刚（2005）认为政府在管理过程中应把对社区居民俯视的目光降低下来，给他们平等的表达机会，在旅游公共政策的制定过程中纳入他们的声音，这可能是实现旅游可持续发展所需的，也许能为社区全面发展搭建制度平台。总之，合理推动社区增权，使社区在旅游发展中发挥更大作用，既是社区旅游的本来内涵（王成超，2010），也是维护社区居民利益、推动旅游社区可持续发展的伦理需要。

1.1.1.4 遗产旅游持续升级

参照西方"遗产"的概念，我国的遗产大概可以分为文物保护单位、历史文化名城、自然保护区、森林公园、风景名胜区、地质公园以及世界遗产等类别，它们都是我国旅游资源的主体（张朝枝、保继刚，2004）。尽管遗产包括自然遗产和文化遗产，但作为旅游产品通常采取狭义的理解，即特指传统文化遗产旅游，包括博物馆和美术馆旅游、艺术节事旅游、遗产地旅游和民俗文化旅游（Hall and McArthur，1998）。游客体验是遗产旅游开发和管理的核心（吴必虎、俞曦，2012）。自20世纪90年代以来，遗产旅游在世界范围内快速兴起，成为旅游业中增长最快的产品（Alzua 等，1998）。

截至2015年7月，我国已有48个项目被联合国教科文组织列入《世界遗产名录》，其中世界文化遗产30处，世界自然遗产10处，世界文化和自然遗产4处，世界文化景观遗产4处，此外还有34个非物质文化遗产入选联合国教科文组织的非遗名录。我国已成为世界物质遗产第二大国和非物质遗产第一大国。这些丰厚的遗产资源，为我国遗产旅游实现高速发展提供了扎实基础。目前，西安、敦煌等遗产型城市已将遗产旅游作为核心旅游产品，而《四川省"十二五"旅游业发展规划》更明确提出要将四川建成国际知名、国内一流的世界遗产旅游目的地。遗产旅游不仅具有广阔的经济效益潜力，还具有鲜明的政治文化意义，受到各级地方政府越来越多的关注（徐嵩龄，2007）。

在城市一级目的地层面，遗产旅游正成为新的旅游经济增长点和城市形象宣传的重要窗口。以江苏省为例，目前已拥有各类博物馆、纪念馆近200座，平均每20万人就拥有一座博物馆，高于全国每62万人拥有一座博物馆的平均水平，年接待游客700余万人次，其中扬州"双博馆""中国雕版印刷陈列"、南京市博物馆"龙蟠虎踞——南京历史文化陈列"曾获"全国博物馆十大精品陈列"称号，在城市旅游发展中的重要作用已经崭露头角。实际上，从全部遗产旅游类型来看，江苏遗产旅游开发已达到更高水平。据全国几个旅游大省5A级旅游景区构成情况（表1-1），文化遗产型景区在高端景区开发中普遍具有突出的地位。

若干旅游大省5A级景区构成情况 表1-1

省区	江苏	浙江	湖北	四川	河南	广东	山东	安徽	北京	陕西	山西	云南
5A景区总量	19	12	11	10	10	10	9	8	7	6	6	6
文化遗产景区数量	15	9	8	8	6	5	5	4	7	5	5	2
遗产景区比重（%）	78.9	75.0	72.7	80.0	60.0	50.0	55.6	50.0	100.0	83.3	83.3	33.3

资料来源：据国家旅游局网站（www.cnta.gov.cn）资料整理，截至2015年7月。

历史街区是遗产旅游的另一个核心载体，也成为各个城市发展旅游经济与打造城市名片的着力点。自 2009 年以来，经文化部和国家文物局批准，在全国范围内展开"十大历史文化名街"的评选活动已经连续进行了四届，体现出政策层面促进城市文化遗产保护和文化旅游产业有机结合的基本导向。这 40 条国家历史文化名街大多涉及旅游开发，成为所在城市的旅游特色街区或游憩商务区。从发展实践来看，通过旅游开发提供独特的旅游体验，从文化、社会、经济等多个方面再造老街区的鲜活面貌、推动老街区可持续发展，已具有普遍意义（彭震伟、高璟、刘文生，2007；徐红罡、万小娟，2009；刘家明、刘莹，2010）。

1.1.1.5 背景小结

可以肯定，在我国经济发展水平、旅游产业政策和学科建设力度空前发展的历史背景下，旅游产业将会持续迅猛发展，旅游活动将成为丰富广大城乡居民生活的重要形式，旅游经济也将为各级政府大力扶持、培育。我国长期以观光游览为主的旅游发展模式导致新兴旅游产品相对有限，新兴旅游将迎来快速发展期。其中，社区旅游将占据重要地位。

然而，发展经验表明，许多地方把旅游看作是一个简单叠加在社区上的分离层，以这种观点发展旅游一直令人失望，因为它在把旅游整合进社区社会和经济生活中时失败了（Gunn，1994）。社区旅游发展中的资源利用问题、旅游影响问题、发展模式问题、目的地社区边缘化与旅游管理问题，本质上是在旅游开发中引起的目的地社区社会重构及社会主体活动效应、活动目的之间的不协调甚至冲突：资源利用问题是居民为迎合游客需要而对社区资源进行的不当使用；旅游影响问题是居民围绕旅游利益的不均衡分配而产生社会矛盾；发展模式问题是居民与政府、开发商为获取和争夺短期利益而形成的目标近视；目的地社区边缘化是社区社会重构过程中出现的结构性失衡问题；旅游管理问题是地方政府等管理机构对社区旅游发展调控目标与调控机制的失当。这些问题最终反映出目的地社区社会重构与物质重构之间的矛盾，即社会、空间之间的失耦。伴随着社区主位意识的自发觉醒以及伦理道义层面的呼吁，旅游发展到底是提升了目的地社区的总体福祉，还是推动目的地社区支离破碎甚至被新的"社会"所蚕食，正遭遇更深层次的审视与考量（Kruger，2005；李强、陈文祥，2007）。

目前，我国社区旅游大都依赖于历史社区而展开，遗产型旅游社区的开发与管理是我国旅游研究和实践面临的重要课题。在遗产型社区中，历史街区或历史地段占有相当突出的地位，也是我国遗产旅游开发的核心对象。历史街区的旅游发展必须建立在对社区本身严格、有效的保护基础之上，包括物质环境和人文环境[1], [2]，历史街区保护与旅游发展一直也是国内学术界和规划界探讨的重点内容（阮仪三、顾晓伟，2004；保继刚，2004；吕斌，2012；杨国胜、龙彬、覃继牧，2012）。同时，出于维护历史街区真实性的需要，对传统居民及其生活方式的保留也是历史街区开发的一项基本要求（阮仪三、孙萌，2001）。因此，以历史街区为典型的遗产型社区旅游发展在社区物质环境、社会环境维护方面受到相对严格的伦理和学理制约。

一方面是社区旅游发展的大好形势，另一方面是社区旅游发展存在的现实问题以及物质环

---

[1]　联合国教科文组织（UNESCO）.关于历史地区的保护及其当代作用的建议（内罗毕建议）[R].1976.

[2]　国际古迹遗址理事会（ICOMOS）.保护历史城镇与城区宪章（华盛顿宪章）[R].1987.

境、社会环境的硬性制约，我国亟待找到一条适合社区实情的旅游发展模式，遗产型社区在这方面的需求更为迫切。在此背景下，将可持续再生理念引入旅游社区发展顺时应势。可持续再生理念主张在较少改变社区物质环境的前提下，通过综合措施和管理手段来推动社区复兴并消除社区的社会贫困机制，实现社区全面可持续发展；理论内核是突出并强调对地域发展与社会发展关联机制的合理运用。这对旅游发展引发目的地社区社会、空间失耦具有明确的揭示效应，从而对调适旅游社区社会、空间关联机制，以推动旅游、社区有机整合，实现旅游社区可持续发展，消除社区旅游发展困境，具有现实的指导意义（王成超，2010）。

尽管已有一些先行者揭示出旅游发展对地域可持续再生的推动作用以及可持续再生地域的旅游发展功能（王伟年、张平宇，2006；王佐，2008；戴林琳、盖世杰，2009；商硕，2012；吕斌，2012），但针对旅游地可持续再生系统的研究凤毛麟角。因此，本书尝试立足于地域发展的社会—空间关联机制，对旅游社区可持续再生进行相对系统的理论探讨与建构，以期为社区旅游开发与管理中存在的不足和缺陷提供可资借鉴的应对之道。

1.1.2　研究目的与理论意义

本书研究目的与理论指导意义主要有如下三点。

1.1.2.1　构建旅游社区社会—空间辩证关联理论机制

社会—空间辩证法对不同尺度的地理研究具有指导价值（潘泽泉，2009）。旅游研究领域对社会—空间辩证思维的引荐和探讨还相对有限，旅游地理研究和旅游社会研究还处于相对独立的状态。社会—空间辩证法揭示出旅游地理现象和地理活动背后的社会驱动机制，为旅游地理研究更系统、更深入地结合社会学思维奠定了理论基础。在宏观尺度上，可以通过社会学思维来分析不同旅游地之间的竞争动机，以及不同旅游发展模式背后的权力与利益格局；在微观尺度上，可用于旅游社区（地段）设施和功能布局、旅游商品化等地理现象的形成机制分析。本书建构了微观层次的旅游社区社会—空间辩证关联理论机制，以期为将旅游利益相关者与旅游地开发布局、旅游者时空行为等社会分析与地理分析相互关联提供支撑。

1.1.2.2　构建旅游社区可持续再生理论体系

可持续再生作为一种新兴理念，在旅游研究领域还鲜有涉及，本书将率先对旅游社区可持续再生理论体系展开研究。与一般社区不同，旅游社区涉及居民、游客、从业者等日常活动的核心主体，他们在旅游社区的活动各不相同，对旅游社区物质环境和社会环境也具有不同的偏好。旅游社区可持续再生要形成一种和谐发展机制，统筹兼顾各方利益主体的使用需要，这要求从社会层面、物质层面、活动层面推动旅游社区协调发展、可持续发展。旅游社区可持续再生理论体系的建构，将为旅游社区优化发展模式、协调各方利益、稳健发展机制提供理论指导。

1.1.2.3　构建旅游社区社会空间发展理论模型

鉴于旅游发展的政府主导背景，对旅游发展动力的研究在多种市场、区位、供给等功能层面展开，其中众多因素都超脱旅游地的直接控制范围。在这方面，最具典型意义的要数旅游发展的"推拉模型"（Dann，1981）。这些研究在对旅游地发展做出宏观解释上具有优势，但因其侧重于不具地方性的各种客观性、抽象性、普遍性要素分析，因而难以与旅游地社会建立密切联系，在旅游地发展的微观阐释方面处于弱势。例如，基于旅游经济机制而建立的旅游经济地理分析模型擅长于旅游地发展趋势的预测与判断，但通常无法解释旅游地具体的利益分配机制、管理机制、发展模式及社会矛盾的形成；同样，旅游地管理模型往往也集中于政府管理、企业管理等层面，缺乏对旅游地具体社会特征与社会过程的关注。本书与这些"自上而下"或"平行化（非地域性）"旅游地研究脉络不同，转而从旅游社区微观社会过程入手建构基于社会建构的旅游社区发展模型，与上述理论模型或研究思维互补、互益。本书所建构的旅游社区社会空间发展模型，在揭示旅游社区社会演化过程以及镶嵌于中的社会矛盾、人文风情、社会分层等具体的社会问题方面具有优势，也为旅游社区管理"接地气"、实施"善治"提供导引。

1.1.3　研究的实践意义

本书的实践指导意义主要体现为以下三点。

1.1.3.1　为旅游社区规划开发提供指导

旅游社区具有特定的社会性、空间性和社会活动，其发展过程建立在三者相互协调的基础之上。脱离社区现实的社会条件而盲目推进物质建设无助于社区的真正发展（佘高红、吕斌，2008）。可持续再生理念倡导"基于社区"的发展思维，主张旅游社区社会复兴与空间复兴的有机统一，推动地域功能、社会内涵、空间正义全面发展。本书将探讨旅游社区基本功能、社会环境、利益获取等方面互动机理，对旅游社区规划开发具有一定指导价值。

1.1.3.2　为旅游社区管理提供指导

旅游社区管理是一项系统工程。旅游社区发展中出现的各种问题有其内在的形成机制，需要作出统筹应对。本书将基于社区居民、游客、从业者空间建构过程，分析旅游社区不同层面发展状态的影响机制，提出相应的调控途径，对旅游社区综合管理具有一般性指导价值。

1.1.3.3　指导扬州"双东"历史街区深化发展

本书基于可持续再生理念对扬州"双东"历史街区展开系统的实证分析。对"双东"发展现状与发展问题进行剖析与总结，并提出应对措施，为"双东"深化提供较为具体的现实指导。同时，对其他相似旅游历史街区的发展也有一定的参考价值。

1.2　研究内容与框架

本书研究内容与框架如图1-1所示。

研究脉络	研究内容	研究方法

研究总述与理论基础

绪论
研究背景
研究目的与意义
研究内容和框架
主要创新点

相关研究述评
社会空间理论缘起及发展
社区领域研究进展
旅游领域研究进展
小结与评议

文献述评法
定性分析

理论建构

基于社会空间视角的旅游社区理论建构
一般社区的社会空间生产内涵
旅游社区的社会与空间结构性要素
社会空间建构视角下旅游社区建构
社会空间建构视角下旅游社区转变途径

旅游社区可持续再生框架理论建构
可持续再生理念缘起与梳理
旅游社区可持续再生理论体系
旅游发展与社区空间转型机制
旅游社区空间社会建构与可持续再生的矛盾

文献述评法
定性分析
建构主义方法

实证分析

扬州"双东"历史街区：发展概况与分析方法
发展概况
分析方法

扬州"双东"历史街区社会功能结构
居住生活功能
旅游接待功能
商业服务功能
社会交往功能

扬州"双东"历史街区斑块空间演化
斑块空间判别
斑块空间演化

扬州"双东"历史街区居民社会变迁
社会资本变迁
社会关系变迁
社会结构变迁
社会活动变迁

扬州"双东"历史街区可持续再生建议与措施
"双东"社会空间发展的基本问题
"双东"空间对应结构与重点亚群
"双东"社会空间可持续再生框架与措施措施
"双东"可持续再生精英恩庇困境

问卷调查
田野调查
多重对应分析
定性分析

研究总结

研究总结
研究结论
研究局限
研究展望

归纳法
定性分析

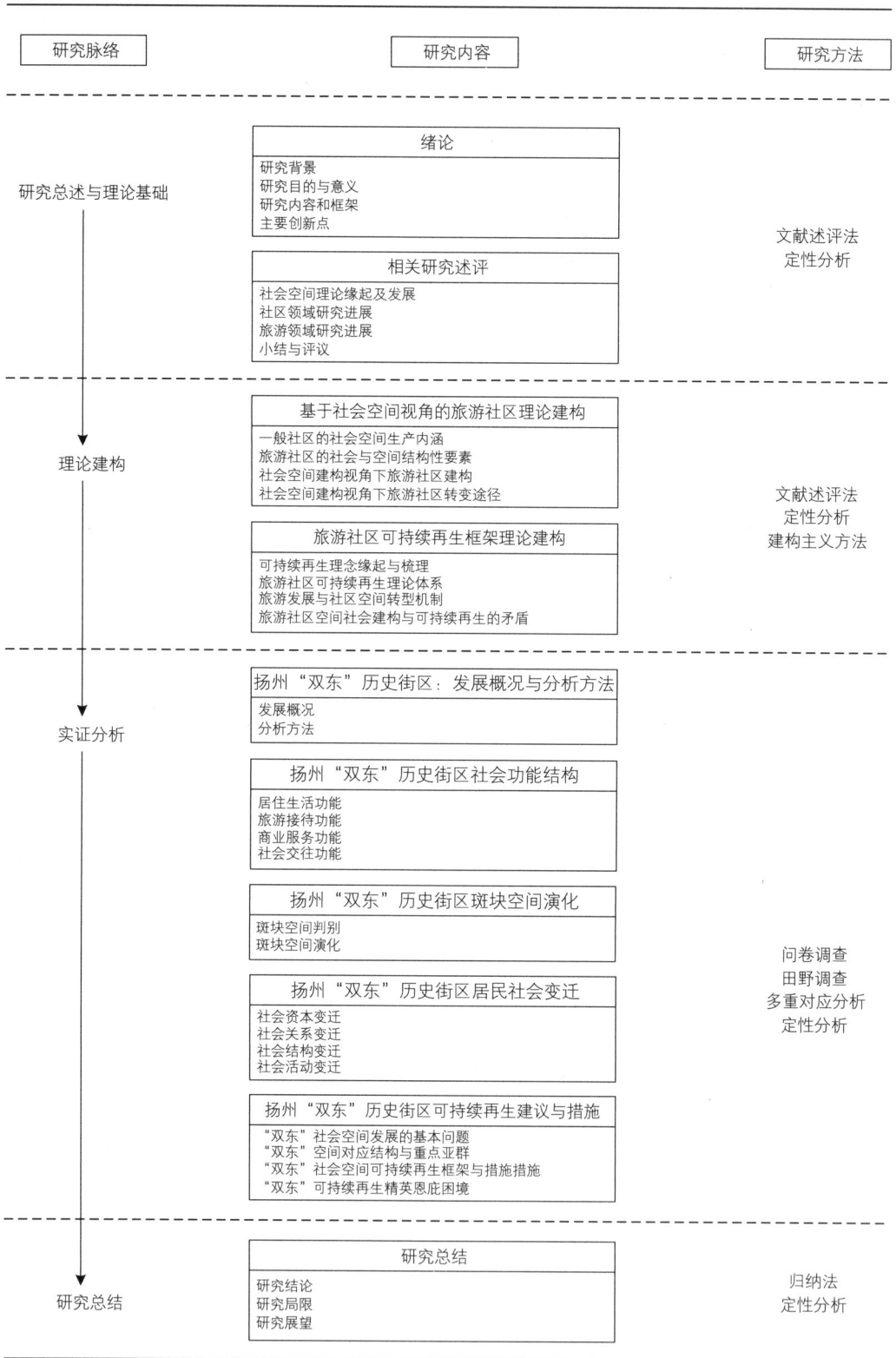

图1-1　研究框架

1.3 研究创新点

本书借助社会—空间辩证法纽带，探讨旅游社区演变的社会机制，将地域发展和社会发展密集结合以来，对旅游地理学和旅游规划学具有一定的参考价值。总结而言，本书创新之处主要体现在以下几方面：

（1）国内率先系统地将社会空间理论引入旅游研究。截至 2015 年 8 月，以关键词包含"社会空间"且题名包含"旅游"为检索条件，国内仅发表 14 篇论文，且大都偏重于实证分析。本书从社会空间本体理论入手，对旅游社区社会空间属性及运行机理作出系统阐释，并以社会主体行为为纽带将社会空间的个体性建构和社会性建构统一起来，同时提出社会空间建构的恩庇—侍从机制。这些理论成果对丰富国内旅游研究视角，尤其在旅游地理研究领域引入社会学思维具有促进作用。

（2）率先构建了基于社会空间视角的旅游驱动型社区可持续再生理论体系。可持续再生作为一种新兴发展理念在旅游研究和旅游规划领域中的应用还比较有限。本书将旅游社区系统发展归纳为地域功能、社会内涵和空间正义三个层面的可持续再生，并提出了各个层面的主要指标要素，具有一定的前瞻性和创新性。这对于维护旅游社区居民利益、推动社区旅游全面发展具有现实的指导价值。

（3）为扬州"双东"可持续再生提供实践指导。本书通过实证分析，揭示出"双东"发展不同维度的基本状态及其问题，提出了推动"双东"可持续再生的核心措施，对于"双东"深度发展具有实际指导意义。

在任何形式的现代社会中，公众都是由各种不同的群体所构成，持有不同甚至是不相容的利益倾向。评估社区整体价值取向的做法是徒劳的，也存在相当的误导性。

Webber M M. Planning in an Environment of Change. 1969.

第2章 社会空间研究述评

TWO

2.1 社会空间理论缘起及发展

2.1.1 理论缘起

在相当长的一段时间里，社会学把"空间"交给地理学，把时间交给历史学，自己则醉心于超越时空的社会结构分析，使社会学逐渐远离真实的经验世界而沦为一种近乎形而上的想象（田毅鹏、张金荣，2007）。厄里（2003）更直接指出，20世纪社会理论的历史也就是时间和空间观念奇怪缺失的历史。从某种意义上说，前资本主义社会的空间是隐匿的，是一种僵死的、刻板的、非辩证的、透明的"容器"。空间的社会意义不被关注，"空间"中的社会生活和空间本身是相互独立的。自资本主义社会以来，抽象的、划一的社会生产方式和生产关系开始蔓延，地域的、独特的、本初的，即"各地异性的"社会生活，开始受到资本主义"归同性"作用，不同地域的社会生活逐渐出现某些相似性。这种"归同作用"实质上早现出"社会"对"空间"穿透和感染的潜能，空间不再是"绝对的容器"，社会—空间互动日趋明显。

社会空间的理论发展并非一蹴而就。总体而言，社会空间作为一个相对完整的理论"议题"离不开两股"朦胧"的建设性力量。之所以说其"朦胧"，是因为它们都没有直接对"社会空间"进行正面的、深入的探索，而是旁敲侧击式牵引出社会—空间两者的牵连。其一，法国社会学家Durkheim捕捉到"社会事实"的地域差异，并首次提出了"社会空间"这一词汇（Buttimer，1969）。由此，"社会空间"一词自创设伊始就被打上了地理脉络"模糊的水印"。其二，马克思、恩格斯围绕对资本主义的批判所建立的社会理论。马克思社会学理论的杰出贡献在于明确了社会的生产内涵和过程，即社会并非一种绝对的、静止的、僵硬的"容器"，社会是不断自我建构的、嬗变的、具有革命的潜能。然而，马克思"社会生产"理论脉络只在时间维度上得到清晰昭示，在空间上却相当晦涩（田毅鹏、张金荣，2007）。

经由西方人文社会学界的积极努力，空间的社会性、社会生产、社会的空间性等逐渐联结，空间、时间、社会之间的本质关联开始受到正面思考和探索。这股发轫于1960年代、兴盛于1990年代的空间本体论思潮被称为"空间转向"（spatial turn）。由此，"社会空间"成为联结社会学、地理学及其他相关领域进行综合研究的重要理论依托。

2.1.2 理论发展

王晓磊（2010）认为社会空间理论解释包括：①特定社会群体占据的地理区域；②社会主体的感知空间；③衡量主体社会位置的坐标系；④一种连续的社会建构物。前三者未能充分揭示出社会—空间的辩证关系——空间生产社会关系并被社会关系所生产（列斐伏尔，2003）。据此，可将社会空间理论解释归纳为社会—空间非辩证统一观和辩证统一观。

2.1.2.1 社会—空间非辩证统一观

较早研究多将社会、空间当作两个不同的、相互独立的领域来研究，社会、空间之间的关联与互动并未受到关注。

（1）特定群体占据的地理区域

Durkheim发现不同地域群体具有社会文化、行为等方面的差异，并试图用"社会空间"这一术语来阐述特定群体的生活地域。这种认识被文化地理学所发扬，认为特定人—地相互作用产生某种文化景观并划定地域分界（Sauer，1963）。人文主义地理学认为以"社会事实"或"文化景观"来判分社会区域显得僵硬、刻板，而必须同时考虑人文和地理因素（Wright，1947）。

（2）社会主体的感知空间

Sorre（1957）认为社会空间是众多独特区域的拼贴物，人们的空间感知赋予区域以特性。这种将社会空间视为纯主观产物的认识遭到De Lauwe（1965）的批判，他认为社会空间包括客观、主观两部分。客观部分是指群体居住的空间范围，受生态因素和文化因素制约；主观部分则是指群体成员感知到的空间。对个体而言，就是其感知到的一种结构的空间，是个体掌握的地域信息的反映。Tuan（1974）基于人—地联结（tie），认为空间是一个实体和特殊象征而具有历史和意义，必须从赋予它意义的人或群体来理解。

（3）衡量主体社会位置的坐标系

Sorokin（1959）将社会空间作为一种坐标系统，水平线涉及群体的参与，垂直线涉及参与者的身份和角色，人的社会位置可以通过该"社会坐标系统"来定义。Bourdieu（1984，1985）借助"社会资本"（social capital）和"场域"（field）构建了一套界定主体社会位置的坐标体系，认为社会空间是一种关系体系，空间距离与社会距离相一致。Coleman（1988）、Putnam（1993）将"社会资本"扩展到经济资本、文化资本、符号资本等形式。

2.1.2.2 社会—空间辩证统一观

（1）社会—空间辩证法

社会—空间辩证法的核心思想是"空间即社会、社会即空间"，社会和空间是相互建构的动态统一（李春敏，2011）。Simmel从空间决定论和社会构建论来论述了社会—空间辩证统一性（成伯清，1999）。在此基础上，Soja（1989）首次正式提出"社会—空间辩证法"（social-spatial dialectics），认为空间是社会过程和生产关系的产物，同时又是一种物质力量，影响、引导、限制人类活动的可能性以及人类在空间中的存在方式。Dear和Wolch（1989）归纳出社会空间辩证法的三点核心思想：社会关系形成空间；社会关系受限于空间；空间调节社会关系。

①社会关系形成空间。空间是社会关系的先决条件和社会行为的发源地（Lefebvre，1974）。Simmel 指出地域成员因"相与并存"（being together）而形成社会关系，并规定了空间的社会秩序（成伯清，1999）。因此，空间一方面成为社会关系的填充，同时又被空间内部社会关系的组织结构或社会秩序所界定（曼纽·卡斯特尔，1977），成为"结晶化的时间"（曼纽·卡斯特尔，2001）。在这个意义上，空间是"社会秩序的空间化"（the spatialisation of social order）（Lefebvre，1977），隐含着地域的社会性（sociality）。

②社会关系受限于空间。每个地域社会都以其特定的方式生产出特定的空间（Castells，1977）。社会关系一旦形成，便具有内在的运作逻辑和规训机制，从而维持着具有地域差异性的社会事实。因此，社会关系和社会行为具有一定的地域稳定性，社会生产因而表现出空间性（spatiality）。空间作为一种物质力量引导、限制地域社会存在方式的可能性（Soja，1989）。

③空间调节社会关系。列斐伏尔（1974）认为空间是一个动态的、矛盾的异质性实践过程，成为不同社会组织自我扩张与交互交织的平台或媒介，因而在不同层面上持续不断进行着地域化、非地域化和再地域化过程。思想、知识、实践、物质和资源等要素的地域流通成为空间转变的推动力量（McFarlane，2009）。地域成员的社会行为和社会关系在空间转变中发生变迁。

总之，空间性和社会性相互生产。空间是社会的产物，社会又空间性地形成，两者体现出强烈的辩证性（孟庆洁，2010）。空间性的变化将生产出新的社会性；社会性转变亦将生产出新的空间性。

（2）"连续建构"的社会空间

①社会行为与空间生产。社会成员通过各自行为或活动——由此整体上形成社会行为——来改变社会关系和物质环境，即进行空间生产。因此，看起来同质和纯客观形式的空间却是社会的产物，空间的产生有如商品生产（Lefebvre，1977）。"社会"成为空间自我更新的内部主动性力量，通过"实践"（practice）来形塑空间，而"空间"提供并限制——辩证限定——该社会存在及其改造空间的方式。列斐伏尔（1991）对此有着更明确的表述：一个社会的空间实践隐匿着那个社会的空间，空间实践在占用空间的同时也缓缓而明确地生产了（新的）空间。

在这里，列斐伏尔将社会成员在空间内部的自发行为转换为空间的生产行为（空间实践），关注焦点不再是行为本身，而上升到行为对空间的重塑效应，亦即行为对空间转变或社会演变的介入效应。因此，列斐伏尔所说的"空间的生产"（the production OF space）不同于"空间中的生产"（the production IN space）（列斐伏尔，2003）。在这个意义上，Sorokin（1964）指出空间是一种生产社会文化系统并被社会文化系统生产的实体性领域。

②空间的社会建构机理。列斐伏尔（1991）提出一套以"感知的空间"（the perceived space）/"空间实践"（spatial practice）、"构想的空间"（the conceived space）/"空间的再现"（the representation of space）、"生活的空间"（the lived space）/"再现的空间"（the space of representation）为核心概念的空间生产解释体系（图2-1）。

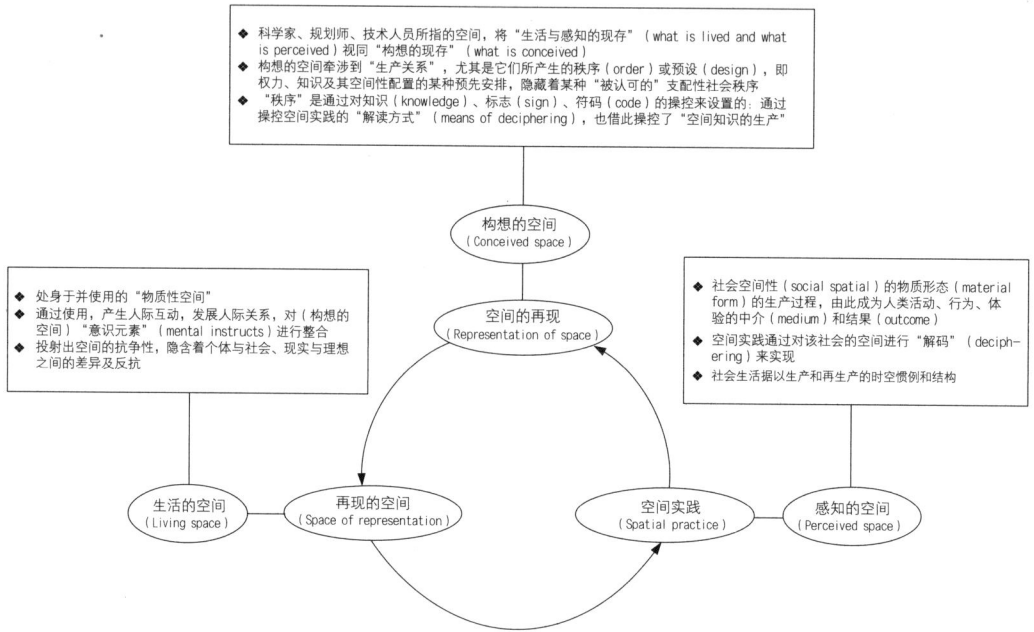

科学家、规划师、技术人员所指的空间，将"生活与感知的现存"（what is lived and what is perceived）视同"构想的现存"（what is conceived）

构想的空间牵涉到"生产关系"，尤其是它们所产生的秩序（order）或预设（design），即权力、知识及其空间性配置的某种预先安排，隐藏着某种"被认可的"支配性社会秩序

"秩序"是通过对知识（knowledge）、标志（sign）、符码（code）的操控来设置：通过操控空间实践的"解读方式"（means of deciphering），也借此操控了"空间知识的生产"

构想的空间
（Conceived space）

空间的再现
（Representation of space）

处身于并使用的"物质性空间"

通过使用，产生人际互动，发展人际关系，对（构想的空间）"意识元素"（mental instructs）进行整合

投射出空间的抗争性，隐含着个体与社会、现实与理想之间的差异及反抗

社会空间性（social spatial）的物质形态（material form）的生产过程，由此成为人类活动、行为、体验的中介（medium）和结果（outcome）

空间实践通过对该社会的空间进行"解码"（deciphering）来实现

社会生活据以生产和再生产的时空惯例和结构

生活的空间
（Living space）

再现的空间
（Space of representation）

空间实践
（Spatial practice）

感知的空间
（Perceived space）

图2-1 空间生产的逻辑

（据 Lefebvre，1991；Gregory，1994；Grönlund，1999；Sofield，2006 整理）

　　列斐伏尔将空间实践视为社会空间性的物质形态生产过程，成为人类活动、行为、体验的中介和结果。具体而言，空间实践对应于一种以"感知形式"存在的"空间性"，联结着空间实体和主体行为。换句话说，空间实践本质上是社会主体对空间实体的感知过程，因此，空间实践是对作为"文本"或"符号"的空间实体进行"解读"的过程（Sofield，2006）。空间实践起源于"现实的生活世界"，通过引导主体行为最终又作用于空间实体，循环往复。因而，空间实践成为社会生活赖以生产和再生产的"时空惯例"（李志明，2009）。

　　感知的空间经由社会主体的"心智加工"而成为"构想的空间"，这一过程被称为"空间的再现"。列斐伏尔将构想的空间当作科学家、规划师、技术人员所指涉的空间。这些"精英"将"生活与感知的现存"视同"构想的现存"，而试图对空间中"社会关系"进行某种预设以调整空间"社会秩序"，使空间符合他们的发展愿景。调整"秩序"是通过操控知识、标志、符码来实现：通过操控空间的"解码方式"，也借此操控了"空间知识的生产"（Lefebvre，1991）。这意味着空间具有"管治工具"的潜能。"精英"可以按自身利益或愿望来改变空间性（如物质环境、技术条件、政策导向），从而介入或引导社会性以及社会主体空间行为的转变。

　　"再现的空间"是充满文本、符号并被空间内部社会群体赋予生命的实体空间（林晓珊，2008）。社会成员通过占用生活空间来进行人际互动，发展社会关系，整合意识元素，实现自身利益和需要，是一个"矛盾的场域"而充满"革命的潜能"（刘怀玉，2003）。社会成员在生活空间中进行各种实体性生产，并激发新一轮空间实践。

2.1.3 理论梳理

2.1.3.1 社会空间的结构及其转型

随着社会的地域差异、社会的生产内涵被发现，地域社会何以演化开始受到理论追问。在此背景下，空间被作为一种地域社会的隐喻或地域社会建构物而加以提倡，成为联结社会－地域的活生生的实体，从而与静态的、僵硬的、空洞的"容器"明确区分开来。从这个意义上看，空间是特定地域内的社会主体所动态结成的一种关系状态及其形塑。社会、地域、行为构成空间的三大维度（图2-2）。社会空间将空间发展成一种解释人类行动的系统理论，成为理解地域社会特征和过程的出发点（张品，2010）。

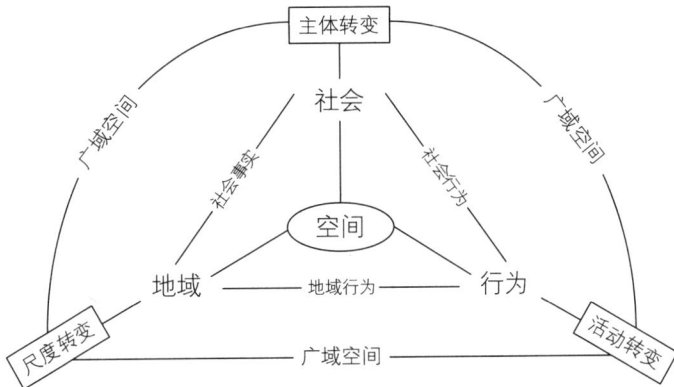

图2-2　空间的三维结构

现代社会具有开放性。特定空间是镶嵌在广域空间中的一个特定领域（domain），或者说是由特定地域范畴内特定社会主体以特定行为方式进行的特定建构。共同在场的社会主体形成一个历史性的社会事实，并以被该社会事实所辩证限定的行为生产出特定空间。另一方面，伴随着社会主体、地域范畴以及空间活动的变动，特定空间持续发生着"否定之否定"的转型。概括起来，特定空间是在自身和广域空间之间流通的社会主体、地域范畴、空间活动的一种历史性涌现。

2.1.3.2 社会空间的生产及其内涵

地域主体或空间生产者客观上形成某种社会关系，即空间的社会性。社会关系本质上是一种交换关系（张海东、杨隽，2000），潜伏着主体之间的利益格局及利益再分配。从这一点出发，社会空间的生产与再生产客观上进行着社会资本的再分配。在此过程中，地域主体之间物质性的社会关系、社会地位得到调整。因此，空间再生产同时也是社会再生产的过程。

空间性既是地域形成的社会学事实，即反映空间的社会性，同时也展现了空间的人文内涵。空间性提供了一种"空间宏语言"（Sorokin，1964），内敛着地域社会的规范、价值、行为方式、意识形态等。换句话说，空间性反映了地域社会特定的运作逻辑，隐含着地域社会的意义，因而也就具有了文本属性。

社会空间视角下，主体行为包括感知以及直接形塑空间的物理行为。一方面，主体行为受制于个人规范、社会性和空间性，同时又客观伴随着社会交换并被共同在场的其他主体所感知和解读。因此，作为实体的空间在社会微观层面上体现为地域主体充满矛盾的抗衡或互动过程及其产物。这一行为过程在个体层面则体现为特定主体对所经历空间的主观感知及物理行为响应。

综上，社会空间生产是社会生产、空间生产的一体过程。地域社会通过相应行为实现社会实体的重构，同时形成新的"空间宏语言"。社会性、空间性统一于地域主体的行为方式。

2.2 社区领域研究进展

2.2.1 空间层面的研究

空间可作为理解社会的一种路径（潘泽泉，2009）。社区空间是地域社会的投影，具有丰富的社会、文化、经济、制度内涵。张鸿雁（2005）指出空间占用形式与居民社会关系、社会资本具有内在关联。冯健、周一星（2008）认为，空间分异特征直观反映出居民社会特征，都市区社会空间在"街区"尺度上具有较好分辨度。李志刚、吴缚龙（2006）采用社会生态因子分析，将上海城市空间划分为六类社会区。李志刚、薛德升（2008）发现在被动隔离和主动聚居共同作用下，广州小北路形成了"马赛克"种族聚居空间。艾大宾、马晓玲（2004）分析了我国乡村社会空间的演变过程及现状特征。Blacksell（1990）指出设施分布的地域差异可能意味着社会剥夺和空间不公平。

社区空间通常隐藏着居民社会和行为特征。Nunta 和 Sahachaisaeree（2010）指出社区空间形态还反映居民信仰和生活方式。Schönfelder 和 Axhausen（2003）发现居民活动空间范围主要取决于到访地点总数和人口特征。Kirby（2008）、Cattell 等（2008）认为日常空间具有社会属性，可以利用社区空间来解决某些社会问题。Wiles 等（2009）指出空间可能寄托了特定主体在物质、意象、情感、象征等方面的经历。空间转变可能引发社会问题。吴颖（2004）指出美国城市郊区化最显著的负面效应是引发城市社会空间的失衡。Popke 和 Ballard（2004）发现南非德班城市发展使公共空间商贩明显增加，扰乱了城市空间的社会秩序。Tolosa（1978）指出社会贫困与设施分布不均衡有关。

2.2.2 社会层面的研究

社区居民在社会资本、社会关系、行为特征等方面具有差异，导致社区的空间占用和社会生活的多样性。Oslender（2004）发现居民对社区滨水空间的使用差异影响到居民社会活动和社会组织。Preston-Whyte（2001）发现南非德班居民对滨海休闲空间的占用是文化认同、特技习得、稀缺空间和物质资源等综合作用的结果。Cunningham（1006）发现空间可以被赋予强烈的社会价值。McFarlane（2009）引入关系拓扑学对社会运动中的空间和权力加以概念化的分析，阐述参与者如何通过运动来建构不同的空间意象和实践。空间占用和社会特征共同塑造居民的空间身份。Fried（2000）指出生活并非一种简单连续体，社区群体、关系网络等变化导致社会不连续性，居民的空间身份因而发生变迁。崔波、李开宇等（2010）认为物理生存空间、社会交往空间和经济生产空间失序引发失地农民的身份认同危机。

社区社会的异质性可能引发多种矛盾。Cunha（2009）指出空间不平等会锁定社会阶层的优势与劣势。Lobao等（2007）认为经济组织和制度安排是形成城市贫困和社会不平等的关键因素，应改变不平等背后的权力支配格局。Orueta（2007）对社会—空间配置失衡所导致的马德里市民抵制一项城市再生项目进行了分析。Oyebanji（1984）研究发现尼日利亚伊洛林市本土性较强的地域遭受的社区剥夺最严重。黎斌、魏立华（2008）发现制度、经济、文化因素导致深圳新西村居民之间的社会距离与空间距离并不一致。林顺利、孟亚男（2010）指出贫困社区空间生产的实质是空间形式下的社会排斥和社会剥夺，而再生产的实质则是主体对社会排斥和剥夺的认同与抗争，所以空间问题实质上是社会正义问题。

2.2.3　社区演化研究

社区演化是社区内、外因素共同作用的结果。杨上广（2005）、王春兰（2007）分析了城市社会空间演变中的社会和空间相互作用，认为涉及多种空间利益主体之间的博弈。Stal 和 Zuberi（2010）指出全面的社会—空间整合能够显著提升贫困群体的利益。赵亮、王婧（2008）认为资源在空间不平衡分配、流动、组合锁定社会空间极化格局。付磊、唐子来（2009）从结构性因素（社会运行的规则体系和制约条件）、能动者因素（社会阶层）两大层面的互动，揭示了上海社会空间结构演化的内在机制。陈浩等（2010）指出社会空间再生产不能简单由社会过程与空间过程平行地实现，还需借助起保障作用的文化与制度因素。

外部因素从经济、文化、社会、制度等多方面介入社区空间。Dupont（2004）从全球城市群空间组织层面分析了新德里都市区的社会空间分化，验证了宏观层面的城市政策与微观层面的个体行为之间的联系。Leaf（2002）发现空间转型是基本的经济和社会变迁过程，全球化的影响主要通过扩散、偶然和间接渠道发挥作用。黄怡（2006）指出社会分层、社会极化推动我国城市社会的重大转型，不平衡的开发促成空间隔离、职业收入的极化，导致社会极化成为大都市核心区社会空间隔离的主要诱因。

社区居民的不对称发展构成社区内部演化的直接动力。李志刚、吴缚龙等（2004）认为中国市场经济改革伴随着社会阶层的分化和社会空间的重构，城市空间转型的主要特征表现为社会空间异质性增强，社区内部的均质化与社区之间的异质化同时发生。杨上广（2005）指出，社会分异分为外生分异与内生分异，前者是不同群体之间社会距离的差异而导致的相互隔离；后者指同一社会阶层内的人群由于社会经济地位、价值取向相同或地缘、亲缘等其他因素而形成内部集聚。Greenbaum and Greenbaum（1985）发现美国种族社区社会关系的空间分布具有"近缘效应"（effects of proximity）。较多研究者指出社区"绅士化"开发引发居民利益和地位的非均衡转变（薛德升，1999；Phillips，2005；魏华、朱喜钢、周强，2005）。Sofer and Applebaum（2006）发现产业结构、社会结构、政策、家庭决策等方面的转变持续强化了以色列乡村莫夏夫社区物质、经济、社会异质性。

2.3 旅游领域研究进展

2.3.1 空间层面的研究

空间囊括建成环境、社会行为、认知关系、技术条件和意识形态（Dimendberg and Edward，1997）。旅游地空间的社会内涵开始受到一些学术关注。例如，Williams and Lawson（2001）认为旅游可视为游客、事务及其赖以活动的社区环境所构成。Whyte（2001）以南非德班为例，围绕文化认同、特技习得、稀缺空间和物质资源的获取，探讨了滨海休闲空间如何被社会性的建构，以及其使用权的争夺及这些空间本身的变迁问题。孙九霞、苏静（2014）认为，旅游影响传统社区空间变迁的根本原因在于游客成了传统社区空间生产的主体之一。常疆（2009）指出旅游空间是一种可以填充各种具有旅游意义的物质和非物质空间要素的实体空间。在旅游活动中，空间整体上构成旅游者游历和体验的对象，成为一个充满符号的世界（孙洪波，2010）。Ritzer（2004）对旅游空间持批评态度，认为旅游是"无"（nothing）的生产，游客流动、信息、符号等特征脱离地方，社会形式被虚构和控制，很难形成有意义的交流。旅游地开发一定程度上是空间的商品化。宗晓莲（2005）将旅游地空间商品化归纳为物质空间商业化开发的直接商品化、移用地域符号和元素的间接商品化。为提升旅游空间的协调性，应注重空间营造、尊重场所精神（姜辽、张述林，2009）。

2.3.2 社会层面的研究

旅游地社会边界由地域内在的规范和价值所建构（Sofield，2006），旅游社区是具有一定社会文化特征的空间系统。马凌（2011）指出旅游活动是主要体现在目的地话语系统、符号及其意义、社会互动过程之中的社会建构范式。从空间生产角度看，旅游地空间在旅游活动与地域居民的日常行为中被建构起来。曹国新（2005）认为社会文化空间是社会交往在地理空间上的建置，分析了大众旅游对接待地社会文化空间的建构作用及机制。李力、郭潇（2009）从旅游社会学角度对目的地传统民族文化在旅游发展过程中的变迁问题进行了分析。Saarinen（2010）指出旅游发展可能导致社区价值结构、传统、风俗和行为方式发生不可接受的变化，不同居民对旅游发展、旅游影响及其他利益主体的不同反应以及内部权利结构的不均衡可能激发矛盾和危机。王健（2009）分析了旅游接待地所扮演的文化角色以及旅游过度发展对接待地社会生活秩序、传统文化特色、传统风俗习惯、居民心理、核心价值观、道德准则等六方面的冲击。总之，在旅游发展过程中，旅游社区社会文化被一定程度地扭曲、重构和内化。旅游者与目的地在持续接触与交流过程中引发社区原有文化模式变化，形成文化涵化（彭兆荣，2004）。

在微观层面，旅游社区的社会性最终体现为地域主体的社会位置、社会关系、行为方式等方面的转变。一方面，具有不同社会特征的地域主体在社区旅游发展中形成不同的利益结构和社会行为。Amsden 等（2011）发现旅游社区居民依附感影响到社区整体发展及其自身在社区内部的个体发展。Pizam 等（2000）指出居民与游客之间的社会关系影响到游客体验和目的地态度。Zhang 等（2006）将社会交换和社会表征理论应用到居民旅游态度、主客互动研究。孙九霞、周一（2014）基于列斐伏尔的"空间三元论"与德塞图的"日常生活实践"理论，讨论在空间再生产的过程中，居民如何通过日常生活，对抗政府与景区管理主体构想的空间表征，体现具有反抗性的表征空间。Nunkoo 等（2010）进一步结合社会交换理论和身份建构理论，分析了职业身份、环境身份、性别身份对旅游发展态度的效应。张彦、于伟（2011）发现旅游影响到社区社会资本的各个维度，居民在居住类型和参与经营方面的差异对社区社会资本的影响呈现差序格局。

另一方面，社区居民在旅游系统中的位置差异意味着获取旅游发展利益的不对称，为旅游社区的社会性重塑提供了内部动力。吴晓萍、史梦薇（2010）从旅游开发对目的地社会结构的影响出发，指出旅游会诱发社区社会分层。曹国新（2005a；2005b）认为旅游活动会引发社会区隔，而社会区隔则是旅游活动的文化社会学本质，并从正常生活视角分析了旅游活动中存在的文化符号区隔、认知方式区隔、旅游趣味区隔对旅游文化资本及旅游地社会分化的结构性运行机制。旅游发展不对称地重塑社区空间过程往往潜伏着社会矛盾和利益冲突。钟洁、陈飙（2011）从旅游社会学出发分析了民族地区旅游开发引起的社会冲突并探索协调对策。周永博等（2010）以广西恭城县红岩村为例，指出乡村旅游发展伴随着居民在经济利益、环境利益以及价值观念等方面的分化，对乡村社会和谐和乡村旅游经济造成不利影响。王素洁、李想（2011）运用社会网络分析法，发现乡村旅游决策利益相关者的关系结构影响到决策的有效性和公平性。郭华、甘巧林（2011）以江西婺源县李坑村为例，对旅游开发背景下当地居民社会排斥的主观感知状况进行了考察，发现旅游开发导致社区居民感知经济排斥、政治排斥、文化排斥和关系排斥等，认为旅游开发制度设置为社会排斥提供了可能空间。正如 Atkočiūnienè（2009）所指出，旅游发展通过对社区的公共影响从而客观上关系到每位居民，无论他们是否情愿。

2.3.3 目的地演化研究

杨兴柱、王群（2007）指出目的地和旅游者并不是简单地、被动地接受由全球旅游公司、娱乐公司和地方营销者产生的旅游和地方含义，而是积极地参与含义的生产。尽管旅游空间的生产是商品化的一般过程，但其结果和含义则通过当地层面来表达。可见，目的地社区空间及其以外的空间通过当地生产、一般生产共同推动了旅游社区社会空间演化。吴骁骁等（2015）认为，周庄历史镇区居住空间变迁的根源是旅游发展后新主体大量涌入，滋生不同的利益活动，从而使本地社会关系在这种频繁的实践与互动过程中不断复杂化的结果。孙根紧、郭凌（2015）探讨了旅游开发如何从物质空间与社会空间两个层面，将非物质文化遗产的内容及象征意义景观化生产的过程。孙九霞、张士琴（2015）对海南三亚回族旅游社区的社会空间生产过程、表征及影响进行了解读。孙九霞、苏静（2013）借鉴人类学田野调查的方法，对旅游与民族村寨传统社区空间生产之间的关系进行探讨。范文艺（2010）发现漓江流域三个旅游小城镇社会空间问题与城镇化、旅游业密切相关，从宏观层次社会空间结构形态、中观层次旅游街区兴衰、微观层次旅游场域演变进行了分析。游海鱼、杨桂红（2008）基于空间生产理论，认为旅游是一种获取经济效益的空间生产及商品化过程，需要政府培育出原本自生于市场的因素并进行引导和规范。张继涛（2009）指出乡村旅游业是传统乡村社区综合性社会变迁的重要变量，从乡村旅游社区社会变迁的维度、乡村旅游社区的现代化与东道主的现代性、乡村旅游社区的社会分层与社会流动、乡村旅游社区的社区参与、乡村旅游社区的社会失范五方面做出阐述。

就微观层面而言，目的地演化通过以当地居民为核心的常驻人员来体现。宗晓莲、朱竑（2004）认为旅游对社区的影响集中于目的地居民社会文化及主客关系变迁。李经龙等（2003）指出旅游主要从价值观、个人行为、家庭结构、生活方式、道德观念、宗教、语言、健康和文化等方面介入目的地居民社会。周霄（2003）基于人类学的认知框架，从文化变迁、社会分层、身份认同、角色再造和城市化发展等方面解析了旅游的社会文化影响。

2.4 小结与评议

（1）社会空间视角可用于分析空间与社会因素的关系、空间与行为因素的关系以及空间与文化、心理因素的关系(Gottdiener and Hutchison,2000)，统一于社会空间生产过程之中。目前，社区、旅游领域的相关探讨大抵属于断面式分析，较少出现综合社会、地域、行为三维度的系统研究。对包括旅游社区在内的各类社区而言，社会空间转型过程与发展机制有其内在的系统性、动态性。因此，从社会空间框架来审视（旅游）社区发展的持续性、合理性并进行相应的编排设计是可行而必要的。

（2）从理论脉络上看，社区研究、旅游研究都不同程度地关注到空间的社会性和社会的空间性。社区研究意识到空间的社会、文化、经济、制度内涵，但大多停留在描述性或应用性分析层面。尽管以实证为主的社会生态学研究有较多应用，而在内部机制和理论解释方面则显得乏力。旅游领域对社会空间的探讨明显薄弱，空间的文本属性以及旅游的社会文化影响成为这方面的研究焦点。总之，两者对社会空间的研究整体上不够深入。

（3）从理论体系上看，社区、旅游领域的研究都显得零散。空间公正与社会公正之间的关联、旅游发展对目的地的影响维度和效应，一定程度代表了两者在社会、空间互动方面的传统研究兴趣。然而，在社会与空间的互动及其调节措施、机制方面的研究不足，说明社会—空间辩证法尚未对两者形成充分影响。

（4）社区、旅游领域研究都已将社会空间发展与地域主体联系起来，两者都意识到微观层

旅游社区可持续再生：基于社会空间视角

面的人在社会空间整体转型中的桥接功能。总体上，社区领域侧重分析社会空间影响因素对社区社会的一般作用和社会结构的变化，即广域空间对社区社会空间的介入。旅游领域则更关注地域主体（利益相关者）围绕旅游活动而产生的互动与影响，即旅游发展对社区社会空间的介入。客观上，旅游社区受到包括旅游发展在内的多种因素的综合作用，应从更宽广、全面的视角来加以分析。

（5）社区、旅游领域的相关研究都不同程度地涉及空间转型引发的社会矛盾或问题。然而，这些分析大多滞留在社会层面，很少从社会性与空间性互动的层次上加以探讨。从这个意义上，空间与社会的联系仍不够紧密。空间作为地域社会的建构物相对于地域社会的意义及其对地域社会演变的辩证限定仍有待进一步深究、拓展。

综上所述，社会、地域、行为三大维度使得社会空间作为一种镶嵌在广域空间之中，同时又为地域社会所建构的动态实体相互统一起来，建立起宏观层面的社会、空间现象与地域主体微观层面的交互解释体系。当前，社会空间理论与它在社区、旅游领域的应用仍存在一定的空隙。空间的社会性、社会的空间性以及社会—空间的内在关联，事实上受到社区、旅游研究的认同和关注，但尚未形成系统的理论建构和运用，仍待进一步探讨。

公众利益出自私人利益之间的妥协，是个政治性的东西；公共利益则是私人利益的超越，是理性与政治的结合。

梁鹤年. 西方文明的文化基因. 2014.

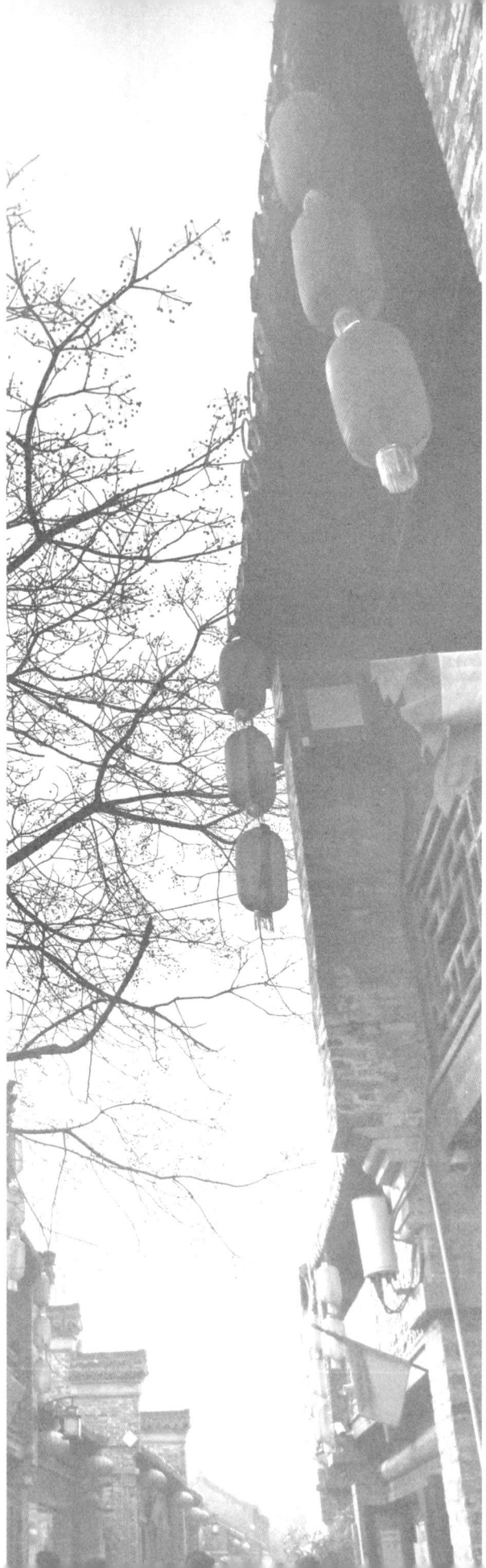

第3章 基于社会空间视角的旅游社区理论建构

THREE

3.1 一般社区的社会空间生产内涵

3.1.1 社区的社会空间内涵

一般而言，社区是具有某种社会关系和文化规范的社会群体及其活动区域的综合体（孙峰华，1990）。地域、人口、组织结构和文化是社区的基本构成要素。因此，社区是地域成员组成的地域社会的活动区域，这种"地域社会"是地域成员以某种社会关系和文化规范形成的网络实体。在这个意义上，社区是建立在"集聚于特定地域"（territorially bounded）或具有"现实或虚拟的符号联结"（real and imaged symbolically linked）的人员基础之上的一种集体组织（Amsden 等，2011）。实际生活中，这些成员共同占用并改造社区地域，社区因而是地域社会连续活动或建构的产物。在此过程中，成员活动依赖于自身社会网络和社会资本，而不同成员的行动相互关联，从而使社区作为一种集体组织而发生转变（王丰龙、刘云刚，2011）。

综上所述，社区是特定人员的地域集合与集体组织，并借助于空间活动来改变社区的物质环境和"社区集体"的组织形式。这揭示出社区发展的社会—空间辩证法，即社区是地域社会的产物（陈薇，2008；塔娜、柴彦威，2010；王立、王兴中，2010）。从另一个角度看，社区是一个特定的社会空间本体。

3.1.2 社区空间的社会生产机理

社会空间生产可以从微观生产和宏观生产两个层面来考察。前者主要从成员个体的空间行为展开，注重个体对空间的使用权利；后者主要探讨资本运动与人两大抽象要素的空间作用，注重资本运动、阶层流动和制度调控方面的互动（王丰龙、刘云刚，2011）。微观与宏观层面社会生产统一于社会空间本体论或空间的自我生产（王圣云，2011）。在社会空间本体论框架下，空间是通过社会性与空间性之间的矛盾互动来实现自我生产的。而从认识论角度，空间的社会性与空间性则是通过空间具体的社会组织与物质环境来定义。空间社会性是镶嵌于空间内部的社会关系和社会结构属性，空间性则是社会性的物质所指（亨利·勒菲弗，2008；爱德华·索亚，2005）。显然，社会作为一种成员个体的综合组织，明确将空间的个体生产与社会生产，即微观生产与宏观生产联结起来。

在社区层面上，空间是社区个体活动以及在此基础上形成的社会活动的动态产物。个体活动体现了社区主体的空间生产方式，局部改变社区的物质形体和社会实体，形成社区社会空间的微观性／局部性生产；社区公众的社会活动总体构成社区"集体组织"的空间生产，总体改变社区的物质形体和社会实体，形成社区社会空间的宏观性／整体性生产。

基于社会—空间辩证法，社区空间的具体生产机理如图3-1。

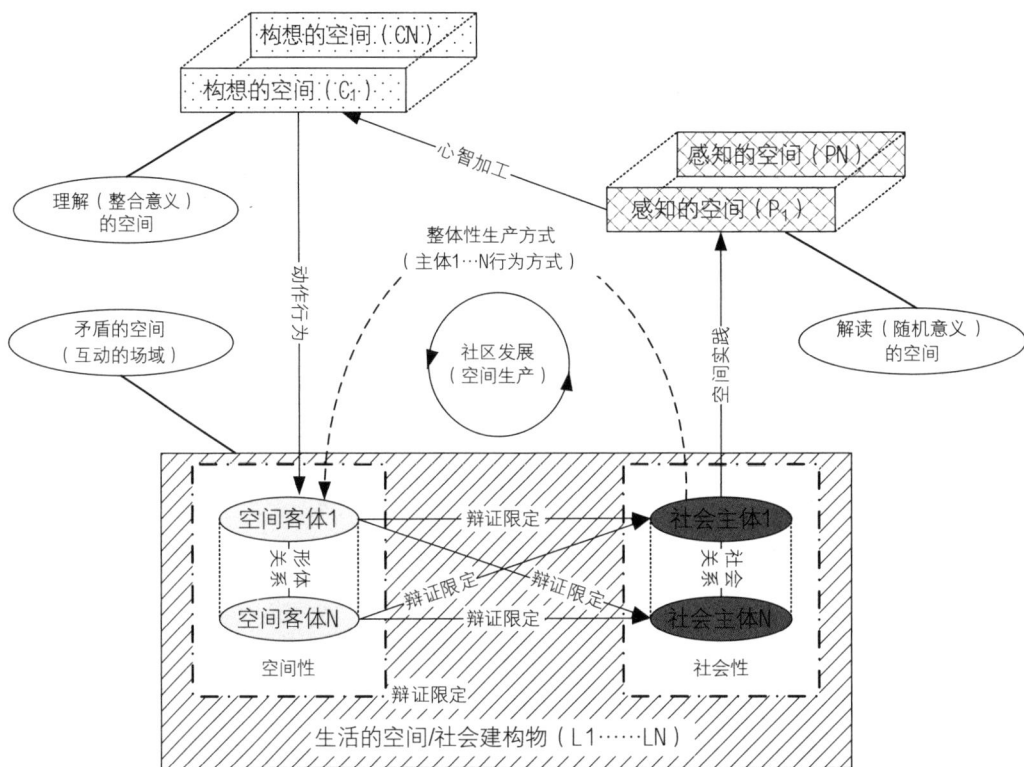

图3-1　社区社会空间生产机理（据列斐伏尔，1991；Sofield，2006）

（1）社区空间的个体性建构。社区主体客观上占用社区并通过各自行为改变社区，即各自进行"生活的空间（占用的空间）$\xrightarrow{空间实践（感知）}$感知的空间$\xrightarrow{心智加工（认知）}$构想的空间（空间的再现）$\xrightarrow{行动（形体／意义改造）}$'新的'生活空间（再现的空间）"个体性空间生产，或称为社区空间的微观／局部生产。

（2）社区空间的整体性建构。各社区主体的个体性空间生产总体上形成社区空间的社会性生产，或称为社区空间的宏观／整体生产。从另一角度看，社区公众的行为方式总体上形成社区空间的整体性行为方式，即社区社会组织的空间生产方式。

（3）社区空间生产的社会性。社区公众在共同生产社区空间的过程中发生社会互动，并往往存在意图分歧，社区空间因而充满矛盾和抗争。同时,社会互动使社区主体结成某种社会关系，潜伏着社区空间的社会性。

（4）社区社会实体的演变性。社会互动伴随着社区主体之间社会地位、社会关系、社会规范等方面的变化，即生产出"新的"社会实体。换句说话，社会（行为）互动伴随着社区社会组织的自我生产或演化。

（5）社区空间生产的空间性。另一方面，公众也在行为过程中形塑社区物质形体，从而改变社区的空间性。也就是说，社区公众的行为生产出"新的"物质空间。

（6）物质空间限定社会建构。社区物质空间"提供并限定"（辩证限定）社区的空间生产方式，从而辩证限定了社区社会空间的转变过程和结果。换言之，空间性通过规约公众行为进而辩证限定社区社会空间的演变或再生产。

通过"社会成员（个体）—社会组织（整体）"、"空间微观/局部生产—空间宏观/整体生产"之间的辩证互动，社区作为一种地域性社会空间得以连续生产。

3.1.3　基于空间生产视角的社区转变

社区演化是一种社会空间转变（transform）过程，社区主体以各自行为共同推动社区社会实体和物质形体的转变。在历史－地理宏观语境中，现实生活中的社区则是社区地域在当前阶段所生成和呈现的空间宏语言——一种潜伏着时代意义的具体空间。这意味着，空间建构是由人的活动及其文化意义与物质基础相互结合运作的结果（黄应贵，2002），社区公众在共同建构社区空间的同时也形成和体现了"此时此地"的社会意义。另一方面，旅游社区的社会意义也被社区主体在各自微观性空间生产中加以主观解读。因此，社区社会空间转变隐含着客观空间和主观空间的"双重并发"转变。

社区社会空间的整体性转变是个体性建构的综合体现。基于"生活的空间—再现的空间—空间的再现"生产过程，社区社会空间转变过程在主体行为机理上的体现如图3-2。

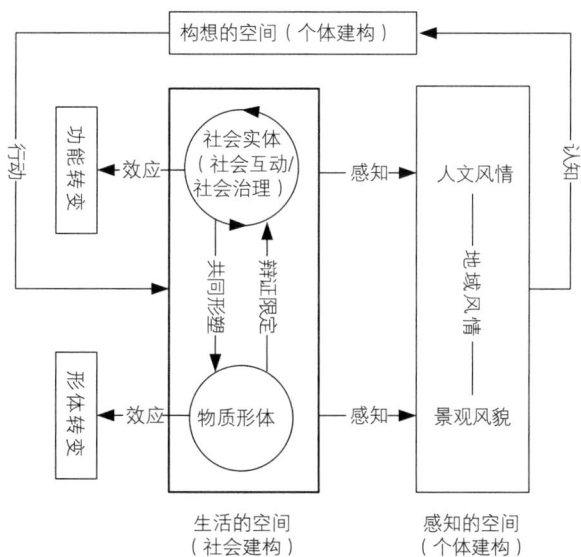

图3-2　社区社会空间转变的行为机理（据Sorokin，1964；列斐伏尔，1991）

（1）社会实体的转变。地方政府、社区社会共同推动社区社会实体的转变，体现在地方政府的管治行为以及社区内部的社会互动之中。换句话说，地方政府、社团组织、社区个体的紧张互动同时调整了社区社会的活动范畴及其内部结构。活动范畴转变对应于社区社会相对于地方政府的成长，即社区社会发展框架的演变；社会结构的转变对应于社团组织、社区个体的构成及相互地位、关系网络和利益格局的演变。因此，社区社会实体的转变是地方政府、社团组织、社区公众矛盾互动的过程和结果。正是在这个意义上，王丰龙、刘云刚（2011）主张从制度结构、社会行动、资本流动三者互动及其对空间的塑造机理来建构社会空间发展的理论框架。

（2）社区功能的转变。现实生活中，社区的地域功能表现为地域性社会活动，即社区主体的客观行为。行为方式主要受主体因素、社会因素、物质因素、政府因素的影响，后三者作为外在因素制约着主体的活动框架。主体因素又涉及客观特质和心理情愫。客观特质主要是主体所黏附的实体性社会资本，塑造了主体的惯习，即支配主体在特定社会情境中的行为的可持续、可转换的倾向系统（Bourdieu，1984；1985）；心理情愫如情绪、偏好、态度等奇异性因子，对惯习产生一定的干扰。因此，社区的社会功能是操控性和自觉性的统一，社会功能的转变是政府预设和社会自觉共同作用的结果。

（3）物质形体的转变。物质形体包涵自然生态环境、现代建成环境和历史文化遗迹，既是社区主体进行空间生产的物质支撑，也是生产的物质结果。换言之，物质形体作为社区主体占用、改造的对象，直接支撑并制约了主体的行为方式。因此，物质形体在社区各类主体的活动中发生转变，支撑着不同主体的行为目的，因而也能诱发社会矛盾。

（4）地域风情的转变。地域风情是主体对社区空间实体的感知结果，直接依赖于空间文本——社会实体和物质形体及其符号特征的解读。社会实体的解读生成社区主体所感知的人文风情；物质形体的解读生成社区主体所感知的景观风貌。因此，地域风情的转变主要受制于社区的空间文本、公众构成及其心理行为（程金龙，2001；夏铸九、王志弘，2002；程华宁、黄安民，2005；姚长宏、刘爱利，2012）。

（5）社区治理的转变。社区治理是政府管治和社区内治的互动过程。社区治理转变首先归因于政府管制框架和治理方式的变动。前者调整了社区社会的活动范畴即内治范畴，后者调整了政府统摄社区社会的行为方式。另一方面，社区内治的转变则体现为社会行为和组织结构的变化。社会互动影响、改变社区个体的行为方式和行为意图，社区非正式制度、社团组织等方面的变化又导致旅游社区集体行动的相应转变。因此，社区管治的转变归结为政府管治、市民社会（社团组织）、社区主体三方面因素的变化。

综上所述，社区主体通过各自的微观性空间生产共同推动和实现了社区在社会实体、社区功能、物质形体、地域风情、社区管治等方面的转变。从这个意义上，社区空间转变与空间建构一脉相承。空间建构是空间生产的行为过程，空间转变则是空间生产的表征结果。

3.2 旅游社区社会空间结构性要素

3.2.1 旅游社区与社区旅游

从旅游区与社区的相互关系来看，无论是空间位置、地域范围，还是旅游资源、活动内容，社区与旅游区都存在着较高程度的一致性（保继刚、文彤，2002）。旅游社区是满足旅游者需求或兼顾社区居民需求，由旅游社区化和（或）社区旅游化而形成的社区型目的地（唐顺铁，1998；孙诗靓、马波，2007）。因此，旅游社区具有两种基本形式：其一，由旅游景区综合化而形成的社区型旅游景区；其二，由社区旅游开发而形成的、居民与旅游者相互竞争和协商、共同营造的旅游型公共社区（Mair，2009）。本书研究对象是第二类旅游社区，即旅游化社区或旅游驱动型社区[1]。

作为旅游目的地的旅游社区，客观上具有旅游功能从而形成社区旅游。Murphy（1986）指出旅游是社区产业，并系统阐述了旅游业对社区的影响以及如何从社区角度开发和规划旅游。然而，现今社区旅游再不能被简单当作一种产业来看待，还具有社会意义（Boyd，2000；Sun and Bao，2007）；它确实使社区成为旅游产品的成分，但社区却不专门是旅游产品（Atkočiūnienè，2009）。这种模糊性，导致社区旅游在利益主体、活动属性、发展目的、资源依托等方面的认定存在较多分异，学者们对"社区旅游"及其"中国化"进行了反思。张骁鸣（2007）认为西方社区旅游概念在中国存在误解，集中体现为：社区旅游是产品还是理念；社区尺度模糊导致参与范围的变形；参与目的是否局限于经济利益；主要受益方应该是社区成员还是地方政府。唐晓云、赵黎明（2005）立足社区资源产权不明晰的现状，揭示了社区旅游发展及收益面临的困境。余向洋（2006）指出社区旅游不能进行界定而只宜于描述，并提出了描述性工具——社区旅游连续统。王成超（2010）发现社区旅游在国内实践中往往被扭曲，由社区自主推动为主演变为政府主导的社区旅游规划。综合看来，社区旅游的活动具有综合性，难以确切界定，使社区旅游规划开发面临一定困惑。总之，"旅游"和"社区"并非相互对立，社区旅游旨在将旅游融入社区发展，逐步实现社区的社会转型（Mair，2007）。

基于社会空间视角，旅游社区是居民、旅游者、从业者等社区公众连续建构的地域性社会空间。社区公众在建构过程中具有不同的利益诉求和目的，产生经济、文化、权力（政治）等多方面社会关系和社会交流，共同形成社区的社会实体并形塑社区的物质形体。换句话说，旅游社区成员以各自行为——进而总体构成旅游社区的整体性生产方式——动态进行着社区社会空间的生产。旅游者与社区公众之间的互动客观上推动社区社会组织的演化。从微观上看，旅游者与社区成员之间发生不同属性的社会互动，在进行社会资本交换、改变双方社会地位的同时，也实现了社区相应方面的局部改变或发展。例如，旅游者与经营者之间的互动不仅是社区经济发展的局部体现，还具有文化、环境等效应。另一方面，旅游者行为又直接或间接导致社区物质形体的改变。例如，旅游者刻画或踩踏产生的形体破坏，以及为迎合旅游者消费需求而进行的物质性开发。

---

[1] 出于文字表述方面的便捷性考虑，本书统一使用"旅游社区"这一称谓。

概括起来，社会空间视角下，社区旅游发展是通过引入旅游者，并借由旅游者活动及其与社区其他成员的互动，共同推动社区社会实体演化和物质形体改变的过程。从这个意义上说，社区旅游是旅游社区空间的一种生产方式。

3.2.2 旅游社区的利益主体

要理解旅游社区，就必须超脱物质空间，关注旅游与社区主体的社会行为、社会关系和意识规范等方面的互动（Sofield，2006）。各主体在旅游社区具有不同的活动意图，成为特定的利益相关者。按行为意图或目的，旅游社区涉及七类核心利益相关者。尊重、整合各利益相关者并协调其间的利益，是旅游社区发展的基本要求（潘秋玲、李九全，2002；周玲，2004；Govender 等，2005；黄爱莲，2007）。

3.2.2.1 核心社会主体

旅游社区核心社会主体是指参与社区空间日常生产、惯例性生产的社会主体，包括居民、从业者、游客三类。

（1）居民。居民是旅游社区最直接、最核心的利益群体，是社区的"主人"。社区应从便利、娱乐、健康、安全等方面创造良好的居住环境（Jian，2004），不仅要逐步消除相应社会问题、提升居民的社会福利，还要努力营造独特的场所氛围，使居民形成社区依附而产生"主人感"（张兵，2011；陈珂、陈雪琴、王秋兵等，2011；古红梅，2012；高园、陈小燕，2012）。

（2）商务从业者。商务活动是以盈利为导向的服务行为，从业者可以来自社区内或社区外。商务活动使社区趋向"流动空间"（space of flow），即在旅游发展中将诸多新颖的、非社区传统的事项引入社区之中，从而弱化社区的领域性和场所性（徐红罡，2005；孙艺惠、陈田、张萌，2009；李倩、吴小根、汤澍，2006）。商务从业者一方面试图强化社区的交换能力和交换价值，同时又作为地域成员来享有空间交换带来的利益。从这个意义上，商务从业者是一种以"客人"思维而在场的"主人"——职业性东道主（Reisinger and Turner，2004；刘丹萍，2008）。由于在主、客思维立场上的双重性，商务从业者包括居民型从业者与社区居民可能发生一定的矛盾（孟威、苏勤，2009；李星群、张琪琪、曹婷婷，2012）。

（3）旅游者（访客）。包括旅游者在内的各类访客（visitor）是来自地域以外的流动性社会主体，通常被视为一种在场的"局外人"或"客人"。对访客来说，地域空间是一种具有特殊意义的"陌生空间"和体验对象，并通过各种"空间消费"来建构地域空间（谢彦君、谢中田，2006；龙江智、卢昌崇，2010；孙洪波，2010）。具体说，访客一般不真正涉入地域空间内在的生产方式和过程，而是将地域空间当作一种"既成的社会产物"而按照自身意愿来做出响应。访客"使用"地域空间来满足自身的特定需要，并通过"使用"而对地域空间施加影响。

3.2.2.2 其他利益主体

一些利益主体并不日常性地参与旅游社区的空间生产，而是在特定情境中介入社区空间，主要包括市民社会、政府部门、开发商和规划师等技术人员。

（1）市民社会。市民社会（civil society）是介于国家和个体之间的"中间群体"，代表特定社会群体的共同利益和发展诉求。市民社会能够通过"集体行动"（collective action）提升社会参与政府管理的能力，对政府的专项政策也具有更强的监督和参与能力（胡燕、陈振光，2002）。因而，非政府组织是"管"和"治"的中介者，是"民间利益制度化"和"国家利益地方化"的组织界面（郁建兴、吕明再，2003；张康之、张乾友，2011）。市民社会并不直接参与空间建构，而是沟通国家（政府）发展意愿和地方社会发展意愿以调整空间的生产方式，从而间接影响空间发展。旅游社区中常见的市民社会包括居民自治组织、老年协会、兴趣小团体、行业协会以及某些惯常性或偶然性的公共活动。这些不同类型的市民社会将具有相同或相似利益的个体组织起来，成为与地方政府（国家）和其他利益群体相抗衡的公共平台。

（2）政府部门。政府部门是公共利益的代言者和维护者。在市场经济体制和科层制行政体制下，政府部门需要在地方利益和国家利益之间进行平衡。地方政府既要为地方提供公共管理和服务，又要为地方谋取更多发展资源和更强的发展能力（萧鸣政、宫经理，2011），兼具国家在地方派驻的"守夜人"和"代理人"双重角色。在地域发展中，地方政府要发挥积极的引导和推动作用，协调、统筹内外各方利益相关者，还要体现国家意志或全局利益，掌控地域发展方向和框架（梁留科、曹新向、徐永红，2005；陈冬冬、章锦河、刘法建，2008；张侠，2009）。

（3）开发商。开发商是旅游社区发展中的重要经济力量。通常情况下，目的地社区缺乏大规模投资旅游开发的资金实力，而居于主导地位的地方政府往往借助于各种形式的招商引资吸引外来投资，从而使社区旅游开发得以实施。因而，开发商从资金投入层面影响到社区旅游的开发层次、形式与模式等。另一方面，开发商也由此获取与地方政府、社区居民等利益主体的谈判能力，在社区旅游发展中可能被赋予一定的隐性权力（左冰，2009），成为介于地方政府与从业个体之间的中间层。开发商可以直接负责社区旅游运营，也可以在行使综合管理职权下，通过向商务从业者转租等形式间接参与社区旅游运营。尽管开发商在推动社区旅游初始开发方面客观发挥了一定的积极作用，但作为一种逐利性的商业组织，在社区旅游发展中往往会与从业者和地方政府等其他利益主体发生一定的利益冲突和社会矛盾（王起静，2005；饶勇、黄福才、魏敏，2008）。

（4）规划师等技术人员。规划是政府干预社会的一种手段和政策，但以规划师为核心的技术人员并非简单受托于政府的技师。规划技术人员通过形塑地域空间的物质形态而预制空间的社会活动，实际上是一种社会角色，规划工作体现规划师的社会伦理（刘作丽、朱喜钢、王红扬，2004）。市民社会思潮下，规划师应协调、沟通政府意志和社会利益（任致远，2003），尊重有机的社会过程并重视与社区组织和非政府组织的合作（周岚，2001；何丹，2003），避免职业道德迷失（张京祥，2004）。因此，规划技术者是一种受托于政府公共机构，以协调各方利益为宗旨，以重塑地域形体空间为手段的"第三方"社会角色。

上述各类社会主体（组织）在旅游社区发展中具有不同地位、目的和利益。他们围绕各自需要参与旅游社区空间利用与发展，并相互关联、相互作用，共同进行旅游社区空间生产。

3.2.3 旅游社区的客体要素

社区空间性包涵地脉转化而成的自然风貌和文脉转化而成的人文风貌，借由社区物质形体来展示独特的人文社会意义。其主要体现为自然风貌、建筑景观、历史遗迹、空间肌理、传统居民五方面。

（1）自然风貌。自然风貌反映旅游社区自然地理与生态环境方面的特征，形成社区自然景观。一方面，自然风貌对社区生活方式、建筑风格、生物资源等具有基本的制约与塑造作用；另一方面，也为旅游社区生态过程与生态功能提供支撑，并成为旅游社区景观风情的核心来源之一（崔凤军，1998；俞孔坚，1991；俞孔坚、王志芳、黄国平，2005）。旅游开发充分尊重、融入当地自然环境与地理特征，不仅是旅游规划与发展的基本原则，也是旅游者的一项基本需求（李敏，2002；邵秀英、李静，2007）。

（2）建筑景观。建筑是人类聚落最核心的物质要素，是文化的产物和载体（张文和、罗章，2000；夏铸九、王志弘，2002）。旅游社区在自身发展过程中形成的建筑风貌社是其历史底蕴最集中、最真实的反映，本身就是一项独特的旅游资源。在传统社区，建筑景观的历史价值和资源价值尤其突出，往往是吸引旅游者到访的核心因素之一。对建筑景观的充分保护、利用和包装，是社区旅游发展的关键内容（吴必虎，1987；唐勇、覃建雄、刘妍，2009；Zheng 等，2010；束晨阳，2010）。

（3）历史遗产。历史遗产是旅游社区具有重大历史文化价值的传统资源，包括物质遗产和非物质遗产两种基本形式，是旅游社区文化传承的重要内容。历史遗产一直是我国旅游发展最为核心的资源依托，成为旅游社区产品开发的重要支撑。历史遗产与建筑景观一道构成旅游社区文化景观，同时对旅游者具有明确的文化传播、风情展示、教育等功能（董皓、张喜喜，2012；张建忠、孙根年，2012；贾鸿雁、徐红，2013）。对历史遗产的保护与合理利用是各类旅游地开发的一项基本要求。

（4）空间肌理。空间肌理是旅游社区在自身发展过程中形成的各类设施布局与空间结构。它承载了社区生活方式、行为习惯、宗教礼仪等众多文化信息，是社区建筑艺术、生活情趣、空间秩序的综合体现，因而也是旅游社区的重要特色（杨俊宴、吴明伟、谭瑛，2008；刘胜杰、张伟一，2010）。空间肌理对于设施建设、活动分布具有规制性。社区旅游开发应尊重历史肌理，维护社区内在的空间特色与秩序。

（5）传统居民。传统居民不但是社区旅游发展的核心参与者，同时还是社区旅游重要的人文资源，充当旅游活动的客体（唐晓云、赵黎明，2005）。传统居民是目的地社区生活方式、民俗文化、思想观念的主要传承者，是维护社区真实性的核心要素之一（阮仪三、孙萌，2001；夏健、王勇、李广斌，2008；夏健、王勇，2010）。传统居民的留存情况及其社会生活方式对旅游体验具有重要影响（陈兴，2010）。

上述五方面内容是构成旅游社区"传统"物质空间的核心要素。它们既为社区旅游发展提供客观支撑，同时又随旅游活动过程而逐步改变。

3.3 社会行为视角下旅游社区空间生产

空间性和社会性统一于行动（王晓磊，2010）。社会活动不仅是旅游社区空间性和社会性联结的纽带，更是两者相互生产的直接形式。因此，社会行为是旅游社区社会性、空间性转变的焦点所在。

3.3.1 旅游社区生产的恩庇—侍从机制

各利益相关者在共同建构社区社会空间的过程中具有不同的行为意图或利益诉求，旅游社区因而成为利益相关者相互抗争和妥协的场域。同时，因社会资源和活动意图的不对等，各利益相关者在社会空间建构或社区发展中担当着不同角色。总体而言，旅游社区利益相关者可归结为地方政府、市民社会、社区个体三类行为主体（组织）。一方面，地方政府作为国家政权的地方代理人，与市民社会、社区个体（公众）组成的社会组织相互抗衡；另一方面，地方政府和市民社会作为维护公众利益的公共组织，与居民、从业者、访客等社区个体相互抗衡。地方政府、市民社会、社区个体通过上述两套抗衡机制进行着"行政行为—社会行为"、"集体行为—个体行为"的互动，由此建立了社区社会空间生产过程中的"政府—社会"、"团体—个体"两套恩庇—侍从机制。

3.3.1.1 政府—社会的恩庇—侍从机制

随着市民社会的兴起，社会已从"被国家吃掉的状态"成长为一种"与国家相抗衡"的组织（任剑涛，2009）。从这一点出发，社区中存在"国家"、"社会"两大行为组织。基于行为能力及影响的差异，Zhang等（2009）认为以中央政府、地方政府、当地官员、专家、大众媒体为核心成员的"国家"在社区发展中居于主导地位，从而对社区公众及非政府组织形成恩庇。具体而言，国家与社会的互动很大程度地依赖于地方政府。

Mann（1988）认为，国家作为一套权力系统包括制度化的强制性权力和非制度化的基础性权力。强制性权力体现为上级政府对下级政府的强行管制，以及政府在既定合法范畴内无需与社会商议而直接行动的权力。强制性权力通过科层制度建立起国家（上级政府）对地方政府（下级政府）的委托—代言关系，并赋予地方政府特定的公职行为范畴或合法管制框架。另一方面，地方政府还具有影响、渗透地域社会，使国家政策或发展意图落实、贯彻到地域社会之中的基础性权力，即将文本化、抽象化的正式制度意识融入，从而诱变地域社会特有的、俗成的行为规范和民间意识的权力。杜赞奇（2004）指出，地域内在的社会规范、意识等民间法构成地域社会惯常的运作逻辑或组织法则，这种非正式制度同时也担当了国家权力的文化网络。外来的国家权力需要借助地域非正式制度来建构自身的合法权威（郭亮、何得桂，2006），并通过管控或诱变地域非正式制度来落实国家的治理意图，或者说实现"国家意想"的地域社会发展（李怀，2004；曹海林，2005；陈洪生，2006）。因此，地方政府往往通过地域非正式制度的张力，将制度性决策或国家意图播撒、渗透到地域社会组织之中，从而摄迫地域社会的运作或发展。

总之，地方政府通过基础性权力的行使，一方面使国家—政府学理上的委托—代言关系客观转化为实践上的委托—代理关系；另一方面也使国家对社会的管制成为具体的现实，为维持地域社会在国家默许的范畴内运作或发展提供了保障。因此，地方政府的行政过程是依照国家管制框架实施地域社会治理，即寓"制"于"治"的行为过程，从而担当了国家与社会相互抗衡的中介。具体说，地方政府的管治行为投射出国家的管制框架和发展意图，而治理效果则很大程度地取决于政府渗透、统摄地域社会的能力，即政府在行使基础性权力过程中对地域社会的协商能力。"协商"蕴含着地方政府、地域社会之间的双向抗衡，地域社会发展因而是两者紧张互动的过程和结果。

对旅游社区来说，地方政府在行使基础性权力过程中一方面管制或规约社区的社会活动范畴、维护社区的社会秩序，同时也贯彻国家发展意图、促进社区综合转变。在这个意义上，政府管治为旅游社区发展提供了恩庇，后者始终受到地方政府的监管并在国家默许的范畴内运行，处于侍从地位。可见，政府、社会在共同建构旅游社区社会空间过程中存在角色和行为分异。地方政府掌控着旅游社区的发展框架，统摄旅游社区社会实体的运行或演化，主导了社会空间生产的总体结构和方向。在地方政府的调控或规约下，社会实体依从政府意想或预设的框架自发或自觉地进行着社会空间的生产。综之，社区运作或发展是政府"管治"和社会"自治"紧张互动的过程和结果；由于受制于"自上而下"的政府管治，旅游社区自治充其量只是"有限的自治"。

3.3.1.2 团体—个体的恩庇—侍从机制

与国家抗衡的实体性"社会组织"涉及集体组织或社团组织、社区个体或社会成员两大层次。

（1）社区个体一方面在公民权利领域与国家展开直接抗争，同时又通过社会互动逐渐改变个人的社会地位，引发社区社会结构的嬗变，进而间接影响地方政府甚至更高层政府（国家）所代表或维护的利益格局（王小章，2003）。换言之，社区个体不仅与国家强制性权力或地方政府的合法管制框架相对抗，还会在利益、意图、规范等方面进行角逐或竞争从而左右地方政府的发展意图和治理措施，即影响地方政府基础性权力的行使。

（2）社区个体往往因某些共同利益、意图等因素而组成或参与特定的社团组织。这些将特定群体组织起来进行集体行动的各类社团整体上构成一个介于政府（国家）和个体之间的中间领域，即市民社会（何增科，2000）。市民社会是国家或政府之外的所有民间组织或民间关系的总合，包括非政府组织、公民的志愿性社团、协会、社区组织、利益集团和公民自发组织起来的运动等（俞可平，2002），担当了国家—社会转换体系的"协商地带"（Hsu，2012）。作为一种具有自主权的第三部门，市民社会为各种非营利性社团组织与政府系统、经济系统展开互动提供了平台（图3-3）。总之，各社团组织一方面通过"联合行动"（associational activities）来表达、维护其成员群体的某种共同价值（Murphy，2011）；另一方面又共同组成一个与政治、经济互动的公共领域或市民社会（Cohen and Arato，1992），并在互动中传达、实现地域社会的政治、经济利益诉求（Hoffmann，2011）。因此，市民社会与政治、经济系统的互动同时也是抗衡过程。

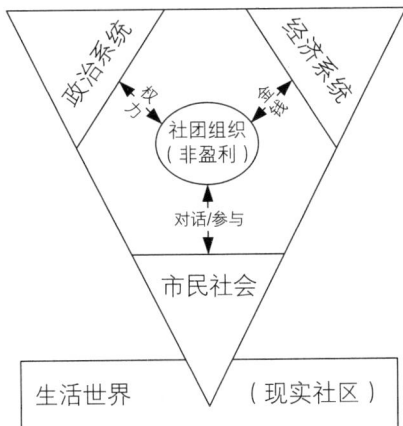

图3-3　社团组织与市民社会、政治体系、经济体系互动

(据 Hoffmann，2011，略有改动)

综上所述，在与政府（国家）抗衡或互动中，社会组织作为一个整体产生了权力和利益的重构。社会组织相对于政府（国家）的这种成长是由不同社团组成的市民社会的作用结果，因而也潜伏着社会内部不同群体之间的某种利益格局。在这个意义上，社会个体所参与或所处的社团组织就为其个人利益提供了恩庇。或者说，社会个体在地域社会成长中获取的个人利益依从于其所处社团组织在市民社会中的相对位置。

对旅游社区来说，地域性社团组织充当了地方政府和社区个体之间的中介领域，或者说形成一种地域性的市民社会。各社团组织共同影响地方政府发展意图、维护旅游社区整体利益，同时也在这一过程中实现各自的利益或意图，改变自身在旅游社区社会组织中的相对地位。从另一个角度看，社团组织就成为恩庇其成员利益和意图的平台，社团成员通过集体行动来传达、维护社团组织的目标和权益，从而建立了社团（团体）及其成员（个体）之间的恩庇—侍从关系。现实中，各社团的行动目标往往不尽相同，旅游社区内的市民社会也成为社区公众开展利益、意图竞争或角逐的领域——一个可以实现不同个体的需要因而充满社会矛盾和社会抗争的公共领域。

3.3.2　旅游社区社会空间的生产机理

3.3.2.1　旅游社区空间建构的社会行为体系

基于"政府—社会"、"社团—个体"两套恩庇—侍从机制，地方政府、社团组织（市民社会）、社区个体在共同建构社区空间过程中具有两条行为脉络。其一，政府行政行为与社区社会行为的互动，对应于地方政府—地域社会两大宏观组织的抗衡；其二，社区集体行为与社区个体行为的互动，对应于社团—个体两大微观主体的抗衡。据此，旅游社区空间建构的社会行为可归结为政府（国家）强制性行为、政府（国家）基础性行为、社区集体性行为、社区个体性行为四类。地方政府、社团组织、社区个体以各自行为进行互动（图3-4）。

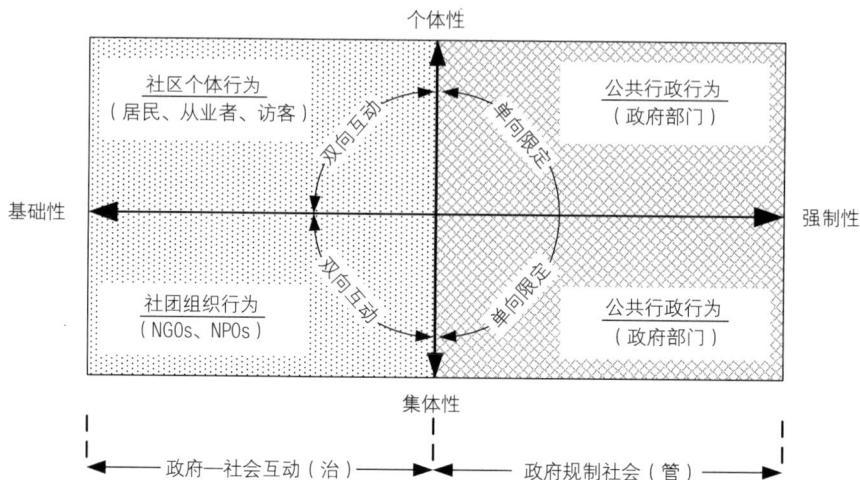

图3-4 旅游社区空间建构行为体系

（1）地方政府依照国家推行的强制性管制框架规约了旅游社区社会组织的活动范畴，即旅游社区社团组织和社区个体自发或自觉的行为范畴。地方政府的管制一方面维护了旅游社区的社会秩序和发展框架，同时也限定了旅游社区社会组织的整体权益。

（2）地方政府通过行使基础性权力将国家意志和发展意图渗透、落实到社会组织之中，并遭遇社会组织的抗衡。政府具体的行政活动是"寓管于治"的管治行为，在对旅游社区社会组织"自上而下"进行统摄的同时，也在这种互动过程中引发社会组织权益的演变。或者说，旅游社区社会组织在与政府的紧张互动中实现自身相对于政府（国家）的成长或发展，并"自下而上"影响政府的意图和行为，由此诱发政府（国家）管制框架的可能调整。从这一点出发，地方政府行使基础性权力的过程为国家强制性权力的变迁提供了引导。

（3）旅游社区社会组织的整体成长是社团组织和社区个体综合作用的过程和结果，伴随着社区公众之间利益、意图等方面的角逐和竞争。社区个体之间既可以通过社会互动来实现各自的意图和需要，又可能因某些共同利益和目的而产生集体行动。旅游社区社会组织通过个体性行为、集体性行为两类基本活动来进行自我建构，同时改变各社团组织、社区个体的相对地位和利益格局。

总之，地方政府与旅游社区社会组织从社团、个体两个层次展开互动，在统摄旅游社区发展构架的同时也引发社区内部结构的转变。地方政府、社团组织、社区个体在互动中共同参与旅游社区的空间生产。

3.3.2.2 基于建构主体的旅游社区空间生产

旅游社区是地方政府、社团组织、社区个体共同建构的社会空间。基于地方政府、社团组织、社区个体三者行为关联，旅游社区空间生产可归纳为两套基本建构系统的紧张互动，即以地方政府、规划师为主要参与者的政府建构系统，以居民、从业者、访客及社团组织为主要参与者的社会建构系统（图3-5）。

作为旅游社区恩庇者的地方政府通过社会管治和物质干预两方面措施来统摄旅游社区发展。地

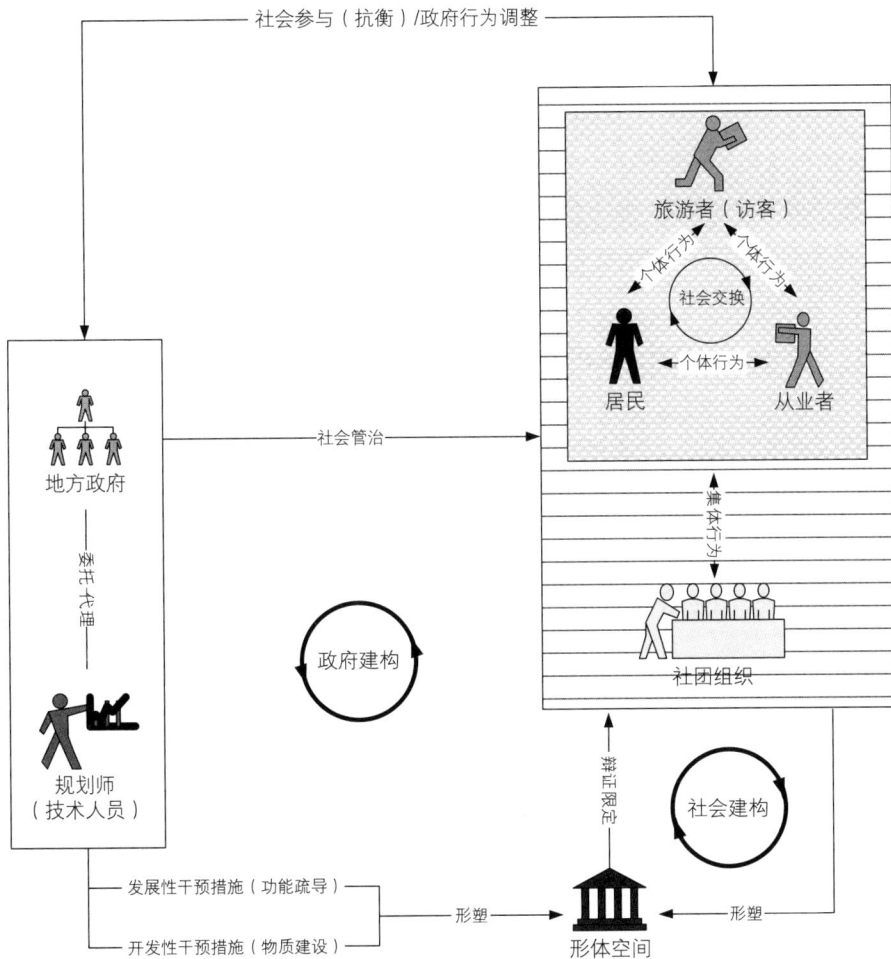

图3-5　旅游社区空间建构行为机理

方政府强行管制旅游社区社会组织的活动范畴，并摄迫旅游社区非正式制度来渗透政府自身的发展意图（康晓强，2012）；又往往以公共利益的名义干预旅游社区物质形体的建设或改变，从而辩证限定旅游社区社会组织的活动方式和内容，也即物质建设成为政府调控旅游社区社会行为、诱发社会演化的一种方式。因此，地方政府规约着旅游社区社会组织的自发活动——空间生产行为，也就掌控了旅游社区空间建构的主导权。同时，鉴于国家—社会的中介角色，地方政府还需统筹上级政府（国家）、社区社会两方面的意图和利益来调整自身行为。正是在"代理"国家与社区社会"协商"的管治过程中，地方政府与旅游社区社会组织展开紧张而具有弹性的持续互动，从而统摄旅游社区空间生产框架并规约社区社会的空间生产方式。从这个意义上，旅游社区社会组织所生产的空间是对地方政府"构想的空间"的动态充斥——旅游社区社会组织以慢慢"填充"或落实地方政府"构想的空间"的方式实现自身的"舒张"或成长，随之抵斥、推压着政府设置的空间生产框架。

　　旅游社区社会组织的空间生产过程也是居民、从业者、访客、社团组织共同进行空间建构的过程。一方面，居民、从业者、访客通过个体性行为占用旅游社区的生活空间，并围绕各自利益和目的进行社会互动或社会交换。另一方面，居民、从业者、访客又在社团组织的平台上通过集体行动实现各自意图和利益，推动社区社会组织的内部重构。总之，居民、从业者、访客、社团组织在社会互动中占用、形塑空间，发生社会规范的碰撞、人际网络的调整等非正式制度因素的交流，实现各自的微观性空间建构，从而共同进行着旅游社区社会组织的整体性空间生产。旅游社区社会组织的空间建构充满着不同社区个体及社团组织之间的矛盾和妥协，引发社区内部社会结构、利益格局、非正式制度的演变。旅游社区空间正是在这种充满矛盾的行为过程中实现自身社会性、空间性的转变，即旅游社区空间被社区社会连续建构或生产出来。

3.4　社会空间生产视角下旅游社区转变途径

旅游社区是不同主体共同建构的空间，旅游社区的转变最终通过建构行为的转变来实现。归纳起来，旅游社区空间转变具有六种基本途径。

3.4.1　社会交换途径

居民、从业者、访客之间的社会互动是一种有意义的社会资本交换，各方按照自身的目的和需要选择交换对象、内容和方式。社会交换体现地域的社会功能，即地域为社会提供服务的范畴及能力。居民、从业者、访客等地域主体互动方式和结果是地域功能的展现。实体资本的交换在微观层次上导致主体"社会地位"的改变，在中观层次上引发地域社会分层，最终体现为宏观层次上地域社会结构的演变。同时，交换行为也潜伏着社会意义的交流。各主体互为主观体验、相互认同，形成各主体所感知的社会风情或人文氛围。由于社会主体在交换过程中存在利益、目的等方面的差异，因此可能产生社会矛盾和利益冲突。

从地域可持续再生出发，地域功能的恢复和提升最终是要"再生"空间的社会生产方式——地域主体的互动方式及能力，而主体互动又产生两种基本效应：诱发地域社会结构演变、影响地域社会风情感知。社会交换很大程度上是社会主体的自主行为，但受到政府管治和形体空间的制约。

3.4.2　社会组织途径

通常将独立于政府的非营利性民间组织称为非政府组织，由具有共同行动目标和利益诉求的社会群体组成。非政府组织是实现民间自治的重要途径和载体，有助于增加民间交流，调谐社区矛盾，发起集体行动。非政府组织通过增强地域社会凝聚性（social cohesion）和成员集体感，维护、巩固地域社会的非正式制度和社会规范，成为介于地域个体和地方政府之间的中间群体。

从地域可持续再生出发，非政府组织提供了一种重要的社会组织途径。一方面，非政府组织存续并发展了地域社会的传统行为和社会规范，一定程度地维持了地域社会空间内在的生产方式及社会性；另一方面，非政府组织还增进地域成员的社会归属感或集体感，在地域公共事务中发挥重要的组织作用，维护地方利益，更有效与地域外社会及地方政府抗衡。

3.4.3　社会管治途径

地方政府的管制隐藏着国家控制社会的强制性框架，并通过基础性权力的行使过程来治理社会。从这个意义上说，地方政府的管治是将国家发展意志下渗到社会之中，"治"是"管"的延伸和手段。政府的"（管）治"和社会的"（自）治"具有不尽相同的行为逻辑和意图。地域社会发展是受管治"无形之手"调控、社会自发或自觉"内治"的动态过程。对政府而言，社会管治的最终目标是要实现"善治"（贺雪峰，2007），即将制度化、文本化的国家发展意志转化为地域社会具体的内治逻辑，从而使地域社会自发或自觉趋向国家预设的发展轨道和意图。

从地域可持续再生出发，地方政府管治是引导地域社会内治逻辑趋向"时代发展趋势和要求"的基本保障。换句话说，社会管治潜伏着国家或"全社会"的意图，"管治"调控"自治"也就是对地域社会的非正式制度进行"训导"。从地域社会空间看，也就是空间的社会性及其内在的"社会意义"顺应、接受"时代意义"的转变过程。

3.4.4　功能疏导途径

地域功能体现在地域主体的社会行为之中。地方政府可以通过相关措施来预设或调控地域主体的可能行为，从而掌控地域的功能结构和功能状态。一方面，地方政府可以制定相关规定，如地方条例、管理规范、产业规划等，来限制或管制地域活动范畴，也即地域主体可能的行为范畴；另一方面，地方政府还可以直接干预或间接引导地域功能转型，如制定产业扶持政策、进行财政补贴、设置产业附加条件，甚至直接接管或引进某些功能活动。

从地域可持续再生出发，功能疏导是地方政府规约地域社会的空间生产方式的关键途径。尽管地域功能往往体现国家（政府）发展意图的部署和要求，但现实中则体现为地域主体具体的行为方式及能力。因此，地方政府通过相应措施干预地域功能，最终则是规约、训导地域主体的空间生产方式。

3.4.5　物质建设途径

形体空间为空间生产提供了物质支撑，辩证限定地域主体的行为方式。社会互动伴随着资本交换，物质空间因而影响到地域主体的资本积累和地位变迁。同时，物质建设直接塑造地域的空间性，即景观风情或地域风貌，影响空间形体相对于地域主体的主观意义。另一方面，地域主体的活动还与物质设施的空间布局有关。因此，调整设施布局能引导社会活动的地域分布。

从地域可持续再生出发，物质建设不单纯是一种以景观风貌为核心内容的空间性重塑行为，还具有诱发空间主体社会地位嬗变的潜在功能。地方政府及其委托者（规划师等技术人员）在进行物质空间规划建设时，应统筹考虑物质规划的社会效应，既要使物质建设符合地域功能或社会互动的需要，也要防止物质建设不公正可能导致的社会剥夺（social deprivation）。

3.4.6 社会参与途径

社会参与体现了社会与国家（政府）的抗衡，是政府"管治"和地方"内治"互动过程，成为政府建构系统、社会建构系统相互沟通、相互牵制的核心渠道。就社会、政府两大组织在"参与"过程中的地位和影响力而言，存在着从"政府挟制社会"到"社会挟制政府"的参与阶梯（Arnstein，1969）。社会参与通过影响政府基础性权力的行使从而影响国家（政府）管制框架的调整。原则上，政府应接受地域社会全面参与公职范畴内的各项事务，最终达成地方政府与地域社会之间的某种妥协。

从地域可持续再生出发，社会参与贯穿政府管治过程，成为政府调控的监督和馈送系统。在恩庇—侍从架构下，社会参与表达了地域社会在空间建构过程中的相关意图和需要，为政府的恩庇行为提供了导引。也就是说，社会参与是"社会"和"政府"（国家）在地域社会空间建构过程中的谈判机制，直接影响地域空间的生产方式和结果。

3.5 本章小结

本章基于社会—空间辩证法阐释了旅游社区的社会空间内涵并展开理论建构。旅游社区并非一个抽象的地域概念，社区社会、地域、活动共同赋予社区以独特性，使其成为一个具体的社会产物。社区空间的社会性生产表现为个体性生产与整体性生产的互动统一，并推动社区发生转变。（社区）旅游是（旅游）社区空间生产的一种方式。在此基础上，本章对旅游社区社会主体与物质要素进行了阐述，明确了旅游社区的社会建构主体与物质环境特征。

本章基于社会互动论述了旅游社区空间生产中政府—社会、团体—个体两套恩庇侍从—机制，揭示出不同主体在旅游社区空间生产中的地位和利益差异，阐释了精英群体、社会群体参与旅游社区空间生的机理，并在此基础上总结出旅游社区空间转变的基本途径。

总之，本章为后文从社会空间视角来理解和分析旅游社区奠定了理论基础。

空间的涵义和建成环境的规划参与组织我们的
日常生活。社会空间过程通过特定的机制建立
公共互动和利益分配的秩序。

Gottdiener M, Hutchison R. The New Urban
Sociology. 2006.

第4章 旅游社区可持续再生框架理论建构

4.1 可持续再生理念缘起与梳理

4.1.1 城市再生政策

1975年，默西赛德郡议会（Merseyside County Council）提出"城市再生"（urban regeneration）政策，旨在将投资和开发集中在市区（尤其是问题最尖锐的地区），以提升这些衰败、废弃场地的环境质量并促进住房和经济建设，同时尽可能限制建成区周边的开发规模。1977年，《内城政策白皮书》（*Policy for the Inner Cities*）指出自发增长和再生机制的丧失是内城地区的典型特征，城市再生政策开始注重消解城市问题的形成机制（Atkinson and Moon，1994）。1978年，英国颁布以《内城法案》（*Inner Urban Areas Act*）为代表的一系列政策，赋予地方政府在再生过程中的相应权力和资源。1994年，英国实施城市再生计划（urban regeneration programme），主张削弱城市片区差异和社会阶层差距以提升城市生活质量，使城市再生与社会治理、社会公正紧密联系起来。总之，20世纪英国城市再生政策由最初的片面重视城市物质环境改造，逐步转变为追求经济、社会和环境的共同发展。尽管政府在城市再生过程中始终发挥重要作用，但逐渐从管理者转变为协调者，通过与私人部门、社会团体建立伙伴关系来积极培育它们在城市发展中的主力军角色。同时，英国还注重再生成果维护机制的建设，如加强再生区域的社会学研究、制定城市再生战略规划、完善公私合作、健全再生评价机制（张平宇，2002）。城市再生政策对欧美地区产生了重要影响，成为西方各国继城市重建、城市振兴、城市更新、城市再开发四阶段之后，为推动城市全面复兴而普遍采取的发展政策（曲凌雁，2011），如表4-1。

			西方城市发展政策历程		表4-1
	1950年代	1960年代	1970年代	1980年代	1990年代 –
主导政策	城市重建	城市振兴	城市更新	城市再开发	城市再生
社会背景	二战使城市遭受很大破坏，百废待兴，老城区衰退现象明显	移民问题导致社会结构转变并带来相应的社会贫困和社会矛盾	全球产业转移导致社会经济衰退严重，政府干预作用有限	全面推行新自由主义经济政策，对社会经济结构进行重大调整和改革	城区经济开始复苏，但社会整体发展不平衡，尤其是社区衰败问题严重，全球经济竞争进一步加强

	1950 年代	1960 年代	1970 年代	1980 年代	1990 年代 –
发展思想	过渡性措施，主要通过土地置换，重点建设地方开发项目	凯恩斯主义，追求计划经济管理	凯恩斯主义，但开始尝试在具体项目运营方面引入竞争机制	新自由主义，推行全面市场化竞争的私有经济	新自由主义，开始关注可持续发展
政策目标	改善住房和生活条件，郊区开发，环境美化	解决"文化差异"引致贫困，缓解社会矛盾	振兴城市经济、提高内城环境吸引力	振兴城市经济与促进社会转型	面向全球化的国际竞争
政策形式	—	教育优先区城市计划社区发展项目	内城政策新城市计划工业提高区合作伙伴组织	企业区城市开发公司城市行动	（城市、区域、地产）竞标城市自豪国家彩票基金
价值取向	—	社会公平（福利国家，平均分配，均衡发展）	福利国家价值观下鼓励公平竞争，优先发展	松懈管制，市场竞争下的公平	国家宏观调控下的市场竞争
战略导向	基于城市总体规划的旧城区重建和发展；郊区人口增加	郊区和城市边缘区的发展，开始对郊区化发展进行控制	关注内部更新和社区发展，依然以城市边缘区开发为主	以旗舰项目为典型的大型开发和再开发为主	更为综合的整体的城市政策和实践，推动整合性更新
利益相关者	国家和地方政府，也包括私人开发商参与	开始强调公共部门和私人部门之间的平衡	私人部门的地位增强，地方政府分权化明显	强调私人部门和专项部门的开发力量，合作伙伴制度兴起	以合作伙伴制度为主的城市再生
空间层次	地方开发和场地开发	区域开发出现	初期区域、地方开发并重，后期以地方开发为主	早期以场地开发为主，后来强调地方层次开发	重新引入战略视角，区域开发活动增长
空间导向	老城区	特定贫困衰退片区	内城衰退地区	城市中心区	向区域范围扩展
经济焦点	公共部门投资，私人部门参与	私人部门投资呈持续性增长	公共部门因资源限制，而私人投资继续增长	私人部门主导，公共部门为辅	公共部门、私人部门、社会捐助之间形成平衡
社会效应	提高了城市居住和生活标准	社会福利提高，但未能涉及城市问题的根本症结	以社区为基础的活动增多，社会授权更多，认识到经济建设是促进城市发展的突破口	社区自助发展，国家辅以有限的财政支持；私人部门主导的发展严重忽略社区需求，未能从根本上扭转城市衰退	社会矛盾更加凸显，面临更深刻的结构性经济危机，更加强调社区的地位
物质空间	内城置换，城市边缘区开发	内城重建，同时关注人口回迁	老城区的大规模更新	大型旗舰项目，进行功能置换和城市开发	适度开发，注重遗产保护
环境探索	景观建设和绿化措施	有选择的整治城市环境	适度创新的环境整治	重视环境品质和治理途径	引入环境可持续发展理念

资料来源：整理自 Peter（2000）、曲凌雁（2011）。

再生政策倡导将"城市公民社会"而不是"城市物质空间"当作城市发展的主要依托,从"自上而下"传统思维转向"自下而上"思维指向(曲凌雁,2011)。作为市民社会的活动空间,城市要重视市民力量和市民利益,依托"社会"来统筹和实现城市发展。城市再生代表了一种内涵型、质量型发展理念,强调从物质更新转向社会经济建设、从政府主导转向公私合作、从不均衡发展转向可持续发展、从单一目标走向综合目标、从地方走向区域(佘高红、朱晨,2009)。

4.1.2 可持续再生理念

鉴于城市再生政策较大的现实影响力,国内外学者从理论层面展开思考和探讨,使城市再生演化为一种发展理念。将城市发展和社会目标结合起来被公认为是城市再生的理念核心(Raco and Henderson,2009)。Peter(2000)认为,城市再生是一项旨在解决城市问题的综合、整体的城市开发计划与行动,以寻求某一亟须改变地区的经济、物质、社会和环境条件的持续改善。Brown[1](2006)指出城市再生是一种社会属性、经济属性和物质属性相互协同的行动,以图使遭受剥夺的社区摆脱衰败,实现可持续发展。曲凌雁(1998)认为城市再生是一个多目标的行动体系,环境再生是城市再生的基本表象,经济再生是推动城市发展的根本动力,社会再生是城市再生的终极目标。统而言之,从目的来看,城市再生寻求某一亟须改变的城市空间中经济、物质、社会和环境条件的持续改善;从过程来看,城市再生是一项旨在解决城市问题的综合、整体的城市开发计划与行动(朱喜刚,2009)。

近年来,城市再生更加注重发展的可持续性,进一步演化为"可持续再生"(Sustainable Regeneration)[2]。可持续再生倡导再生路径的时空连续性,主张通过沟通的、渐进的、协调的、网络的方式来逐步推进城市再生,而不是采取割裂地方性、武断的、生搬硬造的方式。可持续再生不局限于对现状或过去的保存或复原,更强调在把握未来变化的基础上,更新城市功能,改善城市人居环境,恢复或维持许多城市已经失去或正在失去的"时代牵引力"功能,并使市民参与发展政策的制定与实施(吕斌,2005;2009)。因此,在发展方式上,可持续再生主张"复兴式"发展,即通过城市机体的综合调整来促使城市活力"重新焕发";同时,在发展过程上,可持续再生还要求"焕发的活力"具备延续能力。

再生与发展的差别值得注意。首先,再生强调发展方式的本土性、传统性,即恢复或维持地域已经失去或正在失去的功能。其次,再生还具有地域认同导向,体现出对地域历史文化、传统景观与现代社会情景的尊重与整合(Der Merwe,2006)。因而,再生是一种特定的发展方式和发展目标,而发展则未必采取再生这种方式或以再生为目标。地域再生与地域发展的关系如图4-1。

---

[1] Brown C. 10 ways to define regeneration. 2006[2011-8-12]. http://www.building.co.uk/10-ways-to-define-regeneration/3062794.article.

[2] EU Ministers for Urban Development[R].2010.6

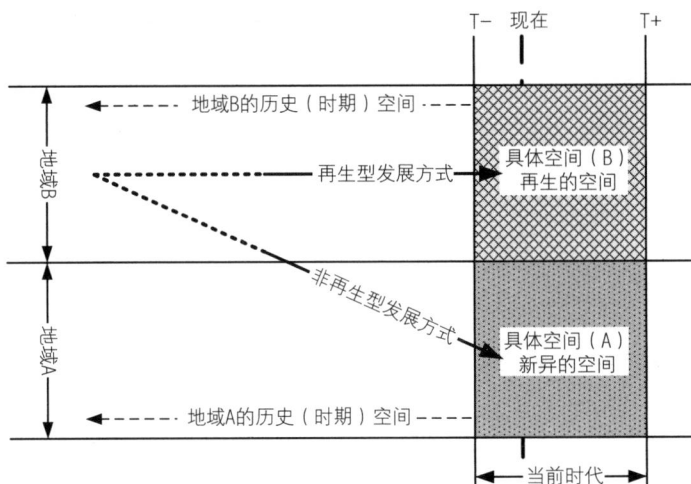

图4-1 地域再生与地域发展

城市再生试图通过空间性手段来实现社会性目的。在这个意义上,再生是地域空间的一种生产方式,地域空间则是"再生"的对象和产物。另一方面,地域再生的社会目标及内涵提倡"就地"消除社会贫困和解决相关社会问题,注重空间占用者(地域主体)的地域存续性。因此,地域再生具有"地域发展方式"、"地域发展结果"两重含义,统一于空间生产过程之中。地域再生旨在通过地域性物质要素和社会要素的整合、优化来推进地域社会空间的复兴和良性发展。

4.1.3 可持续再生理念的特征

城市表现的是社会(曼纽尔·卡斯特,2001),是被社会主体赋予一定社会意义与价值的地域空间(张鸿雁,2005)。城市再生倡导将城市功能可持续发展与社会复兴相结合,具有三点基本特征。

首先,城市再生是在城市重建、城市振兴、城市更新、城市再开发基础上的一个延续和提升性阶段,前面四阶段为城市再生奠定了必要的物质性基础。从这个意义上,城市再生并不与物质开发相对立。其次,城市再生目前被作为一种发展理念来看待,尚未形成系统的理论认识;主要致力于重建衰败地段传统功能和发展机制,恢复其经济活力和社会魅力。第三,城市再生的目标及其实施途径和方式与历史、政治和经济背景密切相关(Couch等,2011)。因此,城市再生在深层次上反映特定的社会价值观,应体现"对场地(空间)的尊重"(即地格或场所精神的延续)和"对社会的尊重"(即空间主体的福祉和利益协调)两方面含义。

4.2 旅游社区可持续再生理论体系

4.2.1 旅游社区可持续再生目标

旅游社区发展是空间发展和社会发展的统一。社区有其内生的社会生态,一方面对社区空间形成特定的占用方式和改善需要，另一方面也展现了地域特征和人文风情。旅游开发客观上推动社区空间生产机制的重构。可持续再生立足空间—社会互动机制，以空间为切入点解决社会问题，同时强调以社会为切入点解决空间问题（畲高红、朱晨，2009），从而为存续目的地社区社会肌理、丰富旅游体验提供了可行途径。

概括而言，可持续再生有助于旅游社区实现的目标主要包括：其一，恢复社区具有吸引效应的相关特质，再现社区历史底蕴和文化景观，保育、提升旅游吸引力，并增进居民自豪和社区依附。其二，利用旅游发展提供的多种就业机会、发育的市场环境，激发社区经济活力或相关功能复苏，强化社区"造血"功能。其三，引入旅游开发带动社区设施建设和综合整治，改善居民生活环境，增进居民社会交流，提升社区社会稳定性和凝聚性。其四，通过游客入场产生的文化碰撞，激发居民本土意识觉醒，推动居民观念行为转变，实现居民个体发展。其五，借助旅游发展的地域品牌效应及其他积极效应，提升社区的相对地位，获取地方政府政策扶持。

4.2.2　旅游社区可持续再生体系

社会空间视角下，旅游社区是由地域、社会、行为支撑起来的有机系统。从社会空间转型过程与生产内涵来看，旅游社区发展体现在社会性、空间性、生产方式三个方面。可持续再生作为旅游社区的特定的空间生产方式，旨在通过恢复、维持社区传统功能来存续社区的空间性，同时消除社区相关社会问题。从社会空间的微观建构来看，可持续再生的这一切入点则对应于维护、调谐社区主体的传统行为方式。因此，旅游社区可持续再生体系可归结为二大核心内容。

（1）旅游社区传统功能再生。社区功能实质上是社区社会的运作形式，在微观层面上则对应于社区主体行为方式的延续。具有时代牵引力的传统功能的恢复与再生是目的地社区可持续再生的工作核心。一方面，社区传统活动本身就可能成为一类旅游资源，从而借助社区旅游发展而复兴；另一方面，旅游发展作为目的地社区一项新的经济动力，为社区居民提供不同程度的就业机会和获益渠道，从而为居民行为的延续提供支撑。

（2）旅游社区社会内涵再生。社区社会内涵即社区的空间性，是借助社区物质形体和社会实体所展示出来的人文意义，对应于社区空间文本特性的延续。社区旅游主张将社区作为旅游发展的整体对象，强调对社区传统、特色物质环境的保护和改善，有助于延续和提升目的地社区的物质性文本内涵。同时，旅游发展能一定程度遏制社区衰败、激发社会活力，从而增强居民的社区依附感、维系社区社会肌理，即维持目的地社区社会实体及其人文意义的相对稳定。

（3）旅游社区空间正义再生。社区空间充满社会关系和社会冲突，空间转型客观伴随着发展利益的社会分配，使社区主体在社会空间转型中相对公平地获益是消除社会问题、推动社会复兴的基本前提。旅游发展能从经济、社会、环境等方面增加社区的空间红利，并伴随着不同居民参与社区旅游的方式与程度而形成不均衡分配。因此，旅游发展在促进目的地社区整体发展的同时，也可能滋生或激发社区居民的内部矛盾。从这一点出发，旅游社区可持续再生还应关注社区居民的获益能力，积极推动旅游发展效益相对公正、均衡地惠及社区居民。

4.3　旅游发展与社区空间转型机制

旅游发展对社区产生有限影响，社区对旅游影响的响应及其自身发展也反作用于旅游，旅游与社区之间的相互作用被称为旅游—社区联结（Tourism-Community Nexus）（Saarinen，2010）。对很多社区来说，旅游并非其固有的、先定的主要功能。旅游发展既引入游客、商业经营者的空间生产，又通过介入、干扰传统居民生活而诱发居民空间生产方式转变。目的地社区以居民为主导者的社会空间建构过程被打破。

4.3.1　旅游发展对社区空间的介入

4.3.1.1　经济介入

旅游对社区经济的介入体现在提供就业机会和经营机会、增强经济活力等方面。旅游开发有助于社区经济的整体发展。Ragnraman（1997）指出旅游从税收、就业、物价等的影响地域经济。Getz（1994）的研究表明经济利益是居民支持旅游发展的主要原因之一。Boissevain（1979）、Hampton（2005）发现旅游增加社区居民的收入水平和就业机会，对避免居民外迁、维持社会稳定有积极意义。另一方面，旅游发展可能会抬升当地物价（李柏文，2009）。旅游开发在改善社区经济结构的同时也引发一些不和谐因素。居民在旅游发展中的经济获益并不相同甚至悬殊。Brougham 和 Butler（1981）发现旅游并不能使社区所有居民获得经济利益。Lehmann（1980）、Farve（1984）进一步揭示出旅游经济利益在社区内部分配的不均衡性，社区精英攫取了大部分旅游收益，加剧了社会失衡。这种情况与社区居民生活成本的普遍增加，可能会激发居民矛盾（Ross，1992；梅青、孙淑荣、刘义铭，2009）。

4.3.1.2　文化介入

社区文化包括社区居民长期实践而创造出来的物质文化和精神文化的总和（于显洋，2006）。胡柏翠、周良才（2008）将社区文化归纳为物质文化、行为文化、制度文化、精神文化四类，指出社区文化具有区分功能、约束功能、凝聚功能、教育功能、促进功能。

在社区社会层面上，旅游发展对社区文化的介入主要体现在非物质文化方面。旅游与社区居民的文化碰撞不可避免（Lange，1980；谌世龙，2011），两者存在独立、合作、冲突和整合四大关系（赵福祥）。旅游对社区文化兼具积极、消极影响（Simpson，2008）。王汝辉、刘旺发现民族社区旅游发展削弱了居民对非物质文化遗产的感知，严重影响居民"活态"文化载体功能。马晓京（2000）指出旅游开发不利于社区传统民俗的保护。另一方面，旅游引发的文化商品化也可能激发社区居民的文化自觉和复位（孙九霞，2005）。因此，社区旅游发展应对物质与非物质文化进行整合，协调旅游发展引发的文化矛盾并实现传统文化可持续利用（王汝辉、刘旺，2009；Haija，2011）。总之，旅游发展往往将"他者"文化引入目的地社区，并逐步内化到社区居民文化规范、思念观念、意识形态等方面。

4.3.1.3 社会介入

旅游发展从表层现象、行为方式、行为规范、文化意识渐次深入的四个层面介入居民社会（图4-2）。

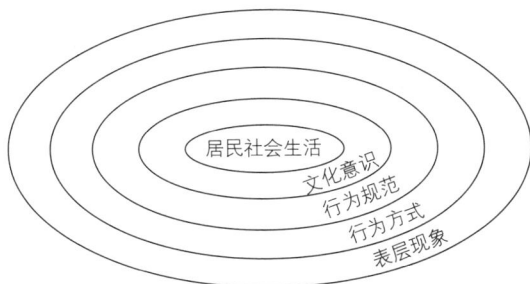

图4-2 旅游社会影响层次（Rousseau，1990）

旅游对社区社会的影响首先在现象层面被观察到，如交通阻塞、空间拥挤、私密性遭受侵犯、治安问题等（Milman and Pizam，1988；Gursoy 等，2002；Gu，2006）。旅游发展对社区居民日常生活的干扰具有双面性，对社区传统活动与生活方式的诱变作用、维持作用同时存在（Tao和Wall，2009；Mbaiwa，2011）。主一客交流及居民交往推动特定共同利益和公共组织的形成（孙九霞，2012）。社区主体在社会交换中的利益失衡可能引发社会矛盾、恶化社会关系（Ross，1992），导致社会交往变少、变质（Dyer 等，2003），从而影响社区行为规范、身份认同、社区依附、社会信任、社区凝聚力等（郭华，2010）。总之，旅游发展不对称地介入社区居民日常生活，并诱发社区居民社会距离或社区社会结构逐渐改变。

4.3.1.4 形体介入

目的地社区形体空间受到旅游设施、场地开发的介入，主要体现在旅游吸引物、文物古迹、餐饮设施、住宿设施、休闲娱乐设施、信息与解说设施、生态环境、建筑风貌、交通设施、市政公共设施、空间肌理等方面。对社区主体来说，形体空间的变动不仅直接影响空间活动和占用方式，还潜伏着不同的利益关系和利益格局。例如，商铺的大量开发在惠及商务经营者的同时却可能挤压居民生活空间，游客涌入导致的生态环境成本主要由居民承担，休闲场所的兴建通常符合游客和居民的共同利益等。

4.3.2 社区空间再发展的社会建构

旅游发展介入目的地社区后将打破社区原先的社会生产过程，形成居民、游客、从业者三类核心群体对社区空间的竞争占用与共同建构。社区空间将围绕三类核心群体的空间活动发生扭曲与重塑，成为三者相互竞争的行为产物。正是在这个意义上，空间生产才体现出阶级对抗与阶层矛盾的双重属性（马克·戈特迪纳、雷·哈奇森，2011）。具体而言，社区旅游发展过程不仅隐含着地方政府等精英群体操控与社会群体的抗衡，同时还涉及充斥着社会群体内部，即社会主体之间的竞争与矛盾。

基于社会行为视角，旅游目的地社区空间转变体现为地方政府（精英群体）、社区社会、社区个体三大社会组织之间的矛盾互动（图4-3）。其中，社区社会作为一种地域性市民社会，是联结地方政府（国家）与社区个体的纽带。因此，旅游社区的社会建构主要由地方政府与社区社会之间、社区社会内部群体之间、不同社区个体之间的互动来实现，即精英群体与社会大众之间的抗衡、社会群体之间的竞争与抗衡、社会个体之间的竞争与抗衡。

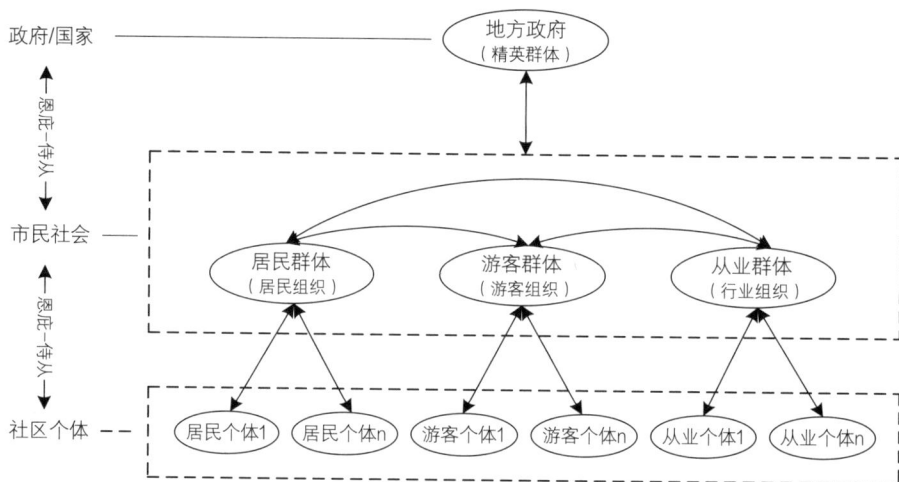

图4-3 旅游社区空间建构行为机理

4.3.2.1 社区旅游发展中"精英"与"大众"的抗衡

在列斐伏尔看来，尽管社会大众和精英群体可能共同经历着某种生活空间，但两者由空间实践而产生的主观空间是不同的。一方面，以官员、规划师为典型的精英群体通常并不生活在该地域，对该空间内具体的、生动的社会生活缺乏深刻的、鲜活的了解和体悟。相反，精英群体将"生活与感知的现存"（what is lived and perceived）视同"构想的现存"（what is conceived）。换句话说，"精英群体"依凭他们的主观经验来理解所看到的空间图景，而这种脱离地域"生活内容"的主观经验很大程度上是某种规范性知识、技能以及精英自身意图、利益等因素的投射。另一方面，以当地居民为典型、更真实了解地域生活的"草根大众"则缺乏足够的理性技能或认知能力，他们对生活空间的改造更多是零散的、感性的、自我中心的。由于精英群体掌握更多的行动资源和体制资源，因而可以操控、设计空间发展的总体框架，进而规约社会主体的空间行为（福柯、雷比诺，2001；李春敏，2011）。列斐伏尔揭示出精英群体在空间定序中的优势地位或空间生产过程隐藏的恩庇—侍从机制。然而，由于对社会大众认知能力的低估，列斐伏尔较大程度漠视了社会大众在空间实践中潜伏的"革命潜能"（刘怀玉，2003）——社会大众对生活空间的认知和批判。

在社区旅游发展过程中，尽管精英群体占据主导地位，调控社区居民、游客、从业者的活动范畴，但两者之间并非简单的操控与服从关系。不但居民、游客、从业者可能与精英群体展开正面的对抗,而且还往往进行沉默的反抗——游客"一去不返"、从业者"关门歇业"等。因此,精英群体在旅游发展中不能漠视居民、游客和从业者合理的利益诉求。

4.3.2.2　社区旅游发展中社会群体的竞争与抗衡

居民、游客、从业者群体在社区旅游发展中具有不同的利益诉求与活动目标,从而使其在社区空间利用方面体现出一定的竞争性甚至矛盾性。

对居民群体来说,社区空间是他们日常居住生活的场所,社区的核心功能是提供一种适宜的人居环境,主要满足居民日常生活、休憩、出行等活动需要(赵倩、王德、朱玮,2013)。1961年,世界卫生组织(WHO)将人居环境质量概括为安全性、保健性、便利性、舒适性四方面特征,被各国学者所认同(浅见泰司,2006;加知範康等,2008)。在此基础上,一系列学者对居住环境的指标体系进行了探讨。Knox(1995)认为人居环境主要包括六方面特征:美学因素、邻居因素、可达性及流动性、安全因素、噪音因素、令人烦恼的事情。宁越敏(1999)将人居环境评价指标归纳为居住条件、生态环境质量、基础设施与公共服务设施三方面。李鹏雁、丁力(2012)进一步拓展为居住条件、生态环境、基础设施、教育卫生、社会稳定性五方面内容。张文忠(2007)指出居住环境与特定的生活群体紧密相关,因此居住环境还应考虑居住群体的主观评价。在上述研究的基础上,本书将旅游社区居住环境概括为公共设施、基础设施、生态环境、问题现象四个基本方面,以及旅游发展影响的经济、社会、文化效应三个方面,共七方面内容。

对游客群体来说,社区空间是他们游览活动的地段,社区的核心功能是提供一个"旅游世界"(谢彦君、谢中田,2006)。与人居环境相似,"旅游世界"也应涵盖物质特征和游客主观认同两方面因素。基于旅游系统体系(吴必虎,2012),旅游社区应包括核心吸引物、服务设施、交通设施和支持系统。另一方面,包括各种设施在内的物质环境以及社区居民生活又具有文本意义,形成游客所感知的地域风情(Cohen,1979a;Williams等,1992;夏铸九、王志弘,2002;谢彦君、彭丹,2005;苏洪波,2010)。旅游社区作为一个特定的旅游地,则需要形成优良的游客满意度和旅游感知,从而提升旅游持续发展能力。Echtner and Ritchie(1991;1993)、Gallarza(2002)对旅游地感知要素进行了全面总结。依据以上研究,本书将游览环境归纳为景观风貌、公共设施、文化风情、社会风情、场地氛围五方面内容。

对从业群体来说,社区空间是他们进行商业性经营的场所,社区的核心功能是打造一个商业空间。作为一个经济实体,旅游企业追求最大化的利益,而其发展则主要取悦于自身条件和外部环境(林昊俊,2006)。从研究成果看,旅游企业自身条件主要包括企业(人员、资金)规模、资产结构、治理结构、管理因素、人力资本、企业类型等,外部环境影响因素涉及市场需求、市场定位、市场营销、企业环境、地域环境、资源禀赋、交通区位、旅游目的地形象、行业竞争、地方认同、社区支持、制度支持、社区文化等(Lerner and Haber,2000;Reichela and Haber,2005;Chen,2007;Bergin-Seers and Jago,2007;Danes等,2007;Van Zyl and Mathur-Helm,2007;卞显红,2008;邬国梅,2010;陈梦颖、张雷、彭耿,2010;Hallak等,2011)。当然,商业活动还离不开基本的物质设施支撑。总结起来,商业环境主要包括物质环境、市场环境、社会环境、政策环境三个方面。

综上所述，旅游发展介入目的地社区的主要内容如表4-2。

旅游发展对目的地社区社会空间的介入内容

表4-2

介入界面	界面细分	基本层面	具体内容（因子）	因子代码	活动主体			支撑文献
					居民	游客	从业者	
	居民经济机会	居民盈利机会	商业机会	RO_9	√			Muganda 等，2010；Deery 等，2012；旺姆、吴必虎，2012
		居民消费机会	就业机会	RO_{10}	√			Muganda 等，2010；Deery 等，2012
			消费机会	RO_{11}	√			Andereck 等，2007；Deery 等，2012
		产品市场环境	市场需求	WO_{15}			√	Page 等，1999；Getz and Petersen，2005；邱继勤、保继刚，2005
			产品销售	WO_{17}			√	Page 等，1999；邱继勤，2005；邱继勤、保继刚，2005
			产品价格	TO_{10}～WO_{18}		√	√	王启珊，1997；Getz and Petersen，2005；周永广、马燕红，2007
			利润率	WO_{19}			√	Getz and Petersen，2005；邱继勤，2005；邱继勤、保继刚，2005
经济界面	商业综合环境	市场发展环境	行业竞争	WO_{16}			√	邹统钎、陈序桄，2006
			社区商业地位	WO_{21}			√	李培祥，1994；邱继勤，2005；邱继勤、保继刚，2005
			商业服务水平	TO_{11}		√		邱继勤、保继刚，2005；马耀峰等，2009
			商业化程度	TO_{16}		√		冯淑华、沙润，2007；Deery 等，2012
		商业政策环境	政府营销	WO_{29}			√	李星群，2008
			管理规范	WO_{30}			√	董艳琳，2005；徐赣丽，2007
			技能培训	WO_{31}			√	吴双、李静，2007；金文霞，2010
			税费成本	WO_{32}			√	Page 等，1999；邱继勤，2005
	总体商业水平	经济发展状态	经济发展水平	TO_{15}		√		李玺等，2011；冯捷蕴，2011

介入界面	界面细分	基本层面	具体内容（因子）	因子代码	活动主体 居民	活动主体 游客	活动主体 从业者	支撑文献
社会界面	社会生活环境	居民生活环境	生活情趣	RO_{13}	✓			Greathouse-Amador, 2005; Amsden 等, 2011
			社会网络	RO_{14}	✓			Li 等, 2007; Okazaki, 2008
		公共生活环境	社交机会	TO_8~RO_{12}	✓	✓		Zhang, 2006; Simpson, 2008; 孟威、苏勤, 2009; McGehee and Andereck, 2009
			居民易交流性	TO_7		✓		湛文, 2006; 梁旺兵, 2008
			社交亲和度	TO_9、$WO_{23\sim25}$		✓	✓	Choi and Sirakaya, 2006
			（居民/商业）社团情况	RO_{15}、WO_{20}	✓		✓	Greathouse-Amador, 2005
			参与社团活动	RO_{16}、WO_{20}	✓		✓	Greathouse-Amador, 2005
			晚间活动	TO_6、RO_{17}	✓	✓		章尚正、黄晓莉, 2011; 李广宏、席宇斌, 2011
	社会管理环境	社会治安管理	治安	RO_{18}、TO_{12}、WO_{22}	✓	✓	✓	韩国圣等, 2011
		社区参与管理	社区参与管理	RO_{19}、WO_{33}	✓		✓	Choi and Sirakaya, 2006; Simpson, 2008
		社会公共成本	公共场所拥挤	RO_{23}、TO_{13}、WO_{26}	✓	✓	✓	韩国圣等, 2011
			噪声	RO_{24}	✓			韩国圣等, 2011
	社会成本环境	居民社会成本	问题现象/生活环境（邻里纠纷、犯罪、酗酒、无赖、赌博、其他）	RO_{25}、WO_{13}、WO_{28}			✓	Mansfeld and Jonas, 2006; Andereck 等, 2007
			物价上涨	RO_{26}	✓			Andereck 等, 2007; 叶俊, 2009
			私密性受侵犯	RO_{28}	✓			Mansfeld and Jonas, 2006
			人际疏离感	RO_{29}	✓			Mansfeld and Jonas, 2006; Nepal, 2008
			受益差异	RO_{30}	✓			叶俊, 2009; 刘褔, 2011
文化界面	社会文化环境	居民文化效益	跨文化接触/游客印象	RO_{20}	✓			Andereck 等, 2007
			观念解放/转变	RO_{21}	✓			叶俊, 2009
			保护传统文化	RO_{22}	✓			Andereck 等, 2007; Nepal, 2008

旅游社区可持续再生：基于社会空间视角

介入界面	界面细分	基本层面	具体内容（因子）	因子代码	居民	游客	从业者	支撑文献
文化界面	社会文化环境	游客文化效益	风俗风情	TO_2、WO_{27}		√	√	薛群慧，1997；王桂霞，2008
			猎奇机会	TO_3		√		董亚娟等，2009
			地域形象	TO_4		√		Echtner and Ritchie, 1993; Gallarza, 2002
			知识拓展	TO_5		√		董亚娟等，2009
	公共活动环境	景观环境	文物古迹	RO_8、TO_1、WO_{10}	√	√	√	Mansfeld and Jonas, 2006
			建筑风貌	RO_7、TO_{35}、WO_1	√	√	√	Mansfeld and Jonas, 2006; Nepal, 2008
			空间肌理	—	√	√	√	Mansfeld and Jonas, 2006
		生态环境	生态环境（绿地、清洁、脏乱）	RO_{27}、TO_{36}、WO_4、WO_5	√	√	√	Gu and Wong, 2006; Mansfeld and Jonas, 2006
		旅游吸引物	旅游景点	TO_{17}、TO_{18}、WO_9		√	√	杨继瑞等，2011；周学军、张焰，2011
		公共设施	餐饮设施	RO_4、TO_{27}、WO_6	√	√	√	Mansfeld and Jonas, 2006
			住宿设施	TO_{25}、WO_{11}		√	√	胡敏，2007；李星群，2011
			购物设施	RO_1、TO_{19}、WO_6		√	√	Mansfeld and Jonas, 2006
			公共休闲	RO_2、TO_{23}、WO_{14}	√	√	√	Mansfeld and Jonas, 2006
			娱乐设施	RO_3、TO_{29}、WO_6	√	√	√	Mansfeld and Jonas, 2006
			解说设施	TO_{31}、WO_{11}		√	√	Miyakuni and Stoep, 2006; 张建英，2013
			咨询设施	TO_{21}、WO_{11}		√	√	韦夏娉，2007
		基础设施	市政服务	RO_5、WO_7	√		√	Mansfeld and Jonas, 2006
			交通设施	RO_6、$TO_{33\sim34}$、WO_8	√	√	√	Simpson, 2008
形体界面	商业经营设施	经营设施	店铺设施	WO_2			√	邱继勤，2005；保继刚，2005
			运营设施	WO_3			√	邱继勤，2005；保继刚，2005
		生活设施状态	居民生活设施	WO_{12}			√	邱继勤，2005；保继刚，2005
		城市建设水平	总体建设水平	TO_{14}		√		魏云刚，2009

注：√表示特征因子适用该表主体；本书研究案例未对空间肌理进行较大调整，故未纳入分析。

4.3.2.3 旅游社区中社会个体空间占用与竞争

（1）社会主体特征因素

不同社会主体具有不同的活动特征，主要与主体自身的社会资本——实体性资本和网络性资本——有关（Bourdieu，1984；1985）。Bourdieu认为主体拥有社会资本的规模与结构决定了其日常活动的基本方式——惯习（habitus）。社会资本规模与结构相似的社会主体归属于同一社会阶层，他们往往具有类似的惯习，而不同阶层的人则具有不同的惯习。这一观点产生了较大学术影响，很多研究者立足社会资本理论来分析社会主体的行为差异和社会分层（Lindström等，2001；王文彬，2006；杨东涛、马硕，2007；姜翰、金占明，2008；Yang and Farn，2009）。

大量旅游研究表明，居民、游客、从业者主体特征与活动特征之间存在关联（Ahmed，1996；Baloglu and Mcleary，1999；Tomljenovic and Faulkner，2000；Teye等，2002；王莉、杨钊、陆林，2003；Boon等，2005；Ryan and Cave，2005；谢晖、保继刚，2006；刘嘉纬、蒙睿，2006；Snepenger等，2007；杨昀、保继刚，2012）。分析旅游社区社会主体活动应考虑主体特征因素。依据社会资本理论，本书在文献综述基础上，从符号资本、经济资本、文化资本、空间资本四方面对主体特征进行归类[1]（表4-3）。

（2）旅游社区中社会个体空间占用

Lefebvre（1991）认为空间在生产过程中渐次往复经历三种形态：现实空间、感知空间、构想空间，分别对应于生活的空间、感知的空间、认知（构想）的空间。在主体行为脉络上，分别对应于现实行为、感知行为和认知行为，并存在"现实空间→空间感知→行为倾向（意欲）→现实行为"反应链（Lennon等，2001）。Fishbein and Ajzen（1974）、Chen and Chen（2009）发现在感知和意欲之间还存在一个认知阶段。综之，社会主体在"现实空间→空间感知→主观认知→行为倾向（意欲）→现实行为"行为心理过程中，实现"现实空间→感知空间→构想空间"的循环生产，同时又在现实空间中相遇并发生互动。

基于上述行为机理，建立旅游社区居民、游客、从业者个体性空间生产模型（图4-4）。旅游社区现实空间被居民、游客、从业者以不同方式感知、认知并加以形塑，通过现实空间的社会互动而形成竞争性占用，共同进行旅游社区的整体性空间生产。

社会主体个体性空间生产以实现各自利益和目标为中心，缺乏对旅游社区的综合考虑。因此，本书以居住环境总体评价来反映居民对旅游社区人居环境的总体认知，并以旅游发展态度来反映居民对旅游介入效应的总体认知。旅游研究中，多以游客满意度来反映游客对旅游地的总体认知或评价（Kozak，2001；Yu and Goulden；2006；王昕、李继刚、罗兹柏，2012）。同时，为反映游客对旅游社区的传媒效应，本书增设推荐意向作为游客对旅游社区推荐价值的认知指标。此外，本书以发展环境总体评价来反映从业者对旅游社区商业环境的认知，并结合业务发展意向来反映从业者对社区商业前景的认知。

---

[1]　实际上还有一类社会资本对主体行为具有影响，即权威资本（power/prestige）。由于拥有正式权力（power）的成员比例通常较小，在大样本分析时往往不具有代表意义，而威望资本（prestige）作为一种非正式权力很大程度上与文化资本交叠。本书采取大样本定量分析法，暂不考虑权威资本。

表 4-3

旅游社区可持续再生 —— 基于社会空间视角

社会主体特征因素

特征因素	测评因子	测评指标（因子）	因子代码	居民	游客	从业者	支撑文献
社会资本特征		性别	RS_1、TS_1、WS_1	√	√	√	王忠福等，2008；Shoval and Isaacson，2010；黄潇婷，2010
		年龄	RS_2、TS_2、WS_2	√	√	√	王忠福等，2008；Shoval and Isaacson，2010；黄潇婷，2010
	居住状况/家庭特征	居住年期	RS_3	√			Allen等，1988；Ap，1992；王忠福等，2008
		同居伴侣	RS_4、WS_4	√		√	刘艳彬等，2008；兴华等，2010；杨涛，2012
		游伴类型	TS_3		√		Shoval and Isaacson，2010；黄潇婷，2010
		同游人数	TS_4		√		Shoval and Isaacson，2010；黄潇婷，2010
		从业时长	WS_3			√	李渊等，2011；旺姆、吴必虎，2012
		家庭月均收入	RS_5、WS_6	√		√	王忠福等，2008；程占红等，2008
		住房状况	RS_6	√			卢松、张捷，2009
		通勤工具	RS_7	√			徐致云、陆林，2006
		游览花费	TS_4		√		Shoval and Isaacson，2010；黄潇婷，2010
		个人月均收入	TS_5		√		Shoval and Isaacson，2010；黄潇婷，2010
经济资本特征		年营业额	WS_7			√	Lerner and Haber，2000；Reichela and Haber，2005；Chen，2007
		员工数量	WS_8			√	Chen，2007；Bergin-Seers and Jago，2007；Danes等，2007
		投资总额	WS_9			√	Reichela and Haber，2005；Chen，2007；Bergin-Seers and Jago，2007
		身份	WS_5			√	Reisinger and Turner，2004；刘丹萍，2008
		店铺组织形式	WS_{10}			√	Danes等，2007；Van Zyl and Mathur-Helm，2007；刘晓辉，2007
		经营类型	WS_{11}			√	Lerner and Haber，2000；Reichela and Haber，2005；Chen，2007
		经营店铺数量	WS_{12}			√	—
		商业品牌类型	WS_{13}			√	卜显红，2008；邬国梅，2010；陈梦颖、张雷、彭耿，2010
文化资本特征		教育程度	RS_8、TS_7、WS_{14}	√	√	√	Shoval and Isaacson，2010；黄潇婷，2010
		职业/先前职业	RS_9、TS_8、WS_{15}	√	√	√	王忠福等，2008

特征因素	测评因子	测评指标（因子）	因子代码	居民	游客	从业者	支撑文献
文化资本特征	依附感	依附感	RS_{11}、TS_9、WS_{16}	√		√	李九全、王立，2008；曾启鸿、袁书琪，2011
	职业技能	电脑使用	RS_{10}	√	√		刘莉、陆林，2006；汪彦，2008
	出游频次	年均出游频次	TS_{10}		√		Shoval and Isaacson, 2010；黄潇婷，2010
	从业动机	从业动机	WS_{17}			√	曾丽艳，2010
	住址	居住地块	RS_{12}	√			罗文斌等，2009；Muganda等，2010；韩国圣等，2013
	活动类型	活动形式	RS_{13}	√	√		Shoval and Isaacson, 2010；黄潇婷，2010
	活动地段	活动地段	RS_{14}、TS_{16}、WS_{23}	√	√	√	Shoval and Isaacson, 2010；黄潇婷，2010
	游客来源	客源地	TS_{11}		√		Shoval and Isaacson, 2010；黄潇婷，2010
	交通方式	进入交通方式	TS_{12}		√		Shoval and Isaacson, 2010；黄潇婷，2010
	活动类型	活动类型	TS_{13}		√		Shoval and Isaacson, 2010；黄潇婷，2010
	到访频次	到访次数	TS_{14}		√		Shoval and Isaacson, 2010；黄潇婷，2010
	重游意向	重游意愿	TS_{15}		√		翁莉，2005；宋海岩、朱明芳，2012
空间活动特征	逗留天数	在场逗留天数	TS_{20}		√		孟威、苏勤，2009
	游览时长	游览时长	TS_{19}		√		Shoval and Isaacson, 2010；黄潇婷，2010
	进入时间	进入时间	TS_{18}		√		Shoval and Isaacson, 2010；黄潇婷，2010
	入口	入口	TS_{17}		√		Shoval and Isaacson, 2010；黄潇婷，2010
	出口	出口	TS_{17}		√		Shoval and Isaacson, 2010；黄潇婷，2010
	地域来源	地域来源	WS_{18}			√	旺姆、吴必虎，2012；饶勇，2013
	店铺位址	店铺地段	WS_{19}			√	李盈，2010；杨涛，2012
	经营人脉	经营情况	WS_{20}			√	卢松等，2009；贾巧云等，2012
	户外活动频次	户外活动频次	WS_{21}			√	Atkočiūnienė, 2009; Deery等，2012
	常去场地/经停场地	常去场地	WS_{22}	√			Shoval and Isaacson, 2010；黄潇婷，2010

注：√表示特征因子适用该表主体。"商业网络"特征项为笔者结合"双东"田野调查情况自行补充。

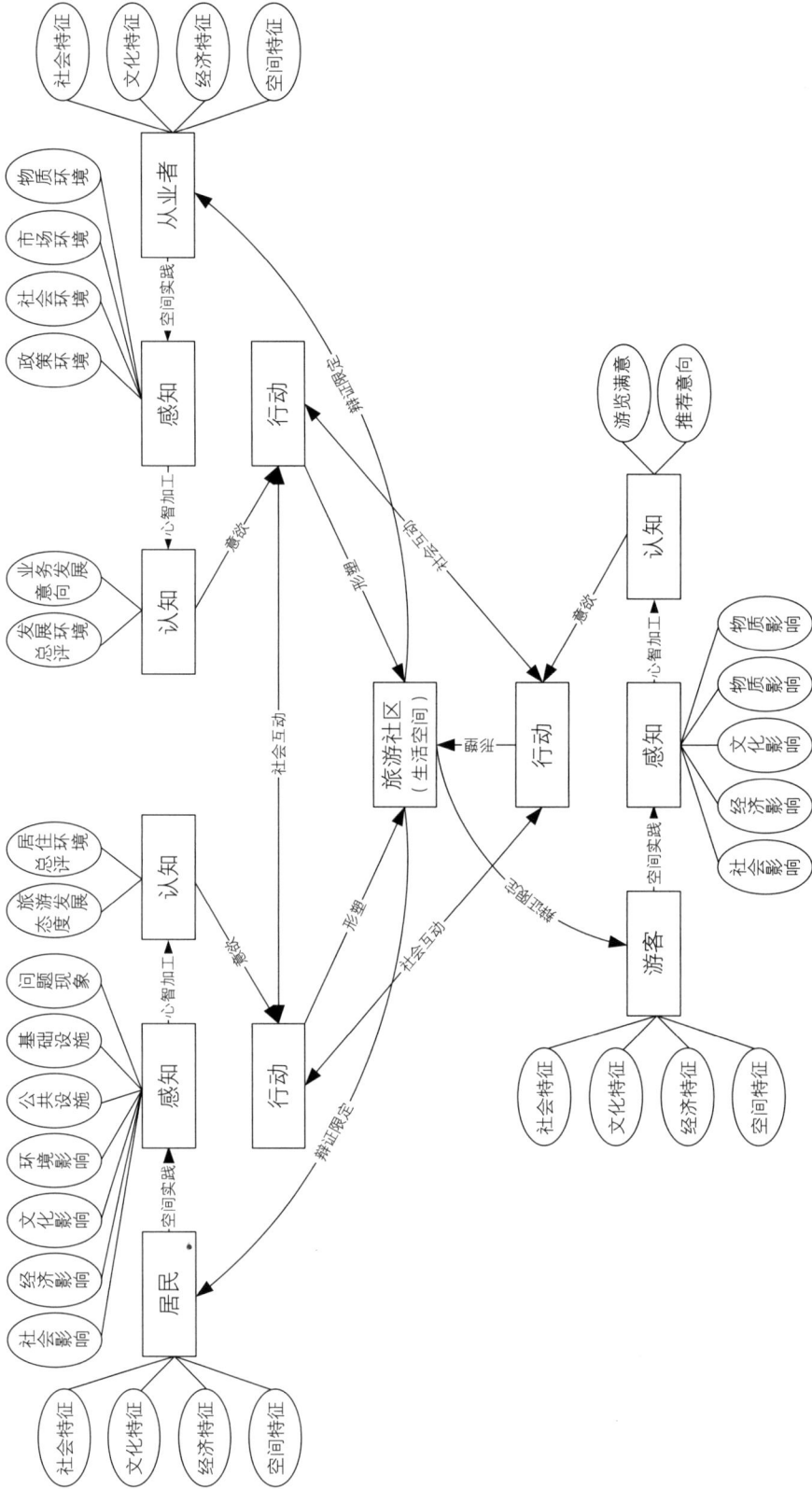

图4-4 旅游社区中社会个体的空间占用与竞争模型

4.3.3 社区空间对旅游发展的响应

旅游发展对目的地社区的多重介入引发社区社会结构、社会关系、行为方式发生转变，成为旅游重塑目的地社区社会空间或目的地社区社会空间响应旅游发展的过程。

4.3.3.1 社会性转变

从形式上看，旅游社区是由不同利益群体组成的交叉子社群、子社群、巢式子社群所形成的异质空间[1]（图4-5）。这些具有不同社会特征的利益群体共同占用旅游社区，一方面冲击了目的地社区原来的社会构成，另一方面又在社会互动中进行着以各自利益为核心的社会交换（Ap，1992；McGehee 和 Andereck，2009；孙九霞、史甜甜，2010），重塑各自社会位置和关系网络。社区主体在经济、文化、社会等领域的抗衡或互动，以及在旅游发展过程中所具有的不同行动能力和利益诉求，促使社会资本、社会关系在居民等社区主体之间进行再分配，从而导致旅游社区社会性发生变迁。

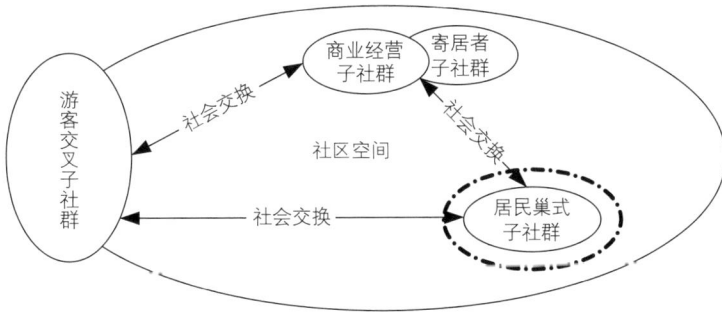

图4-5 旅游社区的空间异质性

（据 Fredline and Faulkner，2000；Jordan，2009）

4.3.3.2 空间性转变

空间可作为叙述社会意义的历史性物质环境的隐喻（Remm，2010）。Sorokin（1964）通过"tempus"（表征"日常时间"/time）、"aevum"（表征"时代"/age）、"aeternitas"（表征"永恒时间"/ eternity）来论述"社会文化时间"（图4-6）。Pred（1985）阐释了社会—空间演变的时间机理，认为可以借助一些现实因素来表征时间。这意味着旅游社区的空间性（社会意义）可以被一段社会文化时间所标度。空间商品化、文化涵化、外来规范、文化符号、思想观念等旅游发展效应诱发社区空间的人文内涵或社会意义发生变化。随着旅游社区发展的演替和进阶，广域空间和社区空间之间的社会流通逐渐重塑目的地社区的空间性。

---

[1] 交叉子社群是在特定情况下进入某一系统，滞留一段时间后离开该系统的子社群，从原则关系上将并不属于该系统；巢式子社群是完全属于某一系统的子社群。若将居民视为目的地社区的"主人"，则居民群体可视为目的地社区的巢式子社群，游客则为在目的地社区短时逗留的交叉子社群，商业经营群体、寄居者群体可视为嵌入目的地社区的相对稳定的子社群。

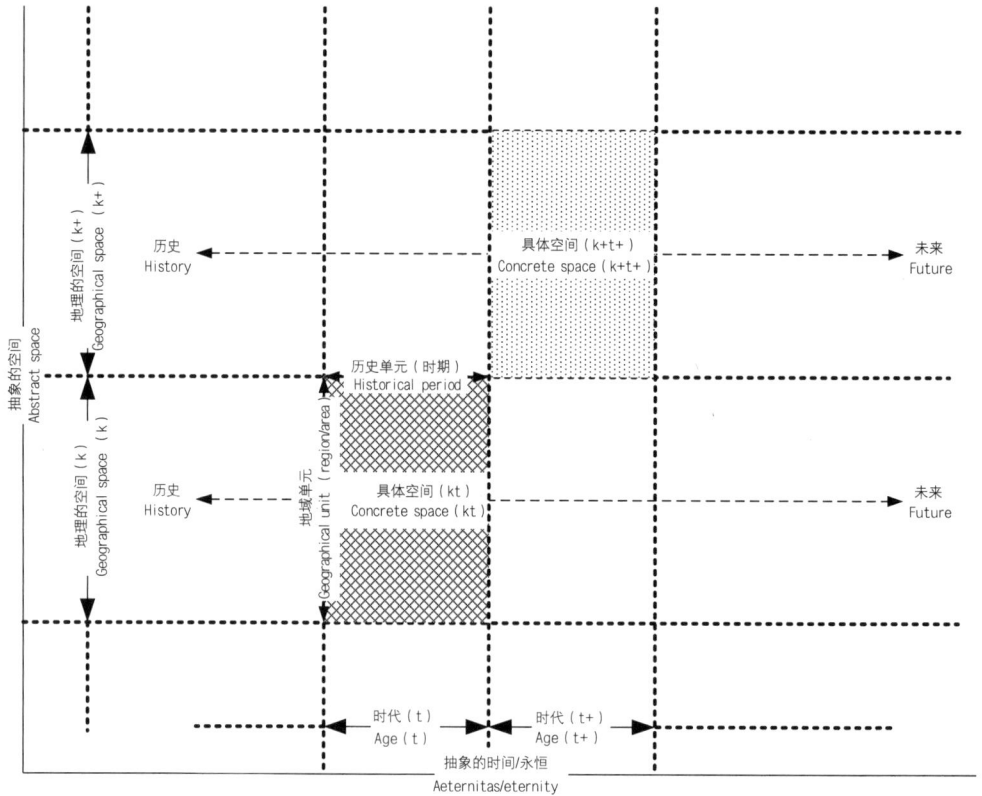

图4-6 基于时间—地理二维框架的具体空间

（据 Sorokin，1964）

4.3.3.3 建构方式转变

旅游开发推动目的地社区功能结构发生调整，为社区主体行为体系转变、拓展提供了可能和支撑。就社会建构系统而言，在社区居民日常生活之外，游客活动、旅游经营活动以及由此引发的一系列相关活动、配套活动，使旅游社区社会行为更为多元、活跃。这些社会行为的发出者，主要包括居民、商务从业者、游客和市民社会按照各自利益和需要共同进行着空间建构。换句话说，相对于原先以居民为主、相对单一的空间生产机制，旅游发展客观上丰富了社区空间的生产方式。不同利益主体通过各自行为进行着自利性和互利性的空间生产。旅游社区空间随之成为一种由多种生产方式竞争性生产而成的综合物。这种具有异质性的社区空间在动态建构过程中伴随着社区空间、广域空间之间的碰撞和交流，从而导致旅游社区社会性、空间性以及生产机制自身的嬗变。

4.4 旅游社区空间的社会建构与可持续再生的矛盾

4.4.1 旅游发展与目的地社区传统功能再生

4.4.1.1 旅游与目的地社区功能发展

基于社会建构主体，旅游发展对目的地社区传统功能的重塑主要体现在生活功能、社会交往功能、旅游功能和商业服务功能。

（1）居住生活功能。居住生活功能是目的地社区最基本功能，具体体现为社区居民社会结构及其日常生活行为。社区生活功能作为一种形式只有在社区居民的微观层面才能展示具体的、活生的内容。居民生活行为与自身所处的社会位置及其所拥有的社会资本、社会关系密切相关（Bourdieu，1984；1985）。旅游发展对社区居民的不对称影响客观导致居民之间社会结构、社会资本与社会关系的规模、类型再分配，最终表现为居民行为惯习或生活方式在某些方面发生嬗变。另一方面，社会交换理论认为某种行为会因获利性而重复发生。从这一点出发，旅游发展有可能维持、恢复居民的特定活动和行为。

综之，旅游发展一定程度地诱发社区空间的制度化、商品化（汪永青、陆林，2008），客观上对社区生活环境产生整体性影响（徐小波、吴必虎，2013）；而对特定居民来说，这种影响又会结合自身因素而具体化，从而使得社区生活方式的整体转变在居民微观层次上表现出异质性。

（2）社会交往功能。社区居民的生活不是孤立的，而是镶嵌在社区社会关系网络之中。亲缘、友缘、业缘、地缘等组成的关系网络使社区形成以居民为节点而具有圈层特征的差序格局（费孝通，2007）。同时，现代性一定程度地冲击了传统关系，使社区居民人际交往体现出某种工具性（谭同学，2009；冯必扬，2011）。以初级社会关系为基础的"熟人社会"和基于经济、社会、文化、爱好等相似性的次级共同体，奠定了社区居民惯常的社会活动空间。居民在各自社会活动空间内进行着社会交往，社区成为一个看似无序实际上却充满秩序的活生生的世界。

旅游发展从经济、文化、社会、形体等方面介入目的地社区居民日常生活。概括而言，旅游对社区居民社会交往的干扰有三种途径。首先，旅游发展对居民日常生活的直接介入，表现为居民—游客的直接对峙或主—客互动。其次，旅游发展引起社区形体空间的改变，为居民交往形式和内容提供了新的支撑。再次，旅游发展对目的地社区社会实体的重塑，间接导致特定居民社会交往空间的被动调整。在社会实体层面，旅游发展诱发目的地社区利益重构，社区居民在旅游引发的逐利机制下可能结成新的利益关系，推动目的地社区社会交往或市民社会发生结构性变化。在居民个体层面，实体关系将居民和社区联结起来，居民恋地情结或社区依附本质上是对社区空间关系的自我认同（Tuan，1974；Fried，2000；Stets and Biga，2003）。因此，社会资本、社会关系的改变同时也重塑居民的身份（Stryker and Burke，2000）。

（3）旅游接待功能。某种意义上，旅游功能是激发目的地社区社会空间转型的核心外来"动力源"。从目的地社区角度看，旅游功能体现为社区具有旅游接待能力的各类活动和设施的总和。在微观层次上，社区旅游功能则对应于游客在社区内部进行的活动类型和强度。

目的地社区旅游开发可能涉及观光、休闲、度假、娱乐、美食、购物、遗产、生态、社会等多种类型。不同旅游开发形式为游客提供相应的行为可能和支撑。鉴于旅游活动较为突出的关联性（徐琳、董锁成、艾华，2007），旅游发展通常能推动目的地社区其他功能的成长。另一方面，旅游功能对社区社会空间转型的介入效应与自身发展阶段与规模水平密切相关（Urtasu and Gutiérrez，2006）。旅游开发为目的地社区提供了某种旅游功能型式，并被游客现实行为所填充而成为客观性旅游功能。换句话说，旅游开发仅仅赋予目的地社区某种理论性、潜在性旅游功能，社区实际旅游功能则体现为游客行为方式和强度。应该指出，游客行为产生经济、文化、社会等多维度的社会交换。因此，旅游功能对目的地社区社会空间转型具有多方面的诱导作用。

（4）商业服务功能。旅游系统中，其与旅游吸引物关联密切、为其提供直接支撑，但不具有核心吸引功能的相关服务、设施来构成"中位板块"，主要承担经营、服务与公共配套功能（吴必虎，2012）。从主要服务对象来看，旅游社区中位板块包括游客导向型的旅游经营与服务设施、居民（包括社区以外的本地居民或常住人口）导向型的日常商务、基础配套设施。当然，各类设施可以被各社区主体不同程度地共享。一般而言，旅游社区中位板块主要包括生态环境设施、餐饮设施、住宿设施、购物设施、休闲娱乐设施、解说与咨询设施、市政设施、基础设施等。

目的地社区旅游发展不仅直接引起游客导向型设施的新建，也会推动居民导向型设施的建设和完善。这些设施不仅为游客、经营从业者、服务人员、居民等社区主体提供了活动场所，同时调整了目的地社区物质形体与景观风貌。因此，商业服务功能既为社区内部、外部人员的行为与活动提供支撑，另一方面又因吸纳社区以外人员入场工作而产生一定规模的职业性东道主。这意味着，商业服务功能潜伏着目的地社区"空间资源"的让渡，使其被社区以外的"他者"以完全或部分服务于"社区以外社会主体"的方式占用或进行空间生产。

4.4.1.2 旅游社区功能发展与再生的矛盾

基于旅游—社区联结，旅游发展一定程度引发目的地社区的功能重构。从旅游发展角度，空间异质性是旅游吸引力的根本来源。目的地社区通过发掘自身历史、传统资源并将其作为旅游生产要素，客观上有助于延续、恢复街区自身的特质。目的地社区某些不再为居民生活所认同、所需要的功能和特征能以"地方性"，也即社区空间有别于其他空间的特质而被旅游者求新、求异的基本动机所支撑。从这个意义上，旅游具有延续目的地社区某些具有衰退趋势机能的潜能。例如，旅游发展可能缓解地方曲艺、民间手工艺本地市场惨淡的困境，从而优化其生存环境。

目的地社区的功能发展最终通过居民与外来人员之间的社会互动来实现。基于目的地社区的立场，社区功能再生体现为传统居民行为方式的延续和恢复，包括居民个人日常行为和社会交往行为；在行为类型上则涵盖社区传统生活方式、社会交往方式和生产方式。换句话说，传统居民生活方式、社会交往方式和营生/生产方式的存续，是目的地社区功能再生的核心体现。这些行为方式实质上构成目的地社区传统的空间生产方式，是延续或恢复社区社会性、空间性内生的机制性保障。

另一方面，旅游作为一种现代性活动，其发展会引发其他功能的植入或衍生。社区空间的商品化本身就具有滋生"货币哲学"（齐美尔，2002）的土壤和气候。空间被作为一种"一般性交换资源"从目的地社区社会空间中剥离出来，成为商品经济和市场经济在目的地社区的立足点和扩散源。这些功能本质上展现了广域空间通过空间流通而在社区空间内部形成的"入侵"。Castells（1996）基于资源的空间流动，指出社会正趋向一种网络组织并形成新的空间逻辑，"流动空间"（space of flows）将逐渐取代先前"场所空间"（space of places）。场所空间是社区传统生产而形成的领域性空间，即社区传统功能的产物；流动空间则是社区空间和广域空间之间的桥接，成为"他者"功能入驻社区空间的路径和平台（Taylor，2007）。因此，由旅游发展所引起的其他功能在社区空间内部的繁衍，如高档餐饮、绅士化空间、主题娱乐场所、现代商务机构等又客观上蚕食目的地社区空间的传统性、地方性。

综之，旅游发展具有推动目的地社区功能再生的潜能，同时也往往会诱发其他功能的植入。以传统居民为主所进行的日常生活方式、社会交往方式、生产/营生方式成为目的地社区功能再生的内部机制；以外来人员为主、包括部分传统居民所进行的非社区传统性活动则引起目的地社区功能的新发展。因此，旅游社区功能再生并非一种线性的、纯粹的过程，而夹杂着其他功能的植入和繁衍。

4.4.2　旅游发展与目的地社区社会内涵再生

4.4.2.1　旅游与社区社会内涵发展

从空间内敛的社会内涵来看，旅游社区空间涉及一种从非地方化社会内涵到地方传统内涵的连续统（continuum）。借鉴"舞台空间"理论（MacCannell，1973），旅游社区空间类型可划分为舞台空间、遗产空间、帷幕空间、生活空间。

（1）舞台空间。旅游发展可能通过对目的地社区物质空间的改造、重塑与包装炮制出一个充满符号的舞台空间。舞台空间隐藏了社区社会的真实内涵而展示"虚无"（nothing）（Ritzer，2004）。换句话说，舞台空间与目的地社区的传统生活相脱节，主要具有两种炮制方式。①传统符号的异化。一些旅游空间往往致力于通过传统符号来表现本土化特征，但由于脱离了居民实际生活而沦为一种脱离了地方社会根基的文化展示景观（汤芸，2010）。在此情境下，传统符号成为一种被挪用的、与其社会生境相分割的"道具"而不具有明确反映目的地社区社会内涵的价值。②外来符号的嵌入。出于逐利性等多种目的，旅游地往往出现不同程度的泛商品化（宗晓莲，2005；徐小波、张旗，2007）。与目的地社区几乎没有内在联系的符号与形体要素堆积而成的各种场所无法反映地方性。

（2）遗产空间。遗产空间系指依托目的地社区具有一定价值的历史遗存而形成的特定空间。从形式上看，旅游社区遗产空间主要包括历史风貌区、资源型景区、文物保护单位、古建筑、非物质文化遗产等。作为重要历史事件和历史过程的产物，遗产空间反映目的地社区特定历史时期的社会内涵。因此，遗产空间是历史社会的投射，而其社会内涵有赖于历史遗存的展示、在场主体以及主体对历史遗存的主观化方式或感知（Poria，2001；Poria 等，2003；Cunningham，2006）。

在某种意义上，遗产空间提供了一种历史过程的遗留文本或解读历史社会的空间痕迹（Goyens，2009）。居民、旅游者等地域主体以各自方式建构或赋予遗产空间以社会意义。历史遗产客观状况及其展示方式、主体自身的一系列因素、解说等辅助条件共同建构起遗产空间相对于现代社会中特定主体的主观意义。

（3）生活空间。生活空间是由传统居民日常生活所形塑、未受旅游发展干扰或受到干扰较小的领域性空间。也即，生活空间是被生活在该空间中的传统居民以日常行为所赋予生命的空间（Lefebvre，1977）。由于旅游发展的介入有限，生活空间很大程度上是社区传统生产要素，包括社会关系、生产方式、行为规范、科技水平、生产力、文化形态等所塑造的实体空间。从这个意义上看，生活空间是社区居民的"自为之物"或内敛着目的地社区传统社会内涵的后台空间（MacCannell，1973）。

Amsden（2011）认为社区是建立在"领域性约束"（territorially bounded）或具有"现实或虚拟的符号联结"（real and imaged symbolically linked）的人员基础之上的一种集体组织。在生活空间中，填充居民之间的一套建成环境、社会关系、行为规范、意识形态等充当了目的地社区社会内涵的隐喻（Dimendberg，1997），界定了社区空间与其他空间的内在差异。对于游客等"局外人"而言，这种隐喻提供了一种空间文本，经由主观化而生成被理解或被接收的社会意义。

（4）帷幕空间。帷幕空间是介于舞台空间和后台空间之间的过渡性空间（杨振之，2006），成为旅游发展所诱致或植入的社会内涵、目的地社区内生社会内涵相互交锋的"流动性—领域性"空间综合体。从形式上看，帷幕空间主要是那些被规划设计而由居民占用的实体空间，如居民承租的旅游经营场所、经规划的公共休闲空间、被准许的居民集体活动等。

通常情况下，社区旅游开发及其发展隐含着政府、规划师等"精英"的意图或愿景。"精英"在旅游社区发展与管治中的"代言"或恩庇地位，通过"空间操控"而落实到对社区社会性的规约与监管之中。具体而言，"精英"在构想的空间中编入特定的知识、标志、符码等来对空间的社会秩序与文本意义进行某种预设，从而对现实生活空间的占用方式与解读方式施加了限定（图4-7）。因此，帷幕空间向"局外人"展现了一种被加以某种约束的社区居民生活和行为图景。

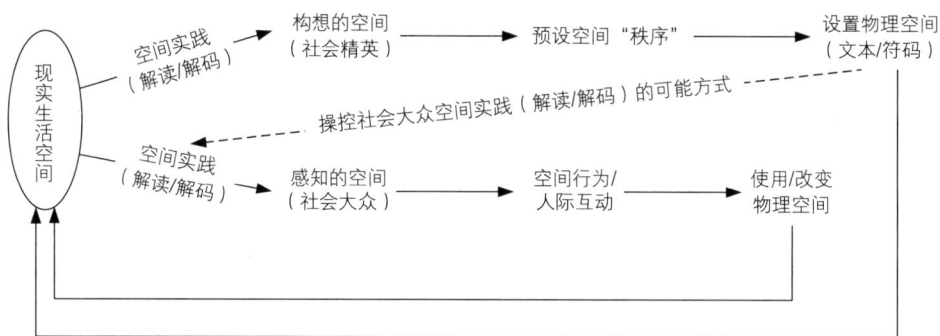

图4-7　"精英"的空间操控机理

（据 Lefebvre，1991）

4.4.2.2　旅游社区社会内涵发展与再生的矛盾

就旅游—社区联结而言，旅游发展通过直接改造空间形体、制造文化符号、调整社区社会组织以及引入旅游者等域外主体一系列方式，促成社区空间与广域空间之间的思想、知识、实践、物质和资源等要素流通（McFarlane，2009），导致目的地社区空间性发生不均衡转变。

旅游发展使社区空间分化为四类斑块空间（图4-8）。舞台空间扭曲或偏离了目的地社区传统的、内生的社会内涵，炮制一种异化的、非地方的"失范"空间，成为广域空间植入性最强的空间片段。生活空间则成为隐退在旅游干扰之外的传统空间，相对真实地反映目的地社区的社会生态和人文内涵。帷幕空间为目的地社区有目的、有节制地展示某种社会内涵提供了平台。然而，由于直接面临"他者"的社会互动与文化涵化，帷幕空间也承受着一定程度的"失范"风险。具体而言，在帷幕空间内部进行例行活动的社区居民（如从业型居民）以及生活空间居民在帷幕空间进行的非例行活动（如散步、休闲、游逛等）都与"他者"发生某种社会交流，从而成为广域空间感染目的地社区传统社会内涵的通道。遗产空间是与目的地社区时代意义相衬照的历史性领域空间，尽管隐含着目的地社区社会内涵的演化脉络，但其具体意义则附随于不同的主体。

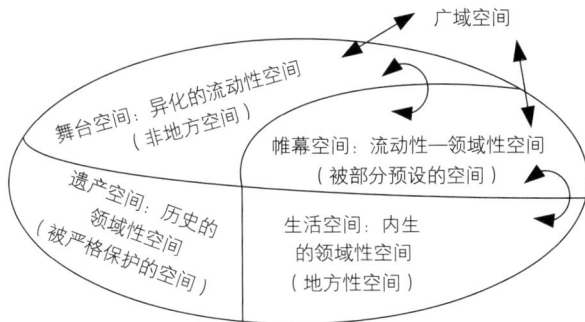

图4-8　基于旅游-社区联结的旅游社区空间斑块性

　　从过程机理看，社会内涵最终是特定主体对目的地社区空间文本的主观化结果，是对"客观文本"内在意义的转译（图4-9）。从这一点出发，目的地社区"真实的"社会内涵只能由传统居民或社区社会自发过程来生成。因此，在操作层面上，旅游社区社会内涵的再生就只能是维护、延续社区社会自为过程而无法恢复、再造社区社会的历史过程。换句话说，避免或尽可

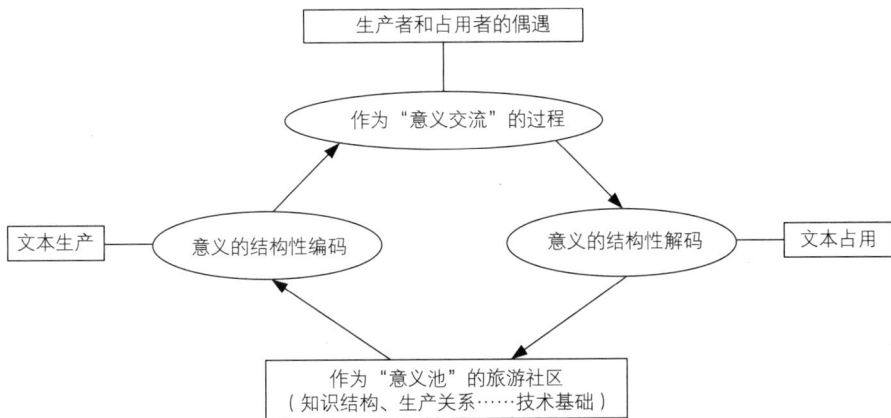

图4-9　文本（意义）的传递

（据 Hall，1980）

能弱化旅游发展对社区社会的干扰或介入，是目的地社区社会内涵再生的现实途径。对应到旅游社区的斑块性空间，关键在于尽可能维护生活空间、帷幕空间并弱化旅游发展的介入，同时尽量维持遗产空间的客观真实并借助相关手段、设施提升其活化能力。

旅游发展对社区空间性的重塑或诱变既是一种不可避免的客观过程，同时也是社区旅游发展的必要前提。旅游可持续性及竞争性是旅游社区发展的基本保障，旅游动机或需求的多元性需要多元产品体系的支撑。在合理范畴内，借用广域空间的资源要素、发展方式营建舞台空间、帷幕空间，是社区旅游系统健康运作的内在需要。

综之，旅游发展推动了目的地社区空间性转变，舞台空间、遗产空间、帷幕空间、生活空间可能共存于社区内部。从实操层面上，目的地社区社会内涵的再生在于维护生活空间、帷幕空间的社会自发过程、遗产空间的客观真实，尽量规避、弱化旅游发展的无序介入。另一方面，适度进行舞台空间、帷幕空间的营造是社区旅游合理而不可避免的发展需要。

4.4.3　旅游发展与目的地社区空间正义再生

旅游发展客观伴随着利益—成本的社会分配。空间正义的核心目标在于使旅游发展对社区空间的介入或占用效应能相对公平地作用于社区社会。因此，空间正义实质是社会公平，主要涉及社会资本、社会关系、社会结构、空间行为四个方面。

4.4.3.1　旅游与社区空间正义发展

空间正义是指目的地社区作为一种空间资源在旅游发展过程中惠及社区主体的公平性。在旅游社区发展中客观存在多种利益群体之间的抗衡与矛盾，并导致旅游发展效益在这些利益相关者之间的不均衡分配。本书侧重分析目的地社区的发展或再生，因此仅狭义地考查目的地社区的东道主群体——社区居民——获取旅游发展效益的公平性，其主要体现在四方面的变化：微观层面上的居民个体社会资本、社会关系以及宏观层面上的目的地社区社会结构，同时还包括居民参与空间生产及利益分配的途径——空间活动方式。

（1）社会资本。居民与旅游者等域外主体的社会互动潜伏着社会、文化、经济等实体资本的交换。鉴于旅游影响的社会差异与空间差异，社区居民在旅游发展过程中发生的资本交换在结构和规模方面有所不同。据 De Kadt（1979）的研究，居民与旅游者等域外主体的偶遇和互动主要包括三类场景：旅游商务与服务场景；居民与旅游者共同占用的场景；居民与旅游者发生交流的场景。在上述场景中出现的机会客观上对居民进行资本交换构成差异化限制。

另一方面，居民主体特征也辩证限定了自身行动能力，和经济资本、文化资本、社会资本、关系资本一同导致特定主体在旅游活动中参与能力与参与方式的结构性差异（Gatrell，2004；曹国新，2005；Veenstra，2010；黄潇婷，2011）。换句话说，实体资本具有生产性和再生产性（周红云，2003），旅游社会资本具有流向资本富集群体的内在趋向，从而使旅游发展沦为扩大居民社会距离甚至激化社会矛盾的触媒。

旅游发展从经济、文化、社会层面介入目的地社区，引发社会资本规模、结构在社区居民之间形成非对称性变动。从另一个角度看，旅游发展的经济、文化、社会效益与成本被社区居民不平等地分担。

（2）社会关系。社区空间弥散着社会关系或为社会关系所填充。社会关系本身是一种行动资源，居民所拥有的关系网络奠定了其在社区内部基本的活动范畴和活动内容。从这一点出发，社会关系同时是一种生产关系，为居民活动或行为提供了支撑。旅游发展推动社区原有利益格局、社会组织、空间形体的改变，也就调整了社区居民之间的联结网络，即亲缘、业缘、地缘、趣园、经济、文化、权力、社会等方面关系的变化。

社会关系"空间性地形成"使其又成为一种空间关系（王圣云，2011）。目的地社区的社会关系蕴涵着为居民所认同的一系列规范、道德、准则、意识等精神特质。一方面，居民基于自身所掌握的关系网络及其内涵认同建构起自我身份（Stets and Biga，2003；Masso，2010），这种联结社区空间和特定居民的"内涵性关系"使居民形成依附感或地方感；另一方面，目的地社区在历史演化过程中内化的、传承的精神特质本身又成为一种特定的伦理关系内核（朱海林，2010），构成社区共同体的不成文法则。然而，旅游发展所引入的现代性、市场性必然在某种程度上植入契约关系或法权关系，对目的地社区伦理关系发生涵化。

从资源属性看，旅游发展推动居民社会关系调整，从而影响居民的活动内容和行为能力；从内涵属性看，居民社会关系的变化影响到社区依附或居民身份；从性质属性看，旅游发展增强了目的地社区契约关系而削弱传统伦理关系的地位。

（3）社会结构。社会结构在整体层面系指目的地社区居民阶层结构，从微观层面上则体现为居民之间的客观社会距离。社会距离反映了社会阶层之间或社会空间内部的等级秩序，通讨居民社会资本来测度（Bottero and Prandy，2003；Bichi，2008）。居民在社区旅游发展中获益结构的差异性伴随着社会资本和社会关系的不对称重构，推动目的地社区社会分异（Mbaiwa，2003；Saarinen，2010）。

空间正义的实质是"资源要素社会分配的公正性"（Burton，2000）。旅游发展利益—成本在居民社会内部的分配体现出旅游社会资本的流动方式，即旅游发展介入社区社会结构调整的内在机制。社会结构是社区社会可持续性的结构性支撑，全面关系到影响社区活力、健康与机能的关系网络、社区参与、社区依附、社会稳定等方面（Bramley等，2006）。

社会结构在微观层面涉及居民经济、文化、威望等社会地位的变动。旅游发展的多元介入为居民社会地位在不同侧面的调整提供了可能，从而改变目的地社区包括市民社会在内的社会组织形态。

（4）空间活动。形体空间是居民日常生活和生产行为的物质支撑。旅游场所、设施与活动对社区形体空间的改造及其地域分布与影响效应，客观上辩证限定了居民活动。一方面，如前所述，游客拥挤、噪声、环境污染等压缩了居民生活空间；另一方面，居民与旅游场所、设施之间的物理距离或空间可达性也对其行为产生影响（Weaver and Lawton，2001；Jurowski and Gursoy，2004；Nunkoo等，2010）。

社区居民的活动内容与活动能力具有差异。旅游形体建设，包括景区景点、购物设施、休闲设施、娱乐设施、餐饮设施、购物设施等相对于居民的效用也不尽相同。因此，从居民角度出发，旅游发展对形体空间的改造是否提供了相对公正的受益机会，还与居民主体特征和行为习惯密切相关。

4.4.3.2 旅游社区空间正义发展与再生的矛盾

空间正义关注的本质是旅游发展对社区居民社会权益分配或介入的公平性。旅游发展客观上进行着社区—旅游之间的交易（Hinch and Li，1994；Simpson，2008；Saarinen，2010），表现为旅游对社区产生的积极、消极影响，并作用于作为社会实体的目的地社区。从另一角度，旅游发展对目的地社区的空间影响借助空间—社会互动机制而内化到社区居民社会之中。

从行为层面上看，旅游者在目的地社区的活动都伴随着经济、文化、社会资本的交换。这种交换一方面导致直接参与互动的居民资本规模与结构的变化，另一方面也可能因作用于公共领域（如环境问题、公共拥挤、噪音等）而由特定居民群体共同承担旅游活动效应。由于旅游发展及旅游活动的空间异质性，以及社区居民自身特征及其参与旅游发展的差异，旅游社会资本在社区居民之间形成非对称性流通。

社会交换具有内在的自利性与互利性倾向，加之居民行为能力因自身资本构成而具有差异，旅游资本交换多发生在旅游者与"精英"居民之间。在旅游互动发生地上，这种交换集中于舞台空间、帷幕空间和特定的公共遗产空间，较少发生在生活空间和具有排他性的遗产空间。这意味着，旅游社会资本的交换不仅因居民而异，还具有空间分异性。那些在舞台空间、帷幕空间进行例行活动，以及经常在舞台空间、帷幕空间、公共遗产空间与旅游者发生"偶遇"的社区居民，成为旅游资本交换最关键的群体。相反，那些较少穿插于上述空间而安守于生活空间的居民则较少涉入旅游社会资本交换。

社会交换引发社会关系的调整，包括关系总量、关系类型和关系性质。居民在与旅游者社会交换或居民之间日常行为过程中有意或无意地发生社会关系的拓展和重构。从关系对象看，经常与旅游者发生惯常互动的居民受契约关系的感染较多，社区传统伦理关系遭受削弱的潜在风险较大；居民之间交往越多，社区传统关系越富集，社区依附增强的可能性越大。

在旅游—社区联结框架下，旅游发展引致社区社会结构演化的介入通道主要是旅游者—居民互动，使旅游发展利益—成本以某种方式分配到社区居民之中。另一方面，形体空间作为居民活动的物质支撑，同样经由旅游发展的改造、利用而对居民行为施加不均等的辩证限定。空间发展效益的公平性是空间正义的核心所在。从这一点出发，空间正义再生的关键在于维持或重构相对公平的旅游利益分配方式。因此，在操作层面上，空间正义再生的主要途径涉及两点：就社会层面而言，传统居民在旅游发展过程中的资本积累、关系重构及其社会位置改变具有自发的不对称性，问题是如何从旅游社区发展机制上来加以统筹和有效应对；就形体层面而言，旅游发展的物质开发直接或间接对居民空间活动造成差异化影响，问题是如何从旅游社区再开发或优化开发过程中来予以调整。

4.5　本章小结

本章梳理了可持续再生理念的缘起和发展脉络。可持续再生旨在通过地域性物质要素和社会要素的整合、优化，以恢复和维持传统功能为重心来推进地域社会空间的复兴和可持续发展。基于这一理念，旅游社区可持续再生基本目标可概括为通过旅游发展推动目的地社区社会空间生产机制的重构，实现社会发展与空间发展相互统一。从社会空间视角看，旅游社区可持续再生涉及传统功能再生、社会内涵再生、空间正义再生三重含义。

基于社会空间分析框架，旅游社区空间转变本质上是广域空间和社区空间发生流通，使目的地社区成为一种更具异质性的空间生产过程或社会建构物。旅游发展主要从经济、文化、社会、形体四个维度介入目的地社区社会空间，潜伏着精英建构和社会建构的紧张互动，后者表现为居民、游客、从业者三类社会主体对社区空间的竞争占用。目的地社区社会性、空间性、生产机制在此过程中发生转变。

旅游社区转型发展在微观层面对应于社区主体、空间形体与地域活动之间互动机制的重构，往往与社区可持续再生存在一定矛盾。在功能方面，主要体现为旅游功能与居住功能、社会交往功能、生产功能／（居民）营生之间的矛盾；在社会内涵方面，主要体现为舞台空间、帷幕空间、遗产空间与生活空间之间的矛盾；在空间正义方面，主要体现为旅游发展对居民社会资本、社会关系、社会位置、空间活动影响效应的公平性与非对称性之间的矛盾。

拼贴方法——不同"实体"被引入或隔离于城市肌理的一种方法，在今天是应对乌托邦和地方传统之间最根本矛盾的唯一方法。

Rowe C, Koetter F. Collage City.1984.

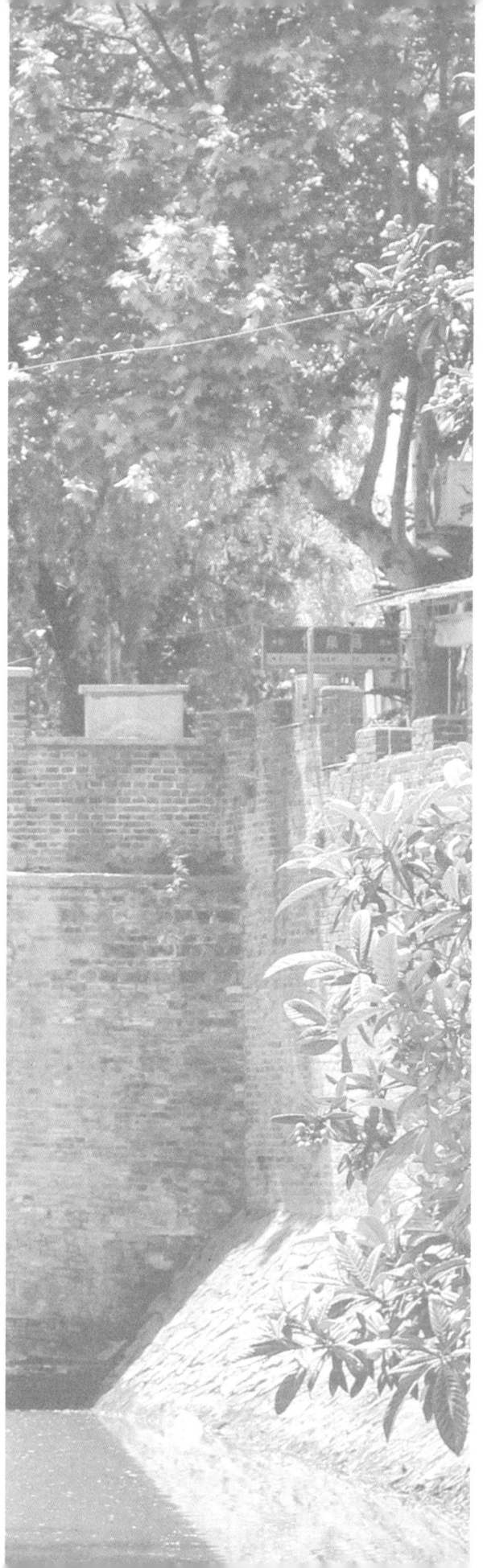

第5章 扬州"双东"历史街区：发展概况与分析方法

5.1 发展概况

扬州"双东"即东关街—东圈门历史街区，位于老城区东北角，已有1200多年历史。东至泰州路、濒临古运河，西至国庆路，北抵盐阜东路，南至文昌中路。其中，东关街为东西向主通道，全长1122米；东圈门大街为东西向次干道。观巷、广储门大街分别为"双东"内部东、西两侧南北向主通道，与东关街相交。2010年，东关街入选"中国历史文化名街"。

5.1.1 保护范围与历史传承

5.1.1.1 保护范围

今天的扬州城主要保留了隋唐以来的历史肌理（图5-1）。《扬州市老城区控制性详细规划大纲》[1]（2002）划定"双东"核心保护范围约为24公顷。该区域涵盖个园、逸圃、江上青故居、汪氏小院等历史遗迹，属于传统建筑、生活街巷集中分布区。但从"双东"街区独特的"河、城、街"历史格局来看，该保护地段不够全面。《扬州东关历史文化街区保护规划》[2]（2008）重新调整了核心保护范围（图5-2），扩大到32.47公顷，并在"双东"实际开发中参照执行。

图5-1 唐代以来扬州城址变迁

[1] 扬州市规划局.扬州市老城区控制性详细规划大纲 [R].2002.

[2] 东南大学城市规划设计研究院.扬州东关历史文化街区保护规划 [R].2008.

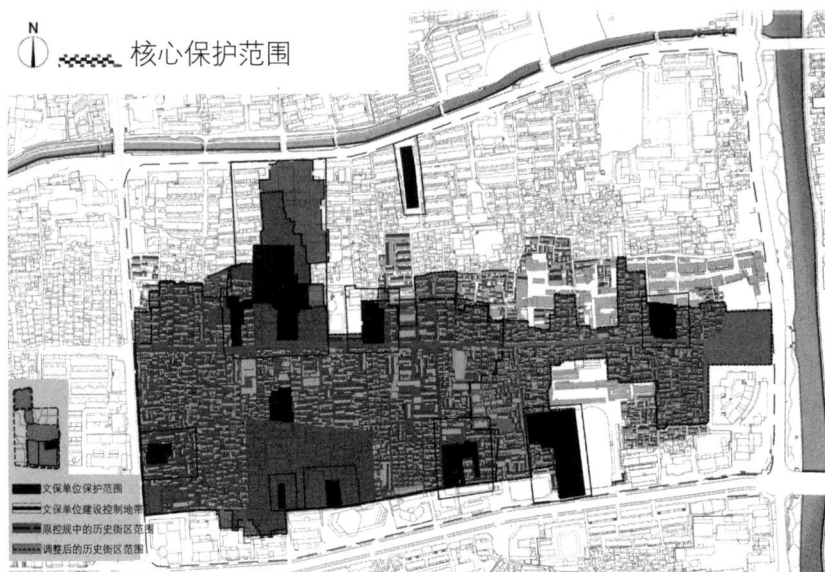

图5-2 "双东"历史街区保护范围

5.1.1.2 历史遗产

（1）物质文化遗产。"双东"现有国家级文保单位2处、省级文保单位2处、市级文保单位11处、市级文物控制单位1处、其他重要历史遗存15处（附录1）。另有名木、古井，大都分布在核心保护范围内。物质遗产分布如图5-3所示。

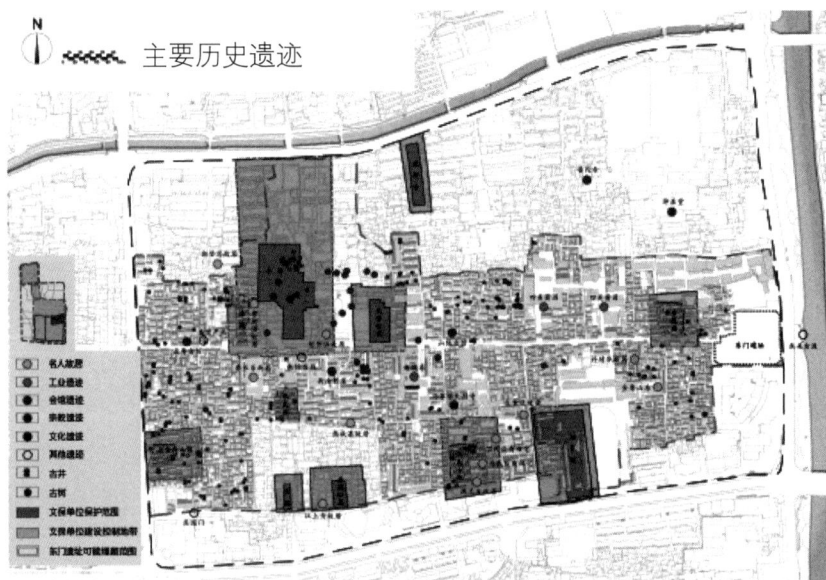

图5-3 "双东"历史街区主要遗产

（2）非物质文化遗产。"双东"非物质文化遗产丰富（附录2），但现存不多，仅三和四美酱菜、谢馥春香粉留存情况较好。从类型看，多为"作坊式"传统工商业，恢复经营的成本较小。除此之外，扬州地方代表性非物质文化遗产保存普遍较好，鉴于"双东"与扬州古城密切的历史联系，"双东"可以考虑适当引入。

5.1.1.3 空间肌理

唐代以来"双东"即为居住及工商业区，其后虽有兴废，但一直是扬州重要的商业区。直至清末民初时期（图5-4），"双东"沿线店铺林立，老字号众多，集中了大量盐商住宅、园林、名人故居，以及礼拜寺、天主教堂、道观、佛寺等宗教建筑。"双东"现存历史街巷31条，街巷路网、空间尺度都具有传统性，地域格局相对完整。由古运河—东门遗址—东关街构成的"河、城、街"历史格局，是"双东"最重要的空间特征。

图5-4 "双东"街区历史土地利用

目前，"双东"地域肌理改变不大，但土地利用发生了较大转变（图5-5）。"双东"东、北两面临河，西、南两侧临街，东、南临街界面已成为现代商业、金融地段，北侧较多地段成为现代居住小区。东关街仍为"双东"主要商业干道。

"双东"土地规划基本按清末用地方案进行恢复。《扬州市扬州古城保护管理办法》[1]、《关于印发〈扬州古城传统民居修缮实施意见〉的通知》[2] 对"双东"历史肌理、建筑风貌、文化遗存、空间活动等进行了规定和导引。一方面，依照历史方案从整体上对"双东"土地利用进行调整和复原，保障街区历史肌理和景观风貌的延续；另一方面，与用地调整并行发生的功能调整和更新又形成新的动力源，使"双东"能更好地适应现代环境并取得发展。这些举措也体现出有机更新的手法特征（吴良镛，1991；曾昭奋，1996）。

---

[1] 扬州市扬州古城保护管理办法 [Z]. 扬州市古城保护办公室提供，2010 年施行.

[2] 关于印发《扬州古城传统民居修缮实施意见》的通知 [Z]. 扬古办〔2011〕9 号.

图5-5　"双东"街区土地利用变化

5.1.2　居民结构与地域分布

5.1.2.1　居民结构

据东关派出所 2010 年资料,"双东"共有住户约 5800 户,登记人口 16354 人,其中暂住人口 5000 余人,男、女比例相当（8264：8090）。离退休人员（男 60 岁以上,女 55 岁以上）4622 人,占 28.26%；青少年（25 岁以下）4634 人,约占 28.34%。

进一步结合田野调查和人员访谈,"双东"属于传统居住社区,以中老年居民为主,在长期演化中形成相对稳定的社会结构。

5.1.2.2　地域分布

综合土地利用和街巷肌理,"双东"可分为 9 大地块（图 5-6）。

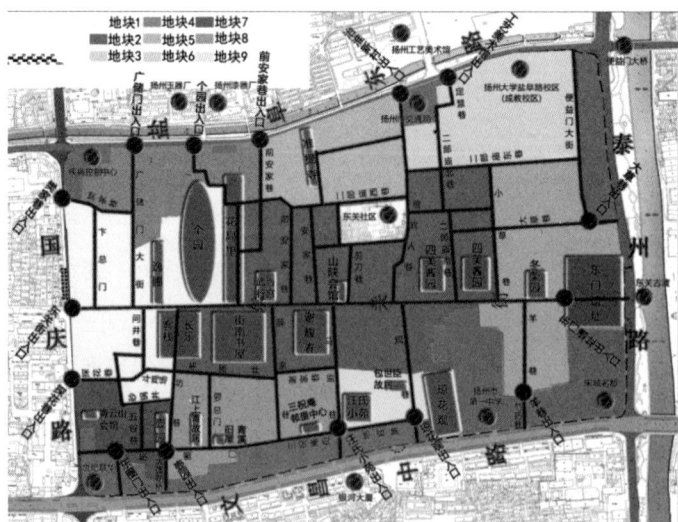

图5-6　"双东"历史街区地块构成情况

地块 1：樊家巷—扬州市级机关住宅区以南、花局里—马坊巷以西、砂锅井—探花巷以北。该地块位于东关街西侧，历史风貌保存完好，属于传统居住地段，商业化程度较低。

地块 2：二郎庙西巷以南、花局里—马坊巷以东、韦家井—谢家巷—剪纸博物馆以北、扬州一中—小草巷以西。该地块位于东关街中段，历史风貌保存完好，属于传统居住地段；沿东关街两侧商铺密布，马监巷以西基本没有居住用地。

地块 3：二郎庙东巷以南、扬州一中—小草巷以东。该地块位于东关街东侧，历史风貌保存完好，属于传统居住地段，商业集中于东关街两侧。

地块 4：樊家巷—逸圃以北、前安家巷以西。该地块地处"双东"西北角，北临盐阜东路，没有重要历史遗产分布，属于现代居住小区，中高阶层居民较多。

地块 5：前安家巷以东、二郎庙西巷以北、治淮新村以西。该地块地处"双东"北部中段，北临盐阜东路，属于现代居住小区地段，中产阶层较多。

地块 6：治淮新村以东、二郎庙东巷以北。该地块地处"双东"东北角，北临盐阜东路，属于传统居住区—科教用地混合地段，居住环境较差。

地块 7：砂锅井—探花巷以南、马坊巷以西。该地块地处"双东"西南角，临靠东圈门，属于传统居住区，东圈门大街两侧有面向市民为主的餐饮及商业设施。

地块 8：马坊巷以东、韦家井—谢家巷以南、马监巷以西。该地块地处"双东"南部中段，南临文昌中路，属于传统居住区，潜在旅游资源较多，居住环境一般。

地块 9：马监巷以东、剪纸博物馆以南、琼花观以西。该地块地处"双东"东南角，南临文昌中路，属于传统居住区，居住环境较差，有混合商业及服务设施开发。

5.1.3　开发背景与主要特征

5.1.3.1　开发背景

1982 年，国务院公布扬州为国家首批历史文化名城之一，包括"双东"在内的 5.09 平方公里的明清古城一直受到严格保护。1990 年代初，扬州市政府提出"西进南下"发展战略，跳出古城，建设西部新区。21 世纪初，扬州市政府提出"护其貌、显其颜、保其韵、铸其魂"的名城保护思路，编制老城区控制性详细规划，"双东"继续受到充分保护[1]。鉴于在古城保护方面的显著成效，扬州于 2006 年荣膺"联合国最佳人居环境奖"。2007 年，扬州开始对老城东北片区进行保护和整治规划编制研究和评估，随后推进老城保护规划编制[2]。2008 年，"双东"开发正式启动，由扬州名城保护办公室对口管理，名城建设有限公司操作运营，同时展开"双东"4A 级景区创建工作。目前，"双东"已成为集观光、购物、休闲、娱乐、居住为一体的旅游历史街区。

[1]　扬州市城乡建设局 . 扬州市古城保护情况 [R]. 2011.

[2]　扬州市规划局 . 扬州市扬州古城保护管理办法 [R]. 2011.

5.1.3.2 开发特征

"双东"开发体现出以下几点基本特征。

（1）以旅游为牵引，塑地域品牌。"双东"发展体现出旅游导向型特征。复建馥春花苑作为收费型旅游景点，修复武当行宫、曹起溍故居、东门遗址、街南书屋等重要历史节点作为公共休闲场所，并依托壶园、逸圃、长乐客栈等遗存开发精品餐饮、住宿设施。这些举措反映出"双东"吸引游客市场的开发动机。同时，"双东"致力于以旅游发展塑造地域品牌，规划将"双东"建成 4A 级旅游景区[1]，成为扬州市区精品旅游地段之一。

（2）以商业为主导，培育新功能。"双东"体现出以商业经营为主导的开发导向。为避免功能干扰，整体外迁艺蕾小学，关闭四美酱园工业生产并调整土地利用。东关街两侧进行了大量功能置换，原先民宅几乎全部改为商铺。目前，"双东"核心区已形成多种商业经营、居住及生活服务两大"寡头功能"。就商业经营形式而言，多为旅游商品、特色（风味）餐饮、特色服务、文化商品等，主要是面向"双东"域外访客。

（3）以市场为依托，转让经营权。"双东"采取了"统一规划、承包经营"的运作方式。由名城公司全面负责规划开发，然后将店铺分包转租给各类业主经营，名城公司"坐地收租"并实施综合管理。因此，名城公司充当了"开发商"、"批发商"、"运营商"三重角色。当前，开拓客源市场和优化管理模式成为"双东"发展的核心目标。

（4）以保护为前提，渐进式开发。"双东"明确界定保护范围，划定风貌协调区，严格保护各类历史遗迹。实行分期、分批、分对象渐进式开发，没有采取大规模改建、新建。控制街区建筑高度、风貌、功能，协调开发内容与地域环境。这些举措使"双东"社会和空间肌理得到较好的维护，避免对地域特征造成较大冲击、破坏。

（5）以历史为依据，有组织复原。规划土地利用与清末用地方案基本一致，复原老字号店铺，整饬、修复传统建筑，拆除不适宜的构筑物。严格保留历史街巷，道路改造符合街巷格局和风貌控制要求。按照发展需要对一些受损较为明显的重要遗址和节点进行改造。"双东"整治结合有机更新手法和现代发展需要，并充分尊重历史脉络。

（6）以传统为基础，保留原居民。传统生活方式是历史街区保护的重要内容，其真实性主要体现为原有居民保有率和原有生活方式保存度（阮仪三、孙萌，2001）。"双东"保留了多数住户，同时采取渐进开发、有机更新方式，新建设相对集中，对传统居住区的干扰相对有限。

"双东"较好保留了原有物质环境和社会组织，通过培养旅游市场、商业市场和引入商业经营、旅游接待等方式保育新功能。一方面凸显、提升了"双东"传统景观特色，另一方面为居民创造一定的发展机会，这与可持续再生理念基本吻合。但"双东"采取名城公司"统包统管"的开发方式，将发展的主动权和运作权交由外部商业机构，在"双东"地域发展与社会发展方面也存在一定风险。

---

[1] 据扬州市旅游局综合办公室某负责人透露，远期还将逐步推动"双东"和个园、汪氏小苑等景点"打包"申报 5A 级景区。

5.2 分析方法

5.2.1 数据采集方法

"双东"社会空间涉及众多量化因素和非量化因素。本书结合田野调查、问卷调查和深度访谈来收集相关数据资料。

5.2.1.1 田野调查

（1）方法简述

田野调查，也称作实地研究，最初源自文化人类学、考古学等学科，是一种深入到研究现象的生活背景中，以参与观察和非结构访谈的方式收集资料，并通过对这些资料的定性分析来理解和解释现象的社会学研究方法（风笑天，2001）。随着学科之间的融合交叉，田野调查概念有所泛化，可以统称各类实地参与现场调查的研究工作。

在田野调查中，有三点核心注意事项。首先，田野调查重在收集、记录研究所需要的第一手资料，糅合了实证性与思辨性的长处。与室内工作和理论建构不同，田野调查主张从现实的社会生活中采集素材、资料，在此基础上进行逻辑推演和理论分析。换句话说，理论分析基于社会现实是田野调查的基本规范。其次，田野调查应尽量保障反映社会现实的直接性、可靠性，在存在主客差异的客观情况下，应注意调查的入场方式和多方位性（郑欣，2003；冯学红，2007）。调查者应尽可能小地干扰调查地社会生活以得出尽可能相似于调查社会的文化事实（许传静，2006）。同样，在对社会生活和调查资料作出解读时，需要引入主客换位视角（菲奥纳·鲍伊，2004），将调查者的"远经验"与被调查者的"近经验"合理结合起来是描述社会现实的关键（夏建中，1997）。再次，具体调查操作中可能涉及一些难以规避的困境和矛盾（刘海涛，2008），应统筹调查结果的全面性、重点性。一般来说，非定向调查能够反映被调查社会的一般情况，而定向调查则更有助于深入揭示某些重点、典型现象（明翠琴、钟书华，2011）。

（2）"双东"历史街区田野调查

笔者对"双东"进行了4次、共38天实地踏勘和探访。第一次田野调查为2011年9月上、中旬，历时13天，主要对"双东"旅游开发运营商（名城公司）、街区从业者、居民、游客、扬州建设局、旅游局、扬州大学教师等人员进行探寻性访谈，汇整各方意见，以备室内分析。第二次调查为2012年5月末至6月初，历时5天，再次访谈相关人员，校验对第一次访谈的理解情况，指导问卷修正。第三次田野调查为2012年12月中旬，历时6天，完成第二次问卷数据采集，并结合第一次问卷数据分析结果所反映的若干重点问题对相关人员进行深度访谈。第四次调查为2013年1月中、下旬，历时14天，综合数据分析和理论分析对"双东"居民、从业者、游客进行访谈，与初步研究发现进行对照分析。

对"双东"的田野调查分期进行，前后相因相续，在有序跟进"双东"社会现实的同时也较好保证了理论分析紧扣一手数据。其次，面向多元主体的访谈、现场踏勘以及问卷调查，提供了多重分析视角，基本反映出"双东"街区的社会现实，并使主、客交互解读和对照分析得到相对充分的保障。然而，访谈的正式性也可能使被调查者对现实情况做出某些粉饰。

5.2.1.2　问卷调查

（1）方法简述

问卷调查被誉为"社会调查的支柱"，是最为常见、便捷的数据采集方法。根据填答方式不同，问卷可分为自填问卷和访问问卷，前者通常用于规模样本的数据采集，而后者在小样本的深度访谈时更具操作优势。就自填问卷而言，又包括结构性问卷和非结构性问卷两类。用自填问卷采集规模样本数据时，应注意以下几点。

首先，应保持"探索—设计—试测—修正"问卷开发路径的完整性，重点是探索、试测两步骤。较多研究者依赖于对二手文献的归纳整理来进行问卷设计，在结构体系上通常较为规范、全面，但存在偏离被调查地现实的潜在风险。因此，探索阶段应综合理论梳理和现实情况来考虑问卷题项的设计，使理论方面的全面性和现实方面的针对性有机结合起来，并在试测阶段来加以检验和修正。其次，应使问卷题项有较高的精准性，即兼具较好的信度、效度和区分度，前两者重点保障题项的准确度和可靠性（钟栎娜，2010），后者要求各题项有较强的独立性，避免相互干扰和信息交叠（福勒等，2004）。第三，问卷设计的结构性与非结构性问题。结构性问卷较为规整、简捷，便于横向比较和重复使用；非结构性问卷则更有助于反映被调查地区的独特性和整体构成（Echtner and Ritchie，1993）。为获取更全面、具体的被调查地信息，可将"结构法"与"非结构法"结合应用（黄震方等，2002），一般通过非结构法探索问卷初步设计，而在正式问卷中采取结构性设计（袁方，2004）。最后，有关问卷发放的具体操作，主要涉及采集时间、地点以及随机抽样或定额配放。多时点、多地点数据采集有助于弱化抽样的偶然性和偏失性；随机抽象能反映被调查群体的总体特征，而定额配放在深入揭示某些群体的特征时更为有利。为兼顾两方面信息，可以采用随机抽样的调查方式，同时保证各类被调查者均达到某一样本量门槛。

（2）"双东"历史街区问卷调查

首先，关于问卷设计。"双东"问卷的初步设计基于第一次田野调查的探索，并结合相关文献梳理，两相对照，确立覆盖"双东"居民、游客、从业者各项属性的问卷题项。为提升问卷效率，每个属性均只设一个对应题项。在第二次田野调查初期进行试测，校对题项设计意图和被试填答结果，效果优良，并对问卷作出进一步优化，形成正式问卷。问卷在设计之初就考虑非结构性与结构性相结合。笔者在第一次田野调查时采用非结构性访谈和现场观察，收集相关意见，此后对各题项的可能回答进行梳理，将被调查者的主要意见汇整成备选项，从而将非结构性信息转化为结构性问答，以利数据统计处理。同时，对被调查者空间特征采用非结构性方式，让被试在问卷提供的地图上自由标记。

其次，关于问卷发放。问卷发放共分 2 次、6 天完成，分别为 2012 年 6 月 1 ～ 3 日（周五、周六、周日，"双东"旅游旺季）、2012 年 9 月 9 ～ 11 日（周日、周一、周二，"双东"旅游淡季）。对居民、游客的问卷，由 8 名调查员在"双东"6 处主要出入口 [1] 蹲点守候、现场发放并回收，

---

[1]　6 处发放地点为：东门遗址、东关街—广储门大街交口、花局里、东关社区、汪氏小苑、壶园（东圈门）。

2 名调查员入户调查；对从业者的调查，由 4 名调查员逐户发放问卷、延时回收并初步核对填答情况。问卷调查基本情况如表 5-1 所示。

"双东"问卷调查调查基本情况　　　　　　　表 5-1

被试类型	问卷发放（份）	问卷回收（份）	回收率（%）	有效问卷（份）	有效率（%）	备注
居民	500	476	95.2	435	91.4	随机发放
游客	500	421	84.2	336	79.8	随机发放
从业者	300	212	70.7	188	88.7	定点发放

"双东"问卷设计采用先通过开放型田野调查收集信息，再归纳提取封闭型备选回答项的方式，结合了非结构性手段和结构性手段，在使问卷相对紧密结合"双东"实际的同时，也在信息归并过程中不可避免地滤掉一些小额信息。没有考虑这些小额信息所反映的少数被试的意见，是问卷调查为获取数据统计优势而牺牲的部分成本。在问卷发放方面，多时点、多地点操作一定程度地提升了数据的可靠性，基于最小样本门槛的随机发放也兼顾了数据的整体性和代表性，但调查的时间密度和样本密度相对偏低。

5.2.2　数据分析方法

依据旅游社区空间建构过程，不但不同社会群体对社区空间的占用方式和目的有所差异，同一群体内部的主体之间也往往存在差异。因此，本书主要结合描述性分析、多重对应分析、卡方检验来分析"双东"空间社会建构状态。

5.2.2.1　描述性分析

（1）方法简述

描述性分析是最基础的数理统计方法，主要反映数据的分布特征。依照统计目标，描述性分析分为两种基本类型：一是反映数据中心位置；另一类是反映数据离散程度。前者常见统计量包括均值、中位数、众数，后者常见统计量包括方差、百分比等。描述性分析统计量对数据类型有一定要求，名义数据不宜采用某些统计量，如均值、中位数、方差等。

旅游统计对描述性分析的运用非常普遍，全面涉及旅游总体现象、旅游主体、旅游客体、产业经营、旅游资源、旅游市场、旅游产业等各个方面（李享，2005）。由于旅游统计往往针对多种现象，调查数据不具备可加性，因而多采用名义变量。频数、百分比是针对名义变量最为常用的统计量，能直观、简明地反映统计数据分散情况和主体结构。当然，描述性分析也可以和其他数据分析方法结合应用，主要是反映数据总体特征或作为其他分析方法的一个步骤，如结构—偏离分析（share-shift model）。

（2）"双东"历史街区描述性分析

本书采用百分比来描述"双东"居民、游客、从业者群体特征及其对"双东"社会空间的感知、认知和使用特征。某一指标的百分比越大而其他指标百分比越小，说明该指标越能反映数据总体特征；反之，如若干指标百分比相当，则数据结构分散，总体特征不明确。

"双东"居民、游客、从业者社会空间建构特征因素部分百分比统计量如表5-2所示。

"双东"历史街区社会主体空间建构因素描述性分析统计情况　　　　表5-2

项目类别	主体特征项					客体特征项				
	最大比	特征项	最小比	特征项	均值	最大比	特征项	最小比	特征项	均值
居民	0.740	依附感	0.212	职业	0.429	0.816	问题现象	0.345	文物古迹	0.504
游客	0.932	游览地段	0.226	游览花费	0.447	0.985	住宿消费	0.304	餐饮设施	0.571
从业者	0.856	经营店数	0.213	年营业额	0.467	0.686	治安情况	0.266	技能培训	0.447

居民、游客、从业者三类群体的主体特征因子、客体特征因子百分比均值都介于0.4～0.6之间，属于中等集中水平。这说明，各群体在空间建构方面具有一定的内部一致性，但内部分异情况也相对突出。因而，运用百分比统计量来揭示各类群体社会空间建构特征具有可行性，但仍需通过其他方法来分析各类社会群体内部分异。

5.2.2.2　卡方检验

（1）方法简述

卡方检验（Chi-Square Test）是一种假设性非参数检验方法，用于检验总体分布是否服从指定分布。其基本思想是将总体的取值范围划分成有限个互不相容的子集，从总体中随机抽取一个样本，考察样本观测值落入每个子集的实际频数，并对照每个子集的理论频数，按两者之差构造统计量 χ^2。若统计量服从卡方分布，则认为原假设成立，即样本来自总体；否则原假设不成立，即样本与总体有显著差异（葛新权、王斌，2006）。一般根据统计量 χ^2 检验的显著性水平来判定原假设是否成立。

当两个样本来自同一总体时，两者相关度高，相互解释能力差。需要寻找引起各类主体认知差异的主要因子，这些因子对造成主体认知分异具有较强的解释能力，本书将之称为致异因子；反之，将解释能力较差的因子称为无差异因子。致异因子对主体感知特征的形成具有较强的解释能力，因而能为制定应对措施提供指引；无差异因子对主体认知的影响不存在显著的人际差异，即人际影响效应较均衡。

（2）"双东"历史街区数据卡方检验

本书依据各类主体对"双东"社会空间的总体评价，即认知特征来构造两两卡方检验。具体而言，将居民46项、游客58项、从业者58项特征因子与各自认知因子之一作配对，进行卡方检验。若与其中一项认知因子的卡方检验通过0.05显著水平，则将该特征因子视为致异因子；否则视为无差异因子。其中，若有因子拆分，则以拆分后子项进行分析。例如，居民户外活动类型（RS$_{13}$）拆分为14子项，以14子项分别与认知项进行卡方检验。居民、游客、从业者致异因子概况如表5-3，卡方检验结果详见附录3～附录5。

"双东"历史街区社会主体致异因子概况　　　　　　　　　　表 5-3

因子类型	特征因子总数	主体特征因子		客体特征因子		认知特征因子	
		特征因子数量	致异因子数量	特征因子数量	致异因子数量	特征因子数量	致异因子数量
居民	46	14	11（1/6）	30	30（1/3）（1/4）	2	2
游客	58	20	6	36	31	2	2
从业者	58	23	20（1/2）	33	33	2	2

注：表中"（1/Y）"格式内容，Y 表示特征因子拆分后的致异因子子项数目；子项数目不纳入致异因子数量统计；"（）"数量表示拆分特征因子数。

居民特征因子情况。问卷共调查了居民 46 项特征因子，包括 14 项主体特征因子、30 项客体特征因子和 2 项认知特征因子。主体特征因子中有 11 项为致异因子，其中 1 项拆分为 6 项子因子；客体因子全部为致异因子，其中 1 项拆分为 3 项子因子、1 项拆分为 4 项子因子；认知因子全为致异因子（表 5-4）。

"双东"历史街区居民特征因子构成情况　　　　　　　　　　表 5-4

因子属性	因子类型	因子构成
致异因子	主体特征因子	性别、年龄、居住状况、住房类型、出行工具、学历、电脑技能、依附感、居住地块、活动类型（部分）、活动地段
	客体特征因子	购物设施、休闲设施、娱乐设施、餐饮设施、市政服务、交通状况、建筑风貌、文物利用、经营意向、就业意向、消费行为、社会交往、社会情调、社会关系、民间组织、社团参与、晚间活动、治安情况、参与意识、游客印象、思想观念、文化传统、公共拥挤、游客喧闹、问题现象（部分）、物价水平、环境生态、日常私密、邻里关系、收益差异
	认知特征因子	生活环境总评、旅游发展态度互为致异因子
无差异因子	主体特征因子	居住时长、家庭收入、活动类型（部分）、职业
	客体特征因子	问题现象（部分）

游客特征因子情况。共调查了游客 58 项特征因子，包括 20 项主体特征因子、36 项客体特征因子和 2 项认知特征因子。主体特征因子中有 6 项为致异因子；客体因子中有 31 项为致异因子；认知因子全为致异因子（表 5-5）。

"双东"历史街区游客特征因子构成情况　　　　　　　　　　表 5-5

因子属性	因子类型	因子构成
致异因子	主体特征因子	性别、学历、职业、客源地区、重游意向、出口
	客体特征因子	历史地域、民俗风情、游览猎奇、游览印象、知识扩展、夜游倾向、社会环境、交流行为、居民友好、物价水平、服务水平、治安状况、游览拥挤、城市建设、经济发展、商业氛围、收费景点、免费景点、购物设施、购物消费、咨询建议、公共休闲、休闲行为、住宿设施、餐饮设施、娱乐设施、解说设施、出入交通、内部交通、建筑风貌、环境生态
	认知特征因子	游览满意、推荐意向互为致异因子
无差异因子	主体特征因子	年龄、游伴类型、游伴数量、花费、月均收入、电脑技能、出游频次、交通方式、活动类型、到访频次、游览地段、入口、进入时间、游览时长、逗留天数
	客体特征因子	咨询服务、住宿消费、餐饮消费、娱乐消费、解说使用

从业者特征因子情况。共调查了从业者58项特征因子，包括23项主体特征因子、33项客体特征因子和2项认知特征因子。主体特征因子中有20项为致异因子，其中1项拆分为2项子因子；客体因子、认知因子全部为致异因子（表5-6）。

“双东”历史街区从业者特征因子构成情况   表5-6

因子属性	因子类型	因子构成
致异因子	主体特征因子	性别、年龄、经营时长、居住伴侣、身份、月均收入、年营业额、人员数量、投资数额、组织形式、经营类型、品牌类型、以前职业、依附感、从业动机（部分）、住址、店址、户外时间、店铺周边、活动地段
	客体特征因子	建筑环境、开发状况、运营设施、环境生态、清洁卫生、公共设施、市政服务、交通条件、旅游景区、文物利用、旅游设施、生活设施、生活环境、公共活动、市场状况、竞争状况、产品销售、产品价格、利润水平、协会参与、商业地位、治安情况、居民友好、游客友好、同行友好、公共拥挤、传统风情、不雅行为、推销宣传、综合管理、技能培训、成本收益、参与意识
	认知特征因子	综合评价、业务意向互为致异因子
无差异因子	主体特征因子	店数、学历、从业动机（部分）、亲友状况
	客体特征因子	无

5.2.2.3　多重对应分析

（1）方法简述

对应分析属于多维图示分析技术，同时适用于数据变量、分类变量和名义变量等多种形式，主要用来分析变量之间联系的紧密程度，分为简单对应分析和多重对应分析（Multiple Correspondence Analysis，MCA）。前者适用于二维数据中两个多分类变量间的关系；后者可同时分析多维数据中多个分类变量之间的关系（Everitt，2001）。多重对应分析的基本思想是将列联表中行、列各因素的比例以点的形式表现出来，由高维空间的向量向低维空间投影（对应变换），通过降维在二维图上同时画出属性变量不同取值的情况，用因子载荷图（对应分析图）来直观展示行因素和列因素之间的对应关系（惠璇，2005）。在对应图中，距离越近、离原点越远的点（因子）之间可能存在越密切的联系，通常按象限进行因子归类（张文彤，2004）。目前，多重对应分析已广泛运用于市场分析与企业管理（廖颖林，2009；刘洁、陈海波，2011）、社会行为分析（Gatrell and Popay，2004；Veenstra，2010）等领域，在旅游领域也有所应用（陶长江、刘绍琳，2012）。

多重对应分析运算过程较为复杂，可以借助SPSS统计软件包执行运算。本书在SPSS16.0中调用Optimal Scaling模块（Analysis→Data Reduction→Optimal Scaling）执行数据运算。出于可视化考虑，一般选择解释方差或特征根最大的两个维度作输出图。在因子较多的情况下，可以进行预检验，选取对目标因子具有较强解释能力的因子纳入分析（Gatrell and Popay，2004；张文彤，2004）。

（2）“双东”历史街区数据多重对应分析

本书将“双东”居民（有效样本量435）、游客（有效样本量336）、从业者（有效样本量

188）按 MCA 数据要求录入 SPSS16.0；其中，对多选项进行因子拆分后按二值数据（0，1）录入。如"居民户外活动类型（RS_{13}）"同时包含"参加集体活动"、"品尝小吃"2 项，则先将 RS_{13} 按活动类型数进行拆分（本书中拆分为 14 子项），然后以"晨练（0）、参加集体活动（1）、逛店（0）、品尝小吃（1）……"将 14 子项数据录入，在分析与解释时再统一考虑。部分因子方差太小（0 值太多），SPSS 无法运算，对于这些因子采取"Ranking"处理。

为提高可视化效果，本文选取各类主体的致异因子做对应分析。由于 MCA 将关联密切的因子相互聚拢，即将各类群体的特征因子按相似性相互集聚、按差异性相互斥离，实际上发挥了聚类作用。换句话说，MCA 有助于解释各类群体内部分异情况。这与描述性分析结果形成互补。

居民多重对应结构。借助 SPSS16.0 计算居民 41 个致异因子与社会环境总评、旅游发展态度之间的多重对应结构，模型基本参数如表 5-7。提取 Cronbach 值>0.5、特征值>1 的前 16 个维度，累积解释方差约 75.80%。从解释方差比例看，居民致异因子分布分散，第 4～16 维度解释力差异不大。以第 1 维度、第 2 维度为主轴，绘制对应结构如图 5-7 所示。

"双东"历史街区居民致异因子多重对应分析维度构成—因子载荷表 表 5-7

维度	Cronbach's Alpha	特征值	截距	解释方差比（%）
1	.863	6.533	.121	12.098
2	.813	4.943	.092	9.153
3	.770	4.087	.076	7.568
4	.694	3.139	.058	5.814
5	.673	2.947	.055	5.458
6	.656	2.806	.052	5.196
7	.629	2.612	.048	4.837
8	.623	2.576	.048	4.771
9	.599	2.427	.045	4.494
10	.587	2.360	.044	4.371
11	.582	2.333	.043	4.320
12	.572	2.281	.042	4.224
13	.562	2.230	.041	4.129
14	.541	2.131	.039	3.946
15	.521	2.045	.038	3.788
16	.513	2.012	.037	3.726
17[a]	.494	1.942	.036	3.596
Total	—	40.929	0.758	75.795[b]

注：a. 维度 17 的 Cronbach 值小于 0.5；

b. 该值为前 16 维度值加和。

游客多重对应结构。多重对应结构模型参数见表 5-8。Cronbach 值>0.5、特征值>1 共有 9 个维度，致异因子分布分散，累积解释方差约 72.36%。第 3～9 维度解释力差异不大。以第 1 维度、第 2 维度为主轴绘制对应结构如图 5-8 所示。

"双东"历史街区游客致异因子多重对应分析维度构成—因子载荷表　　表 5-8

维度	Cronbach's Alpha	特征值	截距	解释方差比（%）
1	.903	8.304	.213	21.294
2	.780	4.165	.107	10.680
3	.637	2.640	.068	6.768
4	.615	2.495	.064	6.398
5	.582	2.308	.059	5.917
6	.550	2.155	.055	5.526
7	.544	2.128	.055	5.456
8	.521	2.031	.052	5.207
9	.512	1.996	.051	5.118
10[a]	.478	1.871	.048	4.799
Total	—	30.089	0.772	72.364[b]

注：a. 维度 10 的 Cronbach 值小于 0.5；

　　b. 该值为前 9 维度值加和。

从业者多重对应结构。多重对应结构模型参数如表 5-9。Cronbach 值＞0.5、特征值＞1 共有 9 个维度，致异因子分布分散，累积解释方差约 72.36%。第 3～9 维度解释力差异不大。以第 1 维度、第 2 维度为主轴绘制对应结构如图 5-9 所示。

"双东"历史街区从业者致异因子多重对应分析维度构成—因子载荷表　　表 5-9

维度	Cronbach's Alpha	特征值	截距	解释方差比（%）
1	.903	8.304	.213	21.294
2	.780	4.165	.107	10.680
3	.637	2.640	.068	6.768
4	.615	2.495	.064	6.398
5	.582	2.308	.059	5.917
6	.550	2.155	.055	5.526
7	.544	2.128	.055	5.456
8	.521	2.031	.052	5.207
9	.512	1.996	.051	5.118
40[a]	.478	1.871	.048	4.799
Total	—	30.089	0.772	72.364[b]

注：a. 维度 10 的 Cronbach 值小于 0.5；

　　b. 该值为前 9 维度值加和。

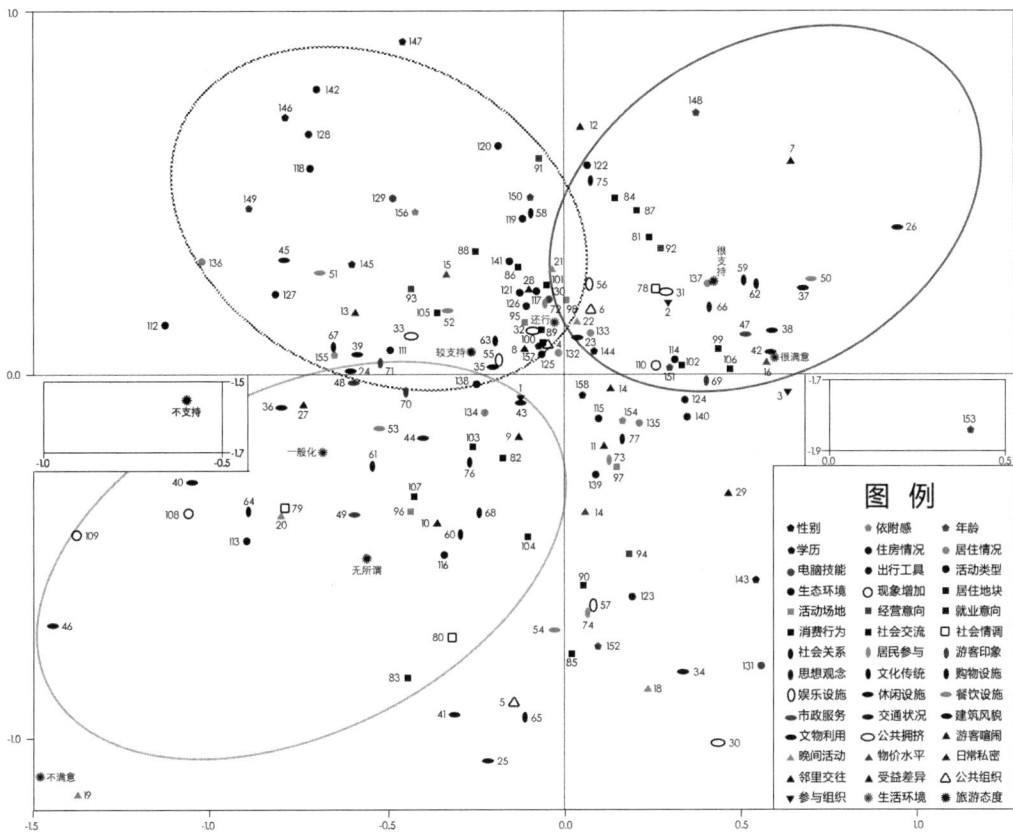

图5-7 "双东"历史街区居民致异因子多重对应图

注：

参与组织： 1：未参加；2：1~2个；3：3个以上

公共组织： 4：太少；5：不关心；6：还行

收益差异： 7：自家受益大；8：别家受益大；9：差不多

邻里交往： 10：不如以前；11：无变化；12：比以前好

日常隐私： 13：侵犯；14：不侵犯

物价水平： 15：偏高；16：不定；17：和以前差不多

晚间活动： 18：不需要；19：凌晨12点以后；20：10：00~12：00；21：8：00~10：00；22：6：00~8：00

休闲设施： 23：增加数量；24：提升品质；25：不在意；26：满意

游客喧闹： 27：很喧闹；28：较喧闹；29：和以前差不多

公共拥挤： 30：不在意；31：喜欢人多；32：较拥挤；33：无拥挤

文物利用： 34：不在意；35：有待完善；36：偏商业化；37：满意

建筑风貌： 38：很有特色；39：风貌修复；40：形象工程，不支持；41：不在意

交通状况： 42：满意；43：改善道路；44：管治交通；45：增加泊位；46：改善公交

市政服务： 47：满意；48：还行；49：不满意

餐饮设施： 50：满意；51：调整档次；52：调整布局；53：调整种类；54：不在意

娱乐设施： 55：不满意；56：还行，需改善；57：不在意

购物设施： 58：商品有特色，喜欢；59：满意，满足日常需要；60：日常购物仍需依托外围店铺；61：非日常商品，不喜欢

文化传统： 62：传统特色明显；63：较有特色，仍需提升；64：传统特色不够地道；65：不在意

思想观念： 66：观念转变大；67：思念有所转变；68：思想转变小

游客印象：69：和熟人差不多；70：和熟人不同，不喜欢；71：和熟人不同，能接受

居民参与：72：应该征求；73：没必要征求；74：无所谓，有问题再说

社会关系：75：现在好，以前人多关系杂；76：很多熟人迁走，社会网络变小；77：无变化

社会情调：78：感到自豪；79：不如以前有情调；80：不在意

社会交流：81：社交增多；82：无变化；83：社交变少，怀念以前

消费行为：84：明显增多；85：无变化；86：有所增多

就业意向：87：已经就业；88：不确定就；89：打算就业；90：不打算就业

经营意向：91：已经经营；92：打算经营；93：不确定；94：不打算经营

活动场地：95：东关街和中部北片；96：东关街和西南片；97：仅东关街；98：东关街和东南片

居住地块：99：地块1；100：地块2；101：地块3；102：地块4；103：地块5；104：地块6；105：地块7；106：地块8；107：地块9

现象增加：108：邻里纠纷；109：不三不四的人增多；110：基本无变化

生态环境：111：绿地少；112：垃圾多；113：脏乱，不整洁；114：满意

活动类型：115：晨练；116：棋牌；117：逛店；118：光顾娱乐场所；119：品尝小吃；120：亲友聚餐；121：参加公共活动；122：参加公益活动

出行工具：123：步行；124：自行车；125：摩托车；126：电瓶车；127：公交车；128：私人汽车

电脑技能：129：熟练使用；130：基本会使用；131：不会使用

居住情况：132：独居；133：两代合居；134：三代以上合居；135：配偶合居；136：朋友合居；137：其他

住房情况：138：自有套房；139：自有独户；140：公房；141：租房；142：其他

学历：143：初中以下；144：高中；145：专科；146：本科；147：硕士

年龄：148：20岁以下；149：21～30岁；150：31～40岁；151：41～60岁；152：61～70岁；153：71岁以上

依附感：154：很依附；155：无依附；156：有点依附

性别：157：男；158：女

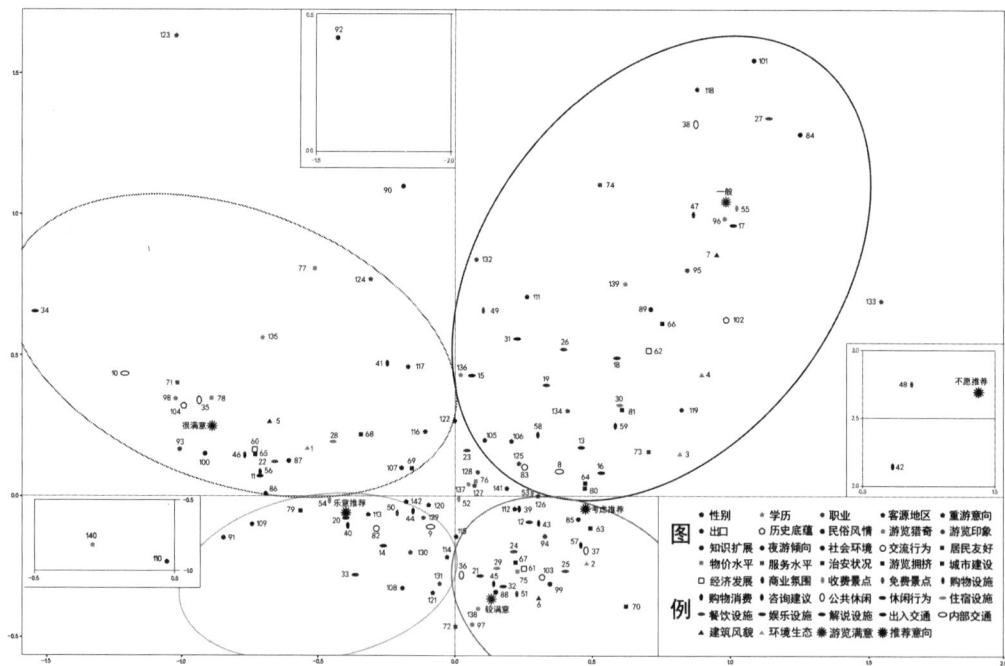

图5-8 "双东"历史街区游客致异因子多重对应图

注:

生态环境: 1:满意；2:绿地不足；3:垃圾多；4:脏乱，不整洁

建筑风貌: 5:很有特色；6:较有特色；7:没有真正特色

内部交通: 8:杂乱，应该管治；9:一般化；10:满意

出入交通: 11:便捷；12:一般；13:不方便

解说设施: 14:较满意；15:未发现；16:一般；17:不满意

娱乐设施: 18:一般；19:未发现合适娱乐设施；20:满意；21:较满意

餐饮设施: 22:满意；23:调整布局；24:调整档次；25:调整类型；26:一般；27:不满意

住宿设施: 28:有特色；29:较有特色；30:一般

休闲行为: 31:未逗留；32:逗留1~2处；33:逗留3~5处；34:逗留6处以上

公共休闲: 35:满意；36:增加数量；37:提升品质；38:一般

咨询建议: 39:加强咨询服务；40:基本满足，维持现状；41:不在意咨询服务

购物消费: 42:未进店购物；43:进店未购物；44:有购物

购物设施: 45:较有特色；46:有特色；47:一般

免费景点: 48:不满意；49:没去；50:很有特色；51:较有特色

收费景点: 52:没去；53:较有特色；54:很有特色；55:无特色

商业氛围: 56:商业化高，喜欢；57:商业化高，不喜欢；58:一般；59:商业化偏低

经济发展: 60:较好；61:一般；62:较差

城市建设: 63:一般；64:较差；65:较好

游览拥挤: 66:较拥挤；67:局部拥挤；68:无拥挤

治安状况: 69:安全，无忧虑；70:较不安全

服务水平: 71:满意；72:较满意；73:一般；74:较差

物价水平: 75:偏高；76:一般；77:偏低；78:很高

居民友好: 79:较友好；80:一般；81:较冷漠

交流行为: 82:有持续交流；83:无持续交流

社会环境: 84:较淡薄；85:一般；86:优良

夜游倾向: 87:很有兴趣；88:较有兴趣；89:不太感兴趣

知识扩展: 90:无扩展；91:略有扩展；92:明显扩展

游览印象: 93:独特鲜明；94:较明确；95:模糊不定

游览猎奇: 96:无新奇感；97:较新奇；98:很新奇

民俗风情: 99:较浓郁；100:很浓郁；101:基本没有

历史底蕴: 102:较肤浅，不到位；103:有所展示，仍待提升；104:展示很充分

出口: 105:花局里；106:东门遗址；107:东关街西口；108:东圈门；109:汪氏小苑；110:治淮新村

重游意向: 111:基本不会；112:偶尔会；113:经常会

客源地区: 114:扬州；115:宁镇淮泰；116:苏南；117:苏北；118:上海；119:浙江；120:山东；121:安徽；122:其他

职业: 123:农民；124:军人；125:个体户；126:技术人员；127:企业职工；128:公职人员；129:劳务工人；130:学生；131:教师；132:离退休；133:下岗待业；134:其他

学历: 135:初中以下；136:高中；137:专科；138:本科；139:硕士；140:博士

性别: 141:男；142:女

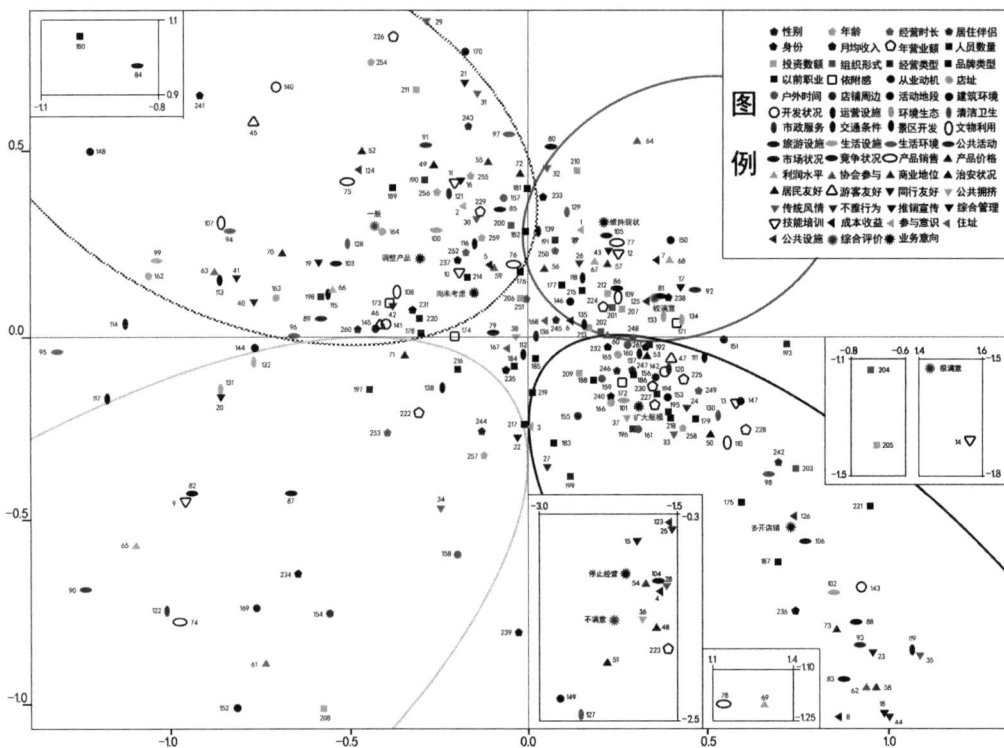

图5-9 "双东"历史街区从业者致异因子对应结构

注：

参与意识：1：无需征求；2：无所谓，有问题再说；3：应该征求

成本收益：4：成本很高；5：成本较高；6：一般；7：成本较低；8：成本很低

技能培训：9：无培训，不满意；10：无培训，不在意；11：无需培训；12：培训一般；13：较满意培训；14 培训很到位

综合管理：15：不满意；16：一般；17：较满意；18：很满意

推销宣传：19：不到位；20：不在意；21：一般化；22：较到位；23：很到位

不雅行为：24：从未发现；25：不在意；26：偶尔发现；27：经常发现

传统风情：28：较平淡、更弱化；29：较平淡、无变化；30：一般化；31：较浓郁，更弱化；32：较浓郁，更传统；33：很浓郁，有所弱化；34：一直浓郁；35：很浓郁，更强化

公共拥挤：36：无拥挤；37：不在意；38：局部拥挤；39：较拥挤

同行友好：40：不友好；41：较冷漠；42：一般化；43：较友好；44：很友好

游客友好：45：较冷漠；46：一般化；47：较友好

居民友好：48：较冷漠；49：一般化；50：较友好

治安：51：有忧患；52：一般化；53：较满意

商业地位：54：前景悲观；55：略不足；56：一般化；57：较突出；58：很突出

协会参与：59：未听说；60：听说过，未参加；61：未参加，有同行交流；62：参加1个；63：参加2个；64：参加3个以上

利润水平：65：不满意；66：不在意；67：一般化；68：较满意；69：很满意

产品价格：70：偏高；71：偏低；72：一般；73：满意

产品销量：74：不满意；75：不在意；76：一般化；77：较满意；78：很满意

竞争状况：79：很强；80：较强；81：略强；82：不在意；83：无竞争

市场状况：84：不满意；85：需开拓客源规模；86：需提升客源层次；87：一般化；88：很满意

公共活动：89：不满意；90：不在意；91：提升品质；92：增加数量；93：很满意

生活环境：94：不满意；95：需整治；96：一般化；97：较满意；98：很满意

生活设施：99：不满意；100：一般化；101：较满意；102：很满意

旅游设施：103：不满意；104：不在意；105：较满意；106：很满意

文物利用：107：不在意；108：偏商业化；109：加强利用；110：满意利用现状

旅游景区：111：提升开发；112：基本满意；113：大力改善；114：不在意

交通条件：115：不满意；116：需要管治；117：不在意；118：一般化；119：很满意

市政服务：120：满意；121：一般化；122：不满意

公共设施：123：不满意；124：一般化；125：较满意；126：很满意

清洁卫生：127：不满意；128：一般化；129：较满意；130：很满意

环境生态：131：不满意；132：一般化；133：较满意；134：很满意

运营设施：135：不在意；136：需要完善；137：开发现状已满足需要；138：加强开发；139：无需开发运营设施

店铺开发：140：不满意；141：一般化；142：较满意；143：很满意

建筑环境：144：不满意；145：一般化；146：较满意；147：很满意

活动地段：148：东北片区；149：西南片区；150：西北片区；151：花局里；152：东南片区；153：东关街

活动地段：154：店铺周边；155：较长距离；156：说不准

休闲时间：157：基本没有；158：不到0.5h；159：0.5～1h；160：1～2h；161：2h以上

店铺地址：162：广储门；163：琼花观；164：东关街；165：盐阜路；166：东圈门

住址：167："双东"内；168："双东"外

从业动机：169：帮助亲友；170：探测市场

依附感：171：很依附；172：较依附；173：一般化；174：无依附

先前职业：175：学生；176：职工；177：科教技术；178：个体户；179：未工作；180：公职人员；181：离退休；182：下岗待业；183：其他

品牌类型：184：加盟品牌；185：自主品牌；186：地区品牌；187：国内品牌；188：其他品牌；189：无品牌

经营类型：190：古玩字画；191：工艺品；192：日常服务；193：休闲娱乐；194：服饰；195：土特产；196：住宿；197：餐饮；198：日杂百货；199：其他

组织形式：200：家庭经营；201：亲友合伙；202：代理经营；203：注册公司；204：其他

投资数额：205：不到0.5万；206：0.5万～1万；207：1万～2万；208：2万～3万；209：3万～4万；210：4万～6万；211：6万～8万；212：8万～10万；213：10万以上

人员数量：214：1人；215：2人；216：3人；217：4～6人；218：7～9人；219：10～15人；220：16～20人；221：21人以上

年营业额：222：不到0.5万；223：0.5万～1万；224：1万～2万；225：2万～3万；226：3万～4万；227：4万～6万；228：6万～8万；229：8万～10万；230：10万以上

月均收入：231：1000元以下；232：1001～3000元；233：3001～5000元；234：5001～8000元；235：8001～15000元；236：15001元以上

身份：237：店主；238：合伙人；239：职业经理；240：雇员；241：其他

居住伴侣：242：独居；243：配偶合居；244：子女、配偶合居；245：3代以上合居；246：朋友合居；247：其他

经营时长：248：不到0.5年；249：0.5～1年；250：1～2年；251：2～3年；252：3～4年；253：4年以上

年龄：254：71岁以上；255：51～60岁；256：41～50岁；257：31～40岁；258：21～30岁；259：20岁以下

性别：260：男；女：261

5.3　本章小结

本章概要介绍了扬州"双东"历史街区的基本情况。"双东"历史遗存较为丰富和完整，能相对充分而集中地反映唐代以来扬州古城的历史记忆。目前，"双东"已成为坐落在现代化城市中心区的一块"飞地"，聚集大量中老年传统居民而呈现"空心化"趋势。"双东"内部以高密度、低品质的老旧居住空间为主，功能单一，生活配套设施滞后，高度依赖于外围街区的功能反哺。这种相对衰败的景象可谓是我国城市历史地段的一个典型缩影。

通过引入旅游功能来提振历史地段的活力、恢复内生发展的动力是一种普遍做法。"双东"也已借助这样一种方式得以"旧貌生新颜"。在"双东"的旅游开发中，保护和利用之间的平衡关系被给予高度重视，贯穿于"改造"实践之中。这体现出"双东"开发理念的可取性和审慎性。在此基础上，"双东"发展体现出六点基本特征：以旅游为牵引，塑地域品牌；以商业为主导，培育性能；以市场为依托，转让经营权；以保护为前提，渐进式开发；以历史为依据，有组织复原；以传统为基础，保留原居民。

从社会—空间辩证法看，"双东"毕竟是在重构空间生产机理的基础上谋取发展。尽管这种"重构"有其慎重的一面，但也不能视之为尽善尽美。对"双东"开发的综合效应开展实证性研究、剖析成因、谋划对策，仍是一项不能忽视的重要工作。以"双东"为代表的、致力于"统筹保护与利用关系"的历史街区旅游化开发，可能面临进一步推广和实施的际遇。在此情况下，"双东"的开发经验和成败得失具有更为突出的参考价值。

本章阐释了"双东"社会空间的数据收集方法和分析方法，并展示了部分数据分析结果。田野调查是获取一手研究数据的重要方法，在旅游领域中的应用还不够广泛。这可能与应用该法需要较大的综合成本有关。"用数据说话"是揭示客观情况的有力手段，田野调查在"数据"与"对象"之间形成铰链，能较好地"用数据描述事实"。本书在多次踏勘"双东"现场、访谈多方主体的基础上完成问卷设计，一定程度上提升了源数据的信效度。定量数据分析能够反映"双东"的总体情况，而访谈则有助于在某些特定问题上提供进一步的信息和佐证。此外，关于"双东"发展历程、主要问题、管理体系等方面的信息也是田野调查的重要内容。总之，相对扎实的田野调查奠定了"双东"研究的数据基础。

在分析方法上，多重对应分析和卡方检验之间的"配合"具有一定的示范意义。多重对应分析在旅游研究中尚不多见。该法能统合多种数据形式（如定量、名义、定序数据）进行分析，并可结合对应图展示数据之间的关联结构，在数据降维和具象化方面具有一定优势。当前，研究者通常以数据表的形式交代样本背景。这种方式是对样本信息作"静态的、僵化的、粗线条勾勒"，不能揭示主体变量（样本背景）与行为、环境等分析变量之间的关联信息。换句话说，主体变量与分析变量之间的关联在较多研究中被"静默"，从而遏制了研究结论的跨样本（群体）推广性。多重对应分析可以有效弥补这类缺陷，应该受到更为广泛的学术关注。

此外，一些研究者在分析过程中，倾向于对所有分析变量等同视之。实际上，变量的解释力各不相同。若不予辨别和区分，反而会增加结论的冗余度，弱化其精准性。以本章为例，一些变量在"双东"相关群体中的区分效应是明确不足的，或者说这些变量在不同亚群体之间不具备明确差异。因此，这些变量实际上不能提供有效的解释信息，反而会徒增"噪音信息"，应予剔除。卡方检验是甄别此类变量的可行方法（并非唯一方法）。本书希望借助卡方检验的"应用展示"，引导研究者对变量甄选的必要性给予更多关注。

遗产利用有别于遗产保存，是使传统生存于当下并为当下制造意义、为特定群体塑造文化身份的社会交流和实践过程。

Smith L. Uses of Heritage. 2006.

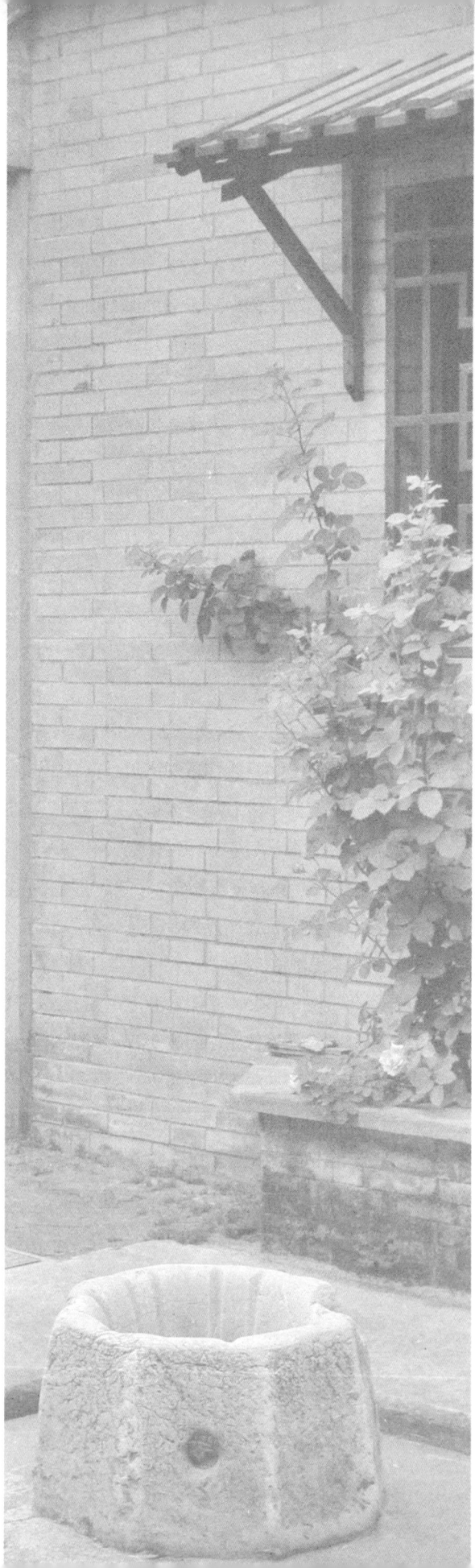

第6章 "双东"历史街区社会功能结构
SIX

6.1 居住生活功能

6.1.1 居住群体

整理问卷调查结果，居住群体基本特征如表6-1。

"双东"历史街区居民群体特征 表6-1

特征因素	测评因素	状态特征	要点归纳
社会特征	性别	男、女比例相当	❑中老年群体较多，活动相对活跃； ❑大多为传统居民，具有空心化特征； ❑有一定规模外来居住者
	年龄	以中老年群体为主，青少年、老年为辅	
	居住时长	长期居住者占据主体，短期居住者较少	
	居住状况	已显现空心化趋势，独居、与配偶合居群体接近一半，外来人口占据一定比例	
经济特征	家庭收入	中低收入居民家庭为主体，中高收入家庭少	❑以中低收入阶层为主； ❑大多居住在传统住居
	住房状况	居民自有物业情况整体较差	
	通勤工具	大众化、工薪化出行工具为主，小汽车等高等出行工具拥有率低	
文化特征	学历	居民教育程度整体较低	❑教育程度较低； ❑劳动密集型、离职群体为主； ❑地域认同感较强
	职业	工薪阶层、离职群体为主，知识密集型职业少	
	依附感	具有较强的地域认同	
	职业技能	职业技能要求整体较低	
空间特征	住址	地块1~9	❑户外休闲、公共交往、大众餐饮等活动较多； ❑主要集中在东关街、花局里、东南片区
	活动类型	对户外活动、公共交往设施、餐饮设施潜在需求较大，娱乐设施使用较少	
	活动地段	主要在东关街、花局里、东南片区活动	

目前，"双东"居民群体社会资本整体状况较少，体现出以下基本特征：

（1）以传统居民为主，中老年群体社会活动相对活跃，且独居、与配偶合居者居多，说明青年人口较少，具有空心化特征；有一定外来者居住。

（2）经济状况整体偏差，多为传统住居。

（3）教育程度普遍较低，大多从事技能低的劳动密集型工作，离职群体相对较多。

（4）整体上体现出较强的地域认同，对"双东"具有较强的依附感。

（5）户外休闲、公共交往、大众餐饮活动较活跃，集中在东关街、花局里及东南片区。

总之，中老年传统居民是"双东"主要居住群体，青壮年人口较少，同时有一定外来人口居住。整体上，"双东"居民经济状况、社会地位、文化资本偏低，属于城市中下阶层。然而，居住群体对"双东"具有较强的依附感，说明"双东"社区肌理留存状况良好。

6.1.2 居住环境

经汇总整理，"双东"居民群体对社区发展状态的认识特征如表6-2。

"双东"历史街区居民社会空间本体状态特征　　　　　　　　表6-2

特征因素	亚因素	测评因素	状态特征	要点归纳
形体空间	公共设施	购物场所	"双东"内部购物设施难以满足居民生活需要，尚需依赖外围购物设施	❑公共设施需要提升、完善 ❑交通状况需要大力改善 ❑建筑环境需要完善，提升文物资源利用方式的公益性
		娱乐场所	居民希望完善"双东"娱乐场所的意向较为明确	
		休闲场所	应优化、适度新增"双东"现有公共休闲设施	
		餐饮场所	应调整"双东"餐饮设施，尤其是档次、种类	
	基础设施	市政服务	"双东"市政服务较好，应注重优化提升	
		交通状况	不太乐观，需从道路条件、停车位、交通管制等方面重点改善"双东"交通状况	
	建筑环境	建筑风貌	"双东"建筑风貌较好，仍待进一步完善、提升	
		文物古迹	需提升"双东"历史遗产资源利用水平，推进潜在资源的开发，同时注重利用方式的公益性	
功能状态	经济效益	商业机会	"双东"开发为居民制造了一定的商业机会，并激发了一些居民的商业经营意愿	❑"双东"开发对社区居民就地从业和消费有明显促进效应 ❑"双东"开发对多数居民的社会交往、自豪感有积极作用 ❑"双东"开发改变较多居民的社会关系 ❑"双东"居民治安忧患较突出 ❑宜开展6：00～10：00的晚间活动 ❑"双东"居民参与意识较强，但市民社会发育有限，社会组织性不突出 ❑外来文化随"双东"开发作用于大多数居民，但尚未形成文化冲突 ❑传统文化特征较明显，但仍待深化
		就业机会	"双东"开发对社区居民产生较强的从业向心力	
		消费行为	"双东"开发明确激发了当地居民的消费行为	
	社会效益	社会交流	"双东"开发明确促进了居民社会交往，但也弱化了部分居民的社交机会	
		自豪感	"双东"开发明确提升居民的自豪感，也使部分居民失去以前的生活情趣	
		社会关系	"双东"开发较大调整了社区社会关系，社会关系受益、受损的居民群体都具有相当规模	
		治安	"双东"开发导致较多居民产生安全忧患	
		居民参与意识	"双东"居民的社会参与意识较强	
		晚间活动	绝大多数居民支持6：00～10：00间的晚间活动	
		市民组织情况	市民社会发育一般，居民联合行动意识不太强	
		参与市民组织	"双东"居民社会在组织方式上基本处于松散状态，但部分居民具有特定的社会组织关系	
	文化效益	跨文化接触	游客群体对"双东"居民社会形成一定的文化撞击，但仍在多数居民可承受范围之内	
		观念变化	"双东"开发导致大多数居民的观念发生转变	
		传统文化氛围	传统特色展示具有一定成效，但仍待深入	

特征因素	亚因素	测评因素	状态特征	要点归纳
功能状态	行为成本	公共拥挤	大多数居民意识到游客拥挤，并持消极态度	□ 游客拥挤、喧闹，对大多数居民的平常生活造成消极影响
		喧闹	大多数居民意识到游客喧闹，但尚能承受	
		私密性	游客尚未显著干扰居民生活私密性	
发展成本	负面效应	问题现象	"双东"开发尚未对社会秩序造成明显的负面影响，但赌博、邻里纠纷等问题相对突出	□ 预防赌博、邻里纠纷等现象的蔓延
		生态环境	生态与环境状况尚可，但需增添绿地、加强环境整治	□ 增添绿地、美化环境
		物价感知	"双东"开发并未引发物价普遍上涨，但部分商品价格偏高	□ 合理监控物价
		人际疏离	较多居民的人际关系得到差异化调整	□ "双东"开发使较多居民的人缘关系得到不同方向的调整
		受益差异	大多数居民觉得获益相对均衡，但也有较多居民感觉到"双东"发展利益分配不均	□ "双东"发展介入较多居民之间社会差距的形成
认知状态		生活环境总评	绝大多数居民对"双东"生活环境持积极态度	□ "双东"居民普遍认可当前生活环境、旅游发展的总体状况
		旅游发展态度	"双东"居民普遍倾向于支持旅游发展	

目前，居民对"双东"社会空间和旅游发展普遍持认可态度，意味着旅游发展尚未明确侵犯社区居民的空间占用需要。或者说，"双东"开发以来，绝大多数社区居民倾向于认同现实空间的物质、社会、功能状态。然而，"双东"仍存在一些需要改善或注意的事项。

6.1.2.1 物质环境

综上，居住群体相对认可"双东"当前物质环境。公共设施、交通状况、建筑环境、环境生态等是"双东"居民群体认为有待完善、提升的重点内容。

6.1.2.2 社会环境

"双东"开发引发居民群体社会行为、社会交往、社区自豪、社会关系等方面发生不对称变动，推动社会资本重塑。同时，新事物、新人员的进入诱发居民群体在思想观念上形成一定转变，从而对"双东"本土文化和人文风情造成不确定影响。总之，居民个体的社会位置和社区整体的人文风情随着"双东"发展而发生一定转变。

居民的参与意识较强，而目前的社会组织性并不突出。这意味着，"双东"居民广泛具有与政府（公共部门）抗衡的个体意识，但发生集体行动的现实组织机制尚未建立起来。

居民倾向于政府（公共部门）对治安、游客拥挤、游客喧闹、物价等进行改善或调节。

6.1.3 基本状态

"双东"成为以中老年为主的中低阶层传统居民和外来务工人员的聚居地，具有空心化趋势。"双东"社区肌理保留相对完整，居住群体整体上较认可"双东"物质环境、社会环境。尽管居民参与政府（公共部门）管理的意识较强，但缺乏有力的组织机制和行动途径。

旅游发展客观上对"双东"居住环境产生一定影响。公共设施、交通状况、建筑环境、环境生态仍需进一步改善，而"双东"人文风情和社会结构也发生嬗变。同时，旅游开发引起的负面效应，如治安问题、游客拥挤、游客喧闹、物价趋高，也成为"双东"居住环境新的调节重点。

6.2 旅游接待功能

6.2.1 游客群体

汇整调查数据，游客群体社会特征如表6-3。

"双东"历史街区游客群体特征 表6-3

特征因素	测评因素	状态特征	要点归纳
社会特征	性别	男、女比例相当	□青壮年游客为主，少年、中老年次之 □家人/亲戚、同学/同事、朋友、情侣结伴、2～6人游览团体较多 □旅行团游客比例较低
	年龄	青年、壮年为主，少年和中老年有一定规模	
	游伴类型	家人和亲戚同游、同学和同事同游为主，朋友、情侣次之，旅行团游客较少	
	游伴数量	2～6人为主	
经济特征	花费	消费水平较好，主要消费区间为50～200元	□以中低收入阶层为主，高收入群体较少 □消费状况较好，主要消费区间为50～200元
	月均收入	低收入、中等收入游客为主，中高等游客有一定规模，高收入游客较少	
文化特征	学历	中等学历（专科、本科）为主，低学历为次，高学历游客较少	□学历情况中等偏低，高学历游客较少 □学生较多，其他职业技能较强、类型相对均衡 □游览经历较丰富 □回头客较多
	职业	学生比例较高，其他职业相对分散、均衡	
	职业技能	整体而言中等偏上	
	出游频次	游客群体游览经历相对丰富	
	重游意向	回头客比重较大	
空间特征	客源地区	以本地及中短程为主	□本地及中短程游客为主，本地、外来游客规模相当，外来游客以1日游、1～2天短期游为多 □多以步行、机动交通方式进入 □主要集中在东关街、花局里、东南片区 □观光、民俗文化体验、品尝美食、休闲娱乐、购物活动较多，会议商务、住宿度假等高端活动不足 □多在9:00～16:00进入，1～3小时游览时长为主 □东关街西口、东门遗址为主要出入口，花局里、东圈门、琼花观、治淮新村为次要出入口
	交通方式	步行、机动车交通为主	
	活动类型	以观光、民俗体验、品尝美食、休闲娱乐、购物为主，会议商务、住宿度假活动较少	
	到访频次	初次到访和回头客比例相当	
	逗留天数	外来游客中以1日游、1～2日短期游客为主，本地游客有较大比例	
	游览地段	集中在东关街，花局里、东南片区有一定访问量，西北、东北、西南片区访客少	
	游览时长	主要在1～3小时之间，3小时以上游客有一定比例，1小时以下游客较少	
	进入时间	主要在9:00～16:00进入，10:00左右、14:00左右为进入高峰	
	入口	东关街西口、东门遗址为主要入口，花局里、东圈门、琼花观为次要入口	
	出口	东关街西口、东门遗址为主要出口，花局里、东圈门、治淮新村、琼花观为次要出口	

"双东"客源市场发育一般，游客群体基本特征概括如下：

（1）以青壮年群体（21～40岁）为主，少年（20岁以下）、中老年（41～60岁）群体有一定规模，多为亲友结伴的2～6人小团体，旅游团游客比例低。

（2）中低收入群体居多，高收入群体不足，游客消费状况良好，以50～200元最为常见。

（3）扬州本地游客、外来游客规模相当，后者多为宁镇淮泰及省内1日游、2～3日中短程客源，重游意向相对突出。

（4）学历整体而言中等偏低，职业技能较强，游历相对丰富，学生客源较多。

（5）以观光、观光、民俗文化体验、品尝美食、休闲娱乐、购物活动为主，高端旅游活动较少。

（6）主要在9:00～16:00间，以步行或机动交通方式，从东关街西口、东门遗址、东圈门、花局里、琼花观、治淮新村出入"双东"，集中在东关街、花局里、东南片区活动，游览时间多为1～3个小时。

总之，"双东"市场腹地主要是扬州本地及周边地区，尤其是周边宁镇淮泰四市；消费客源类型主要为青壮年、中老年；观光、观光、民俗文化体验、品尝美食、休闲娱乐、购物活动为主要游览动机；50～200元为主要消费区间。整体上，游客群体层次偏低，高端游客明显不足，但具有一定的社会、旅游经历。从形式上看，到访游客多为亲友小团体，说明散客市场地位突出，旅游团队市场不够发育。

6.2.2 游览环境

经汇总整理，"双东"游客群体对社区发展状态的认识特征如表6-4。

"双东"历史街区游客社会空间本体状态特征　　　　　　　　　表6-4

特征因素	亚因素	测评因素	状态特征	要点归纳
形体空间	公共设施	收费景点	开发状况较好，入园率有待提升	□公共设施整体开发水平较高，但旅游咨询、交通设施有待重点完善 □收费景点、娱乐设施、住宿设施的游客消费率有待提升 □公共休闲场所、餐饮设施数量、类型、层次、布局应进一步优化 □继续完善建筑风貌修复，增加绿地
		免费景点	开发状况较好	
		购物设施	开发良好，游客购物可能性较高	
		娱乐设施	有待提升、完善，游客进行娱乐消费的现实可能性很低	
		公共休闲	具有一定开发水平，但数量、品质等仍需完善，大多数游客在1～5处场所发生长时间逗留	
		餐饮设施	具有一定开发水平，层次、类型、布局有待完善，消费游客较多	
		住宿设施	开发状况良好，入住率极低	
		解说设施	开发水平良好，识别性、指示性有待提升	
		咨询服务	设施开发明显不到位，游客使用需求较强	
		交通状况	出入交通、内部交通处于一般水平，有待完善，尤其是内部交通状况	
	景观风貌	建筑风貌	整体良好，需继续完善、提升	
		环境生态	水平一般，尤其需要增加绿地，加强清洁工作	

特征因素	亚因素	测评因素	状态特征	要点归纳
社会文化	人化风情	历史底蕴	具有一定展示水平，但仍待深入挖掘、提升	□本土风情不突出，尤其是民俗文化 □新型元素、地域信息展示不到位，应重点加强 □地域形象初步形成，应注重提升、完善 □社会风情整体上健康有序，应予以维持、继续改善
		民俗风情	有所展现，但不够鲜明、突出	
		游览猎奇	尚未形成显著的猎奇效应	
		知识扩展	知识传播有限	
		旅游印象	已形成一定的地域形象，尚待深化	
		夜游倾向	具有一定潜力，仍需进行相应开发	
	社会风情	居民友好	偏向积极、友好	
		社会环境	交流环境整理良好，游客、居民持续交流可能性相对突出	
		物价水平	相对合理，应防止物价无序攀高	
		服务水平	整体良好	
		治安状况	治安状况较好，有待提升	
场地氛围		游览拥挤	拥挤现象尚不突出，应注意局部地段客流疏导	□城市建设、经济建设水平中等偏优，应稳步改善 □商业化程度较高，应优化商业布局和设施组合，调节客流分布
		城市建设	整体偏优，但仍待提升优化	
		经济发展	水平一般，稍显优良	
		商业氛围	商业化水平较高，但游客褒贬不一	
认知状态		游览满意	大多数游客对"双东"游览经历持积极认知，但约一半的游客满意度并不突出	□满意度整状况较乐观，应强化游客满意，建立游客忠诚 □推荐意向整体状况较乐观，应促使推荐意向进一步明确化
		推荐意向	推荐意向偏向积极，但不算突出，约四成游客没有明确推荐意向	

当前，游客对"双东"社会空间和旅游发展以认可态度为主，但认可程度有待提升。这意味着，"双东"旅游开发具有一定水平，但仍需继续提升、完善。

6.2.2.1 物质环境

旅游吸引物开发水平较高。旅游咨询服务、解说标识系统、内外交通状况有待大力改善，餐饮设施、公共休闲设施、绿地设施则有待完善、优化。

6.2.2.2 社会环境

"双东"传统风情尚不浓郁，旅游形象不够鲜明，游览新奇有待强化，需从人文环境、物质环境两方面予以应对。社会环境整体良好，应稳步推进"双东"社会建设、城市建设、经济建设，尤其是要优化商业氛围。

6.2.3 基本状态

以青壮年为主、中老年为辅的扬州本地及周边地区自发到访的亲友小团体是"双东"主要游客类型和消费群体。可见，"双东"市场腹地相对局促，尚未形成突出的旅游吸引力。进一步综合到访动机、游客层次、消费水平，"双东"基本属于以接待中产及中低产阶层为主的区域型城市旅游区（卞显红，2003）。

　　"双东"综合开发具有一定水平，基本能满足旅游接待需要。然而，公共服务型设施（旅游咨询服务、解说标识系统、内外交通、公共休闲设施、绿地）需做重点完善。同时，应以餐饮设施为重，调整商业设施布局、优化商业氛围。此外，应加强"双东"地域风情、游览猎奇等方面建设，促使"双东"旅游形象及游览满意进一步提升。

6.3 商业服务功能

6.3.1 商业群体

　　据调查结果，"双东"从业群体社会特征如表6-5所示。

"双东"历史街区从业者群体特征　　　　　　　　　　　　　　　　表6-5

特征因素	测评因素	状态特征	要点归纳
社会特征	性别	女性从业者多于男性	□青壮年、中老年为主，女性较多 □长期从业者、新从业者比例相当 □家庭型从业者为主，空巢型从业者较多
	年龄	青壮年为主，中老年有一定规模	
	从业时长	长期从业者、新从业者比例相当	
	居住状况	家庭型从业者为主，空巢型从业者（独居、与配偶合居）较多	
经济特征	家庭收入	中低收入、中等收入家庭为主，中高等收入家庭有一定规模，高收入家庭从业者较少	□中低收入家庭为主 □多为1～3人合营，4～9人合营有一定规模，10人以上合营情况少；多为家庭、亲友合营 □总投资额以10万以上、1万～4万为多，年营业以1万～4万、8万以上为多 □店主、合伙/合资人直接经营、雇员经营相当，多为单点经营 □经营内容以工艺品、餐饮、土特产、服饰、古玩字画为主，多为自主品牌、无品牌，高端品牌极少
	年营业额	1万～4万、8万以上为主	
	员工数量	1～3人、4～9人合营的铺面为主，10人以上铺面/经营单位少	
	投资数额	10万以上、1万～4万、4万～8万投资额为主	
	身份	店主、合资人/合伙人、职业管理者经营为主，雇员有一定规模	
	组织形式	家庭经营、亲友合伙、注册公司为主	
	经营类型	工艺品、餐饮、土特产、服饰、古玩字画为主	
	经营店数	单点经营为主	
	品牌类型	自主品牌、无品牌铺面为主，地区品牌、加盟品牌有一定规模，高端品牌极少	
文化特征	学历	低学历从业者（高中以下）为主，中等学历从业者有一定规模，高学历从业者极少	□中低学历为主 □多由工人/职员、个体户、学生、未就业和下岗待业为主转入，以经济利益、增加工作经历、社会文化接触、体验生活、市场探测为主要动机 □地域依附感不强
	以前职业	工人/职员、个体户、学生、未就业和下岗待业为主	
	依附感	地域依附感整体上不突出	
	从业动机	经济目的、增加工作经历、社会文化接触、生活体验、市场探测为主	

特征因素	测评因素	状态特征	要点归纳
空间特征	住址	"双东"内、外从业者比例相当	□"双东"本地从业者约占一半,约一半从业者具有当地经营管理人脉关系 □店铺分布以东关街为主,盐阜东路、东圈门大街、琼花观周边、广储门大街附近为次集聚区 □大多数从业者户外活动较少,从业者多在东关街、北片中西部、南片东部地段活动
	店址	主要在东关街,盐阜东路、东圈门大街、琼花观地段、广储门大街为集聚区	
	亲友状况	约一半经营者具有本地经营管理人脉	
	户外时间	大多数从业者无户外活动或不到0.5小时,有一定比例从业者户外活动时间较长	
	店铺周边	多数从业者户外活动距离不定,较多从业者仅在店铺周边活动	
	活动地段	东关街为主,其次是西北、花局里、东南地块,东北、西南地块活动较少	

总之,"双东"从业者多为市民大众,具有以下几点主要特征:

(1)"双东"本地、以外从业者各约一半,长期从业者、新从业者各约一半,约半数从业者具有当地经营管理人脉,地域依附感整体上不突出。

(2)多来自扬州市民家庭,以中低收入为主(5000元以下),中高收入家庭(5001~8000元)次之,学历普遍不高,多为青壮年(21~50岁)、中老年群体(51~60岁),女性较多。

(3)多由工人/职员、个体户、学生、未就业和下岗待业为主转入,以经济利益、增加工作经历、社会文化接触、体验生活、市场探测为主要动机。

(4)多是由1~3位、4~9位家庭成员、亲友合营,投资额在10万以上、1万~4万,年营业额在1万~4万、8万以上为主、单点经营的小微型铺面,经营内容以工艺品、餐饮、土特产、服饰、古玩字画为主,多为自主品牌、无品牌,高端品牌极少。

(5)铺面分布以东关街为主,在盐阜东路、东圈门大街、琼花观周边、广储门大街附近形成次集聚区,店主、合资人/合伙人直接经营、雇员经营最为常见,从业者户外活动不太活跃,主要集中在东关街、北片中西部、南片东部地段。

6.3.2 商业环境

经汇总整理,"双东"商业群体对社区发展状态的认识特征如表6-6所示。

当前,从业者群体整体上较认同"双东"发展状况,业务发展意向较稳定,意味着"双东"具有较强的商业活力和持续发展能力。同时,"双东"发展也存在一定的不足。

6.3.2.1 物质环境

"双东"商业经营物质支撑环境有待大力改善,主要包括铺面状况、交通状况,辅助设施等,并需完善旅游配套设施、公共服务设施和居民生活设施。

6.3.2.2 社会环境

"双东"商业经营的社会支撑环境整体良好,商业群体、居民群体、游客群体相安相处。一方面,应继续提升"双东"市场潜力、商业地位,优化商业环境、商业结构;另一方面,还需促进商业群体、居民群体、游客群体之间的横向协调，尤其要逐步建立健全商业群体与公共管理部门之间的纵向沟通机制。

6.3.3 基本状态

"双东"发展明确增强了当地商业活力，形成以小微型铺面独立经营为主的商业格局。从业群体以"双东"居民、扬州市民为主，社会、经济地位中等偏低。总之，由"双东"居民和扬州市民等中下阶层大众组成的，由1～3位、4～9位亲友合营的小、微型铺面，成为"双东"最关键的商业经营单元，具有零散化特征。

"双东"商业经营物质支撑环境需做大力改善，尤其是铺面、交通、辅助设施等。此外，商业群体希望能通过完善旅游相关设施、居民生活设施等来提升"双东"商业发展环境。同时，"双东"商业经营社会支撑环境整体良好，应在稳步改善的基础上，重点加强商业群体与公共管理部门之间的沟通、协商，提高"双东"商业发展和运营效益。

"双东"历史街区从业群体社会空间本体状态感知特征　　　　　　　表6-6

特征因素	亚因素	测评因素	状态特征	要点归纳
物质环境	一线经营设施	铺面开发	整体水平一般，需要大力提升、完善	□物质环境开发整体良好 □大力提升、新增铺面设施、运营辅助设施、交通设施 □重点提升旅游景区开发水平、加强文物古迹公益性利用开发 □有重点地改善清洁卫生、居民公共活动设施 □稳步提升建筑环境、生态环境、公共设施、市政服务、旅游设施、居民生活设施、生活环境
		运营设施	应结合合业主需要，重点加强辅助设施开发	
	公共支撑设施	建筑环境	整体水平中等偏上，需要改善	
		生态环境	发展现状较好，仍待提升	
		清洁卫生	总体状况较好，局部地段需加强	
		公共设施	整体水平良好，但仍需改善、提升	
		市政服务	总体偏优，尚需完善	
		交通条件	水平一般，需要重点优化	
	旅游支撑设施	旅游景区	升级、优化发展预期高企	
		文物利用	应加强以公益性设施为主的文物古迹再开发，优化文物利用方式	
		旅游设施	有一定水平，但仍待改善、提升	
	居民支撑设施	生活设施	水平一般，有待大力改善	
		生活环境	整体较好，应持续改善	
		公共活动	水平一般，应加强开发，优化数量、层次	
商业环境	产品市场环境	市场状况	相对一般，有待进行市场开发	□市场环境中等偏上，有待提升，物价基本稳定，需防止无序上涨 □加强市场开发，提升游客规模、层次 □商业竞争相对突出，各类经营发展、竞争状态存在较大差异，民间组织不发育 □"双东"对经营者具有较强吸附能力，商业地位相对突出
		产品销售	整体较好，但仍待提升	
		产品价格	基本符合从业者拟定水平，涨价预期较大	
		利润水平	整体水平一般化，各类经营利润存在较大差异	
	市场依托环境	竞争状况	整体上较为突出，但各类经营竞争状况差异较大	
		协会参与	社团组织尚不发育	
		商业地位	较大程度地认可"双东"商业地位，但仍待提升、加强	

特征因素	亚因素	测评因素	状态特征	要点归纳
社会环境	社会依托环境	居民友好	整体温和，偏向友好、热心	☐社会依托环境整体中等偏优，从业者之间存在一定潜在矛盾 ☐重点加强治安管理 ☐提升传统风情展示水平，大力恢复原有社会风情元素 ☐稳步改善公共拥挤、游客游览秩序管理
		游客友好	整体温和、偏向友好	
		同行友好	整体上较温和、友好，少数从业者具有不友好倾向	
	社会成本环境	治安情况	治安忧患相对突出	
		公共拥挤	存在一定程度的拥挤状况	
		传统风情	得到一定水平的展示，但仍待提升、强化；相当规模从业者认为传统风情有所衰退	
		不雅行为	游览秩序相对健康，有一定不雅行为发生	
政策环境	政府管理环境	推销宣传	取得一定成绩，但仍待提升	☐政府/开发商管理状况优良，应继续稳步提升 ☐合理展开经营技能培训 ☐大多数经营者能获取较好收益，部分经营者存在绩效压力 ☐经营者参与意识较强
		综合管理	现状管理水平较好，但仍待完善、提升	
		技能培训	一般化，不同从业者对培训工作的认同倾向存在较大差别	
	业主发展环境	成本收益	大多数从业者收益率处于中等偏上水平，也有相当规模从业者感觉经营成本偏高；不同经营收益率存在较大差别	
		参与意识	从业者群体参与意识较强	
认知状态		综合评价	综合发展环境较好，经营发展持续能力较强，而特定经营存在萎缩风险	☐经营者群体整体上稳定发展，同时存在一定有意扩大业务和收缩/停止业务的经营者
		业务意向	业务经营相对稳定，有扩大倾向，而某些业态存在发展危机	

6.4 社会交往功能

6.4.1 交往群体

居住群体日常活动相对活跃，以散步、品尝小吃、亲友聚餐、晨练、带小孩户外活动、参加群体活动等户外休闲、公共交往和大众餐饮活动最为常见，集中在东关街、花局里及东南片区，而娱乐活动较少。此外，居住群体还具有组织晚间活动的潜在意向。

"双东"游客主要在9:00～16:00之间以步行或机动交通方式，从东关街西口、东门遗址、东圈门、花局里、琼花观、淮新村出入"双东"，集中在东关街、花局里、东南片区活动，游览时间多为1～3小时。游客在1～5处公共场所发生长时间逗留的现象较为普遍，且夜游倾向相对突出。

"双东"从业者主要分布在东关街、盐阜东路、东圈门大街、琼花观周边、广储门大街。从业者户外活动不活跃，大多数从业者日均户外活动不到半小时；其他从业者户外活动主要集中在东关街、北片中西部、南片东部地段。

6.4.2 交往环境

"双东"开发整体上促进了居民群体的内部交往，同时也弱化了少数居民的社交机会。居民

旅游社区可持续再生：基于社会空间视角

与游客、从业者之间的交流主要发生在公共空间。游客进入给居民社会生活造成一定影响，如公共拥挤、生活私密、文化差异等，但在居民群体的承受范围之内。另一方面，居民消费行为明显增加，就业意向、从业意向相对突出，生活环境、社会情趣意向趋优，说明居民与从业者之间交往良好。

现实中，游客与居民进行持续交流的现象较为普遍，对居民群体的总体印象较好。此外，游客与从业者的交往多发生在餐饮、休闲娱乐、购物场所，并对"双东"综合服务水平持积极态度。

从业者户外活动总体上不活跃，这意味着从业者与居民、游客的交往多发生在从业场所。同时，从业者对游客、居民亲和度持积极态度，说明从业者与居民、游客群体社会交往状况优良。尽管"双东"行业协会不发达，但经营者内部相处情况整体较好，而部分从业者之间经常有民间交流。

6.4.3　基本状态

"双东"居民日常活动较活跃，以户外休闲、公共交往、大众餐饮活动最为常见。游客游览活动呈"全天候"分布，而从业者户外活动不太活跃。其中，居民、游客主要在东关街、花局里、东南片区活动，且晚间活动需求均较强。从业者主要在从业地点附近活动，即以东关街、盐阜东路、东圈门大街、琼花观周边、广储门大街为主，此外在花局里、东南片区有一定到访频次。据此可见，"双东"不仅是各类游客的集中到访地段，事实上也很大程度地承担社区居民户外活动地段的功能，成为游客、居民共同进行公共活动的例行化空间；另一方面，"双东"又是从业者惯常工作的例行化空间。微观层次上，居民、游客、从业者共同在场主要体现在东关街、花局里、东南片区。

游客、居民、从业者三类群体社会交往状况整体良好。然而，"双东"发展对居民社交具有不对称影响，对部分居民社会交往活动产生负面效应。总的看来，应在维持"双东"各类主要群体社交现状的基础上，继续促进、深化相互交往，稳步提升社会效益。其中，协调居民社会交往内部矛盾、改善社会交往设施、组织晚间活动等应予以重视。

6.5　本章小结

"双东"通过物质环境和人员结构等方面的调整，使地域功能形成新的发展，主要表现为居住生活功能、社会交往功能、旅游接待功能和商业服务功能等。这些功能将居民、游客、从业者等社会主体联结起来，共同推动"双东"的社会空间演化。

居住生活方面，双东具有空心化趋势，以中老年为主的中低阶层传统居民和外来务工人员为多。"双东"社区肌理、物质环境、社会环境受旅游发展影响，但基本为居民所认可，而治安问题、游客拥挤、游客喧闹、物价趋高成为有待调节的社会问题。

旅游接待方面，"双东"市场腹地相对局促，旅游吸引力尚不突出，属于以接待中产及中低产阶层为主的区域型城市旅游区。"双东"现状开发基本能满足旅游接待需要，但公共服务型设施需做重点完善。此外，商业设施、地域风情、旅游新奇、旅游形象等有待改善。

商业服务方面，以小微型铺面独立经营为主的商业模式明确增强了"双东"商业活力，从业群体多为中低阶层市民和"双东"居民，商业发展呈现小、散特征。当前，应大力改善"双东"商业经营物质支撑环境，优化商业发展环境，提升商业发展效益。

社会交往方面，除从业者以外，居民、游客户外活动相对活跃，而三者的社会交往状况整体良好，东关街、花局里、东南片区是三类主体社会交往的集中地段。然而，"双东"发展也对部分居民社会交往活动产生负面效应。我们应继续促进各类群体社会交往，提升"双东"发展的社会效益，其中，协调居民内部矛盾、改善交往设施、组织晚间活动等宜作为重点工作。

总之，"双东"开发明确壮大了以旅游接待为牵引力的对外服务功能，丰富了"双东"功能体系，并提升了"双东"的商业地位。"双东"功能调整并未对居住生活、居民社交等原有功能产生较大负面干扰，但这两项功能随着"双东"空心化趋势而有弱化倾向。同时，"双东"旅游接待功能和商业服务功能腹地较局促，两项功能仍待进一步壮大。为此，需对"双东"物质环境、发展模式、管理机制等做相应调整和完善。

旅游是陷入现代世界之中的人回归传统的一种本真方式，通过旅游地"现实"与"传统"社会空间的合理设置，主客双方达成互利和交流。

MacCannell D. Staged Authenticity: Arrangements of Social Space in Tourist Settings. 1973.

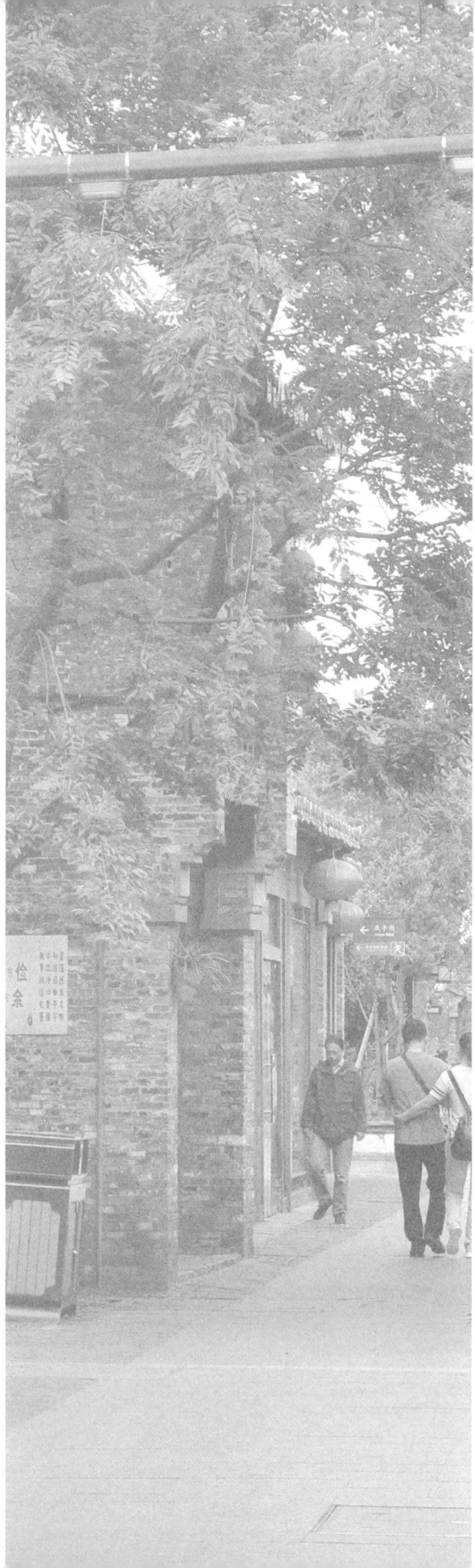

第7章 "双东"历史街区斑块空间演化
SEVEN

7.1 斑块空间判别

结合田野调查、问卷调查和资料汇整等环节，梳理和总结"双东"空间发展情况。

7.1.1 设施开发情况

依据设施主要服务对象，将"双东"各类设施划分为面向旅游者等域外主体为主的外向型设施、面向街区居民等常住人口为主的内向型设施。其中，外向型设施主要包括旅游吸引物、餐饮设施、住宿设施、购物设施、休闲娱乐设施、解说设施等；内向型设施包括生态环境设施、市政基础设施和生活服务设施等（见附录6）。

整体上，外向型设施主要沿东关街"一主轴"，以及个园—江上青故居、东圈门—琼花观—四美酱园"二次轴"分布（图7-1）。东关街商铺林立，具有浓厚的商业氛围，旅游购物及餐饮

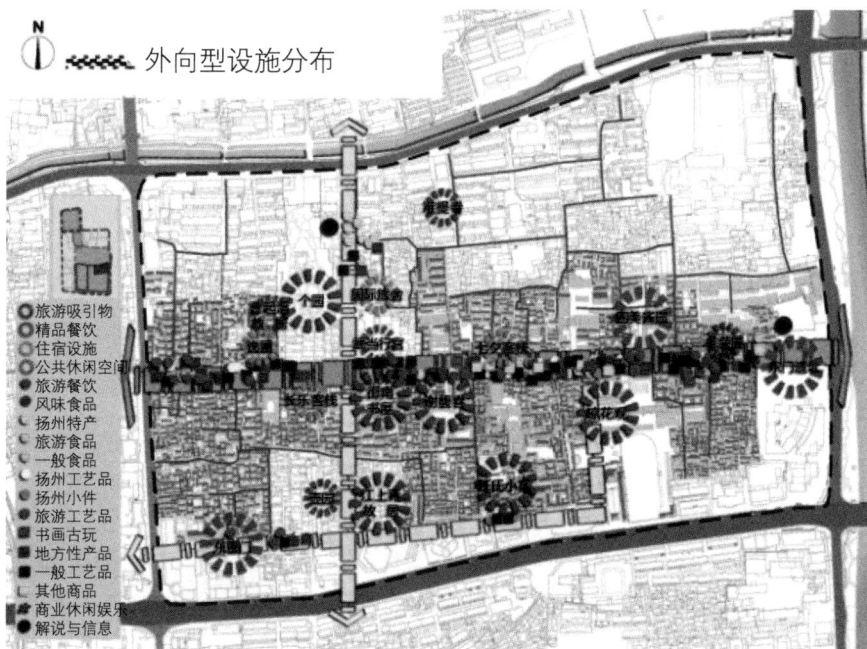

图7-1 "双东"外向型设施分布

（资料来源：据《扬州东关历史文化街区保护规划（2008）》）

功能高度突出，住宿、娱乐和观光功能在"双东"也比较具有优势。个园—江上青故居次轴以观光游览功能为主，花局里具有一定的商业功能。东圈门—琼花观—四美酱园次轴开发有限，但潜在资源较多，目前具有一定的观光游览功能。

内向型设施基本依附于特定居住地块呈集中分布，并受城市道路影响而处于边缘地段（图 7-2）。由于大多为社区级设施，服务半径有限，因此内向型设施以满足周边居民日常需要为主。

图7-2　"双东"内向型设施分布

（资料来源：据《扬州东关历史文化街区保护规划（2008）》）

相对于开发前而言，"双东"内向型设施明显减少。东关街原先聚集了大量面向"双东"居民为主的服务设施（图 7-3），开发后，东关街临街铺面几乎全部被置换为外向型设施。这使"双东"中部地块（即沿东关街两侧地段）居民在内向型设施使用方面产生一定不便。

图7-3　东关街开发前内向型设施

（资料来源：据《扬州东关历史文化街区保护规划（2008）》）

7.1.2 社会活动分布

问卷调查表明,旅游者主要从东关街西口、东门遗址、个园、东圈门、琼花观进入"双东",从东关街西口、东门遗址、个园、东圈门、治淮新村外出,客流集中分布在东关街、东圈门—壶园—花局里、观巷(汪氏小苑、琼花观)(图7-4)。本地访客主要出入口与旅游者基本一致,但东圈门—三祝庵—地官第也有一定规模的客流到访(图7-5)。东关街仍是最核心的活动地段。"双东"居民户外活动基本沿"一主轴、二次轴"集中分布(图7-6)。个园、东门遗址到访率最高,其次为花局里,再次为汪氏小苑、琼花观和谢馥春。结合居住地块来看,居民户外活动表现出"就近规则":除个园、东门遗址外,居民最常去场地整体上倾向于居住地块周边。北片居民(地块4~6)户外互动集中在东关街和花局里,东关街以南到访率明显偏低。反之,南片居民(地块7~9)很少到访东关街以北地段。东关街沿线片区(地块1~3)则主要在东关街及南片地段活动,一定程度上与北片活动场所较少有关。

综上所述,旅游者、访客与居民户外活动在空间上具有很大重叠性,"一主轴、二次轴"成为居民与外来游客主要的活动与偶遇空间。外来客流高度集中在"一主轴、二次轴"而较少扩散到其他地段,对居住空间的干扰有限。东关街是"双东"居民最主要的活动地段。同时,各地块居民户外活动整体上体现出就近原则。

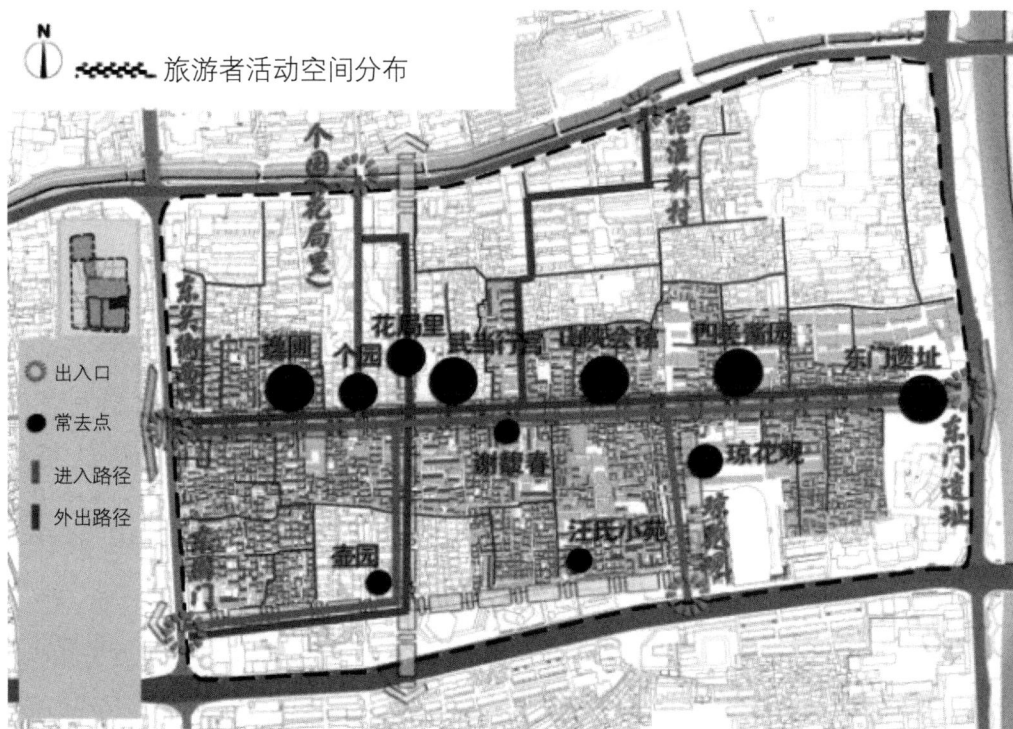

图7-4 旅游者空间活动分布

(资料来源:据调查整理自绘)

图7-5　访客空间活动分布

（资料来源：据调查整理自绘）

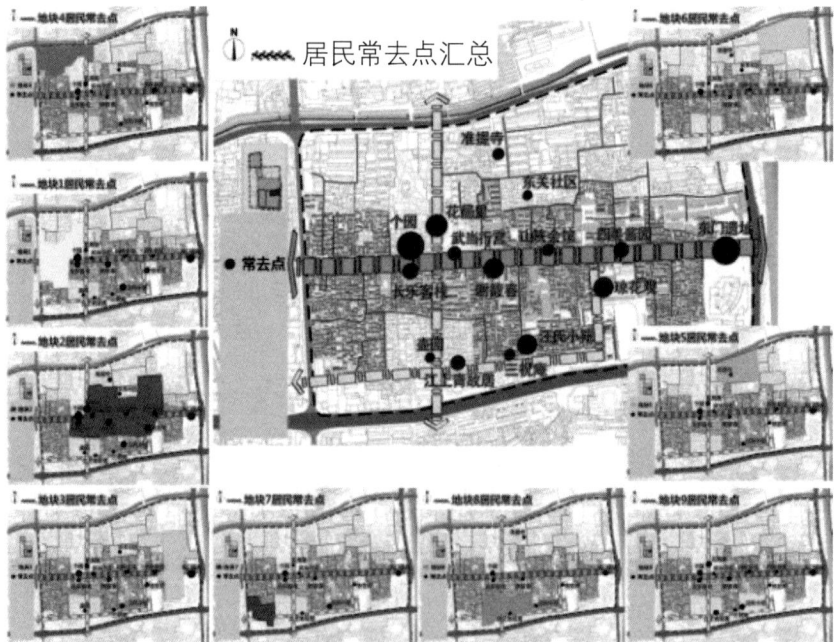

图7-6　居民空间活动分布

（资料来源：据调查整理自绘）

7.1.3　斑块空间格局

旅游—社区联结在社区空间层面对应于异质化的社会空间，包括舞台空间、遗产空间、帷幕空间和生活空间。综合土地利用特征、设施布局特征、活动分布特征，提取"双东"各类空间斑块（图7-7，详见附录7）。

图7-7　"双东"斑块空间格局
（资料来源：据调查整理自绘）

"双东"游客活动集中在东关街、江上青故居—花局里"一主轴、一次轴"，两者基本属于舞台空间，成为游客、从业者、居民社会互动的核心地段。同时，在东关街、东圈门大街零星分布一些具有帷幕空间性质的传统店铺。尽管东圈门—汪氏小苑—四美酱园"次轴"上分布有江上青故居、汪氏小苑、琼花观等重要资源和历史遗迹，但目前仍以居民使用为主，生活气息较浓厚，旅游发展空间有限，帷幕空间属性较强。而安家巷—治淮新村内巷沿线虽然基本没有外向型设施分布[1]，但却有一定规模的游客穿行，影响到该地段居民生活，可视为"游客行为挤压下"的帷幕空间。生活空间是"双东"分布最广的斑块类型，舞台空间、遗产空间、帷幕空间不均衡地镶嵌于中。

总之，"双东"空间组织体现出三点基本特征：①生活空间仍居于主体地位；②东关街、花局里—壶园"一主轴、一次轴"的舞台空间，东圈门—汪氏小苑—四美酱园"次轴"、安家巷—治淮新村内巷，以及东门遗址公园的帷幕空间共同奠定游客活动的基本格局；③遗产空间主要分布在"一主轴、二次轴"，也有较多次要遗产空间散布在其他地段。

---

[1]　准提寺位于该廊道沿线，但其出入口面对盐阜东路，目前从安家巷—治淮新村内巷无法进入准提寺。

7.2 斑块空间演化

7.2.1 舞台空间

经设计而融入"双东"地域元素，但难以反映"双东"居民传统生活方式的外向型设施构成了舞台空间。"双东"舞台空间主要涉及三类开发形式：临街型商业街道（东关街、东圈门大街、花局里）；院落型商业场所（壶园、长乐客栈、街南书屋）；广场型商业小区（四美酱园）。其中，前一类为经复建、整建而成的商业地段，延续原有功能；后两类为历史遗迹改建而成的商业地段，涉及功能转换。总之，舞台空间开发一方面严格遵照"双东"传统建筑风格、景观风貌和空间肌理，从外观上凸显历史记忆意图，另一方面也被作为功能植入的载体来满足新的发展需要。

7.2.1.1 生产机制

舞台空间在现实过程中因自身特质及其对各方社会主体的耦合性而以特定方式镶嵌于"双东"空间生产之中。各社会主体缘于自身使用需要而相互竞用并共同形塑舞台空间。这一社会过程可客观化为舞台空间的社会性生产机制，推动舞台空间演化。

东关街、东圈门大街、花局里等商业街道及四美酱园是商业经营、游览活动和居民活动密集发生的大众化公共空间，从业者、游客、居民三类群体的社会活动共同进行着该地段的空间生产。一方面，三类群体按照自身核心需求各自进行着商业空间、游览空间和户外生活等领域性空间的生产；另一方面又因共同在场、活动相依而客观形成联通性空间的建构（Taylor，2007）（图7-8）。

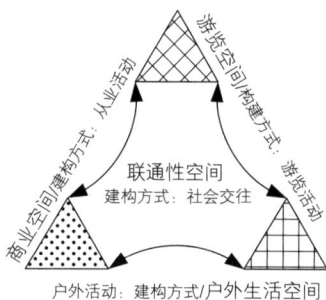

图7-8 舞台空间的生产机制

此外，某些专项性较强的舞台空间主要为特定社会群体提供服务，因而可能由少数群体而成。例如，壶园空间主要由扬州高端食客与餐饮从业人员，长乐客栈空间主要由高端住宿人士与酒店服务人员建构，两者的服务群体均较少涉及"双东"居民。

综上所述，"双东"舞台空间整体上主要是由相互竞争的从业者、游客、居民三类群体共同建构的特定空间类型。在微观层次上，则体现为各主体以自身活动为中心而进行领域性空间建构，以及在此过程中与其他主体发生交往而形成联通性空间生产的"多点、共时、异质"的动态过程。

7.2.1.2 社会内涵

（1）基本内涵

"双东"舞台空间作为一种炮制的、意欲反映地域风情的空间图景，其社会内涵还取决于社会主体的主观解读。从客体角度看，"双东"舞台空间在延续传统风貌、地域肌理的外表下，整合吸收了精品酒店、精品餐馆等新型功能，呈现出大众化、精英化并立的二元面孔。就面向游客大众的"传统"而言，多停留在物质景观和概念化的商业街层面。在传统建筑的裹囊中"填充"现代商业内容是"双东"舞台空间的主要包装手法，并借此呼应东关街"古商业街"的历史地位。同时，以长乐客栈、壶园为代表的传统建筑"绅士化"现象，成为"双东"舞台空间的另一建造方法。相应的，这些建筑不仅被抽离历史传统，其功能也与"双东"居民的现实需要割裂开来。总之，舞台空间很大程度上已脱离于"双东"居民社会现实生活，而成为一种僵化的、静态的地域符号。

（2）游客认同

舞台空间的社会内涵包括物质形体的符号意义，以及在游览过程中所领略的人文社会风情。因此，游客大众对舞台空间社会内涵的感知还受自身所遭遇的社会性生产机制直接影响。当前，舞台空间的建筑风貌、社会风情获得游客群体认可，其历史底蕴、民俗风情则需要大力改善。换言之，"双东"舞台空间尚未充分发挥"舞台"效果，尤其要加强空间文本对历史文化、民俗风情的表述能力。

7.2.2　遗产空间

集中反映"双东"特定历史时段社会内涵或生活方式的历史遗迹及相关构筑物，构成了"双东"的遗产空间。"双东"遗产空间可分为四类形式：收费景点型（个园、准提寺、谢馥春、汪氏小苑）；免费景点型（武当行宫、东门遗址、东圈门、曹起溍故居）；商业场所型（逸圃、琼花观、胡仲涵故居）；非进入型（江上青故居、青溪旧屋以及各未开发遗产）。遗产空间多分布在"一主轴、二次轴"沿线，大多为文化观光导向利用方式，非物质遗产资源展示较少。

7.2.2.1　生产机制

不同形式的遗产空间生产机制有所差异。收费景点型主要由游客、服务人员共同建构，免费景点型、商业场所型由游客、从业者、居民三类群体进行建构，非进入型遗产空间则可视为户外公共空间。因此，免费景点型、商业场所型、非进入型遗产空间生产机制与舞台空间的生产机制相似，收费景点型遗产空间生产机制如图7-9。

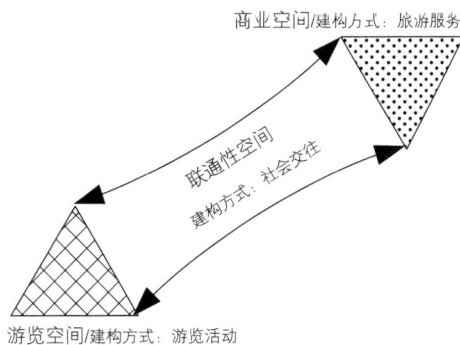

图7-9　遗产空间的生产机制

7.2.2.2　社会内涵

（1）基本内涵

遗产空间是"双东"重要历史时期或生活方式的集中反映。以特定历史遗产为依托形成的遗产空间，不仅有助于维护传统、增进社区记忆，还具有突出的文脉功能与历史价值、社会功能与文化价值、精神功能与艺术价值、环境功能与生态价值、使用功能与物质价值、经济功能与再生价值（Weinberg，1979；卢涛、李先奎，2002）。真实性是遗产空间利用的基础（朱光亚，2008），"双东"遗产空间的核心内涵在于向游客深刻展示地域传统特色和历史积淀，在此基础上获取相应的发展效益。"双东"在遗产空间利用上较好遵守了真实性原则。因而，"双东"遗产空间较为客观地记录了"真实发生的历史过程"，蕴藏着"双东"

的地域历史和传统。

（2）游客认同

"双东"遗产空间的社会内涵有赖于游客的主观解读。从目前情况看，游客群体对"双东"收费景点型、免费景点型、商业场所型遗产空间开发状况较为认可，且多数游客在后两者发生长时间逗留，而前者到访率较低。然而，遗产空间对"双东"历史底蕴的展示效果仍待提升，知识信息传播有限，未能使游客产生明显的新奇感和鲜明的印象。总之，"双东"遗产空间具有较好的游客占用率，但对"双东"历史底蕴的展示效应仍不够突出。

7.2.3 帷幕空间

经规划设计而施加某种限定，但仍由"双东"居民日常生活占用的公共设施，构成了"双东"的帷幕空间。"双东"帷幕空间分为三种基本形式：居民从业场所（传统居民经营的店铺），以及与游客集中活动地段相邻的居民活动中心（三祝庵邻里中心）、居民生活街巷（东门遗址、东圈门大街—三祝庵大街—地官第、观巷、安家巷—治淮新村内巷）。第一类帷幕空间多为规划场所，后两类则基本处于自发状态。

7.2.3.1 生产机制

帷幕空间是居民日常生活与游客游览活动的接触地带，主要由居民和游客两类群体共同建构。具体而言，即居民、游客在各自进行居住生活空间、游览空间等领域性空间生产过程中，由于相互偶遇并发生社会交往而形成联通性空间生产，二者一同构成帷幕空间的生产机制（图7-10）。

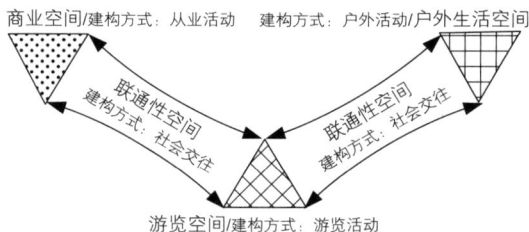

商业空间/建构方式：从业活动　　建构方式：户外活动/户外生活空间

联通性空间建构方式：社会交往　　联通性空间建构方式：社会交往

游览空间/建构方式：游览活动

图7-10　帷幕空间的生产机制

在帷幕空间生产过程中，居民很大程度上是以日常生活状态进入游客游览空间，同时也受到游客活动的一定干扰。

7.2.3.2 社会内涵

（1）基本内涵

对大多数游客来说，帷幕空间是他们所接触到的最为接近居民真实生活的空间。因此，帷幕空间成为左右游客对"双东"居民生活认知的关键。换言之，帷幕空间内的居民日常生活以一种缩影形式主导了游客群体对"双东"居民生活的总体认识。

（2）游客认同

当前，游客大众对帷幕空间的认识持中等偏优，与居民的交流相对活跃，而经济发展、商业氛围有待进一步改善。整体上，游客大众对目前的帷幕空间发展状况比较满意。

7.2.4 生活空间

由"双东"居民日常生活自发形塑、未受或极少受旅游发展干扰的场所构成"双东"的生活空间。生活空间为舞台空间、遗产空间、帷幕空间以外的其他空间，是目前"双东"规模最大的空间斑块。基于旅游—社区联结，生活空间可理解为"旅游活动尚未介入或介入极小"的社区空间。因此，生活空间是基本独立于游客、从业者等外来主体而成为"双东"居民社会的私密空间和自主空间，是"双东"居民惯常生活自发的空间生产过程及其产物。

"双东"生活空间分布范围相对广泛，包括传统型生活空间、现代型生活空间。前者是"双东"传统居民的聚居区，后者集中分布在北片边缘地带，为现代新建的小高层楼盘，多由中高阶层的扬州市民和外来务工人员居住。

7.2.4.1 生产机制

生活空间是隐匿于游客活动之外的居民群体的"私密空间"，由居民及与居民日常生活相关的服务、商业等人员建构而成（图7-11）。

7.2.4.2 社会内涵

（1）基本内涵

生活空间通过帷幕空间与舞台空间发生转换，具有双重意义。一方面，生活空间是居民作为"双东"空间东道主的现实支撑；另一方面，它是帷幕空间得以存在的前提，从而使游客感

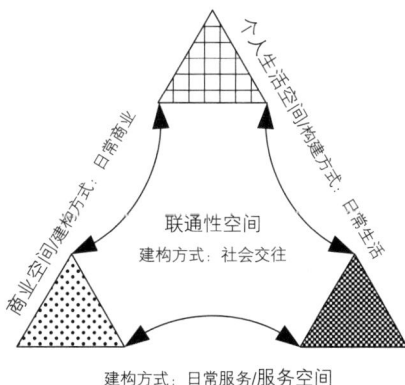

图7-11 生活空间的生产机制

受"双东"地域风情成为可能。在现实情况下，生活空间表现第一种意义。作为不依赖于旅游发展的居民生活的自为空间，生活空间的社会内涵主要由居民群体来赋予。因此，居民群体对这一空间生活意义的认识是生活空间内涵的集中体现。

（2）居民认同

居民群体对"双东"生活空间具有较明确的认同倾向，并表现出较强的地域依附，户外活动相对活跃。这说明，居民群体对"双东"生活空间的物质环境和社会环境都较为满意。同时，居民群体对改善日常购物设施、交通设施、餐饮设施等方面的期望比较突出。

7.3 本章小结

"双东"开发导致地域空间以不同方式、不同程度偏离居民日常生活，从而使"双东"空间

形成舞台空间、遗产空间、帷幕空间和生活空间四种基本类型。这些斑块空间为"双东"相应功能的运行与发展提供了支撑，并由此体现出不同的社会内涵。

舞台空间被作为"双东"风貌展示、历史记忆和功能植入的主要载体，成为从业者、游客、居民三类群体竞争占用、共同建构的产物，是商业活动、游览活动、居民户外活动交汇的地段。从利用现状看，"双东"舞台空间基本上成为一种僵化的、静态的地域符号。然而，舞台空间对"双东"历史底蕴、民俗风情的表述能力尚不突出，舞台效果有待进一步提升。

"双东"遗产空间得到较好维持，以观光游览功能为主，而非物质遗产利用不足。遗产空间为游客、服务人员和居民社会互动提供特殊场所，而其最核心功能在于向游客展示某些独特的历史过程。当前，遗产空间作为"双东"历史底蕴向游客传输的桥接功能尚不健全，仍有待深化开发，优化利用。

帷幕空间是居民日常生活与游客活动的自发接触地带，"双东"帷幕空间主要为规划的公共场所和规划干预较少的客流通道。帷幕空间以一种缩影方式为游客了解相对真实的居民生活提供支撑。"双东"帷幕空间发展状态偏优，应稳步提升。

生活空间是避开游客主要到访地段之外的居民居住和生活空间。"双东"生活空间涉及传统居住区和现代居住区，为居民日常生活提供支撑，并间接支撑帷幕空间和舞台空间。居民群体对"双东"生活空间较为满意，同时存在某些改善预期。

总之，"双东"各类斑块空间具有各自的核心功能，共同展示"双东"社会内涵。其中，生活空间、帷幕空间发展状态较好，遗产空间利用方式有待提升，而舞台空间则有待大力改善。总体上，以舞台空间、遗产空间为主要依托的"双东"历史底蕴和民俗风情展示能力需要重点加强。

历史地段是地域日常环境的组成部分，是地域历史的生动见证，提供了社会多样化所需的生活背景的多样性，并由此获得自身价值与人文属性。

UNESCO. The Protection of Historical Regions and the Suggestions for its Contemporary Role. 1976.

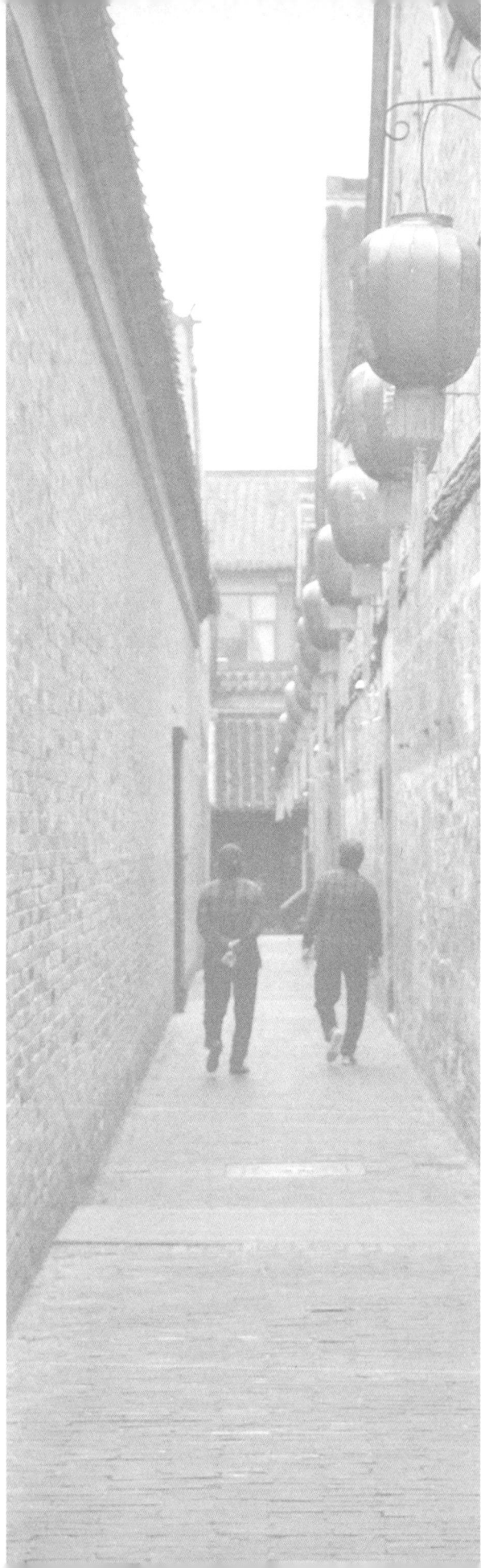

第 8 章 "双东" 历史街区居民社会变迁
EIGHT

8.1 社会资本变迁

8.1.1 经济资本变迁

居民经济资本变动主要通过"双东"商业系统来实现。"双东"商务从业群体约有半数来自当地居民,可见"双东"发展对居民社会的经济资本具有重要影响。同时,居民因各自社会、经济、文化等方面特质的差异而分布于不同的从业活动。居民是否从业以及从业特征等方面的差异,使居民在"双东"发展中获取不同的经济效益。本节结合居民自主经营意向(RO_9)、从业意向(RO_{10})两项营利性经济活动指标和居民社会、经济、文化特征因子进行多重对应分析(图 8-1)。

营利性经济活动较为活跃的群体主要是青壮年中短期住龄的中产阶层(第 1 象限),而老年传统居民(第 3 象限)、中高产阶层和青少年(第 4 象限)很少从事营利性经济活动,中壮年中低产阶层则介于两者之间(第 2 象限),说明存在内部分异现象。由此可见,"双东"发展主要激发青壮年中短期住龄的中产阶层和部分中壮年中低产阶层的盈利活动,即增加这两类群体的经济资本。

居民群体获取经济利益的差异一定程度地推动"双东"居民社会的经济资本分层。调查显示,约 4 成被试居民感受到"双东"发展获益的差异性。据此而言,"双东"发展引发的居民经济资本调整并未明显激发居民群体产生对抗性矛盾。

8.1.2 文化资本变迁

在旅游—社区联结框架下,居民文化资本的流动存在于两种过程之中。首先,居民与游客之间存在的文化涵化使内在于游客群体的外来文化传输到居民社会之中。其次,"双东"开发过程中出现的各种新的文化符号对居民群体具有文化教育效应。因此,居民文化资本的改变主要源于自身与游客的交往以及对"双东"空间的日常使用。文化资本流通能推动"双东"地域文化的解域化和再域化(张德明,2012),"双东"作为一种地域性文化空间会随着居民文化资本结构的改变而进行"自我消灭—演化重构"的动态生产。

文化是一种现实的生活方式(Baldwin 等,2005;Sofield、徐红罡,2008),因而可通过生活行为来分析个体的文化特征(Veenstra,2010)。基于"双东"居民行为特征,选取居民社会、经济、文化、空间特征因子($RS_1 \sim RS_{14}$)、居民与游客的交往活动($RO20 \sim RO22$)以及居民对"双东"的生活使用（RO_{11} ～ RO_{13}、RO_{17}）特征来考察居民文化资本的变化。

多重对应结构（图8-2）表明，在"双东"发展过程中，居民的文化资本变化具有较大差异：

①中短期住龄的青年非传统居民（第1象限）文化资本增加不多，主要表现为接触到其他文化并产生一定的观念转变，该类群体多在北片中部、西南片区居住生活。

②中老年中低阶层居民（第2象限）文化资本有所减少，主要表现为社会活动有所减少、社会情趣不如以前，而其主要居住、活动地段在西北片区。据此，"双东"发展给该类居民社会生活造成一定不利影响。

③老年传统家庭型居民（第3象限）文化资本有明显增加，主要表现为社会情趣和传统氛围增强、思想观念转变较大，这些得益于"双东"社会、物质环境的转变。该类群体日常生活空间集中在东部中北片区、南片中部片区。

④中壮年中短期住龄的中高产阶层和青少年（第4象限）文化资本也有明显增加，与老年传统家庭型居民不同的是，前者主要表现为积极的户外活动，说明"双东"发展较大改善了该类群体的休闲环境。该类群体主要居住在东关街东侧和西南片区，日常活动范围较广，包括东关街、东南片区和花局里等地段。

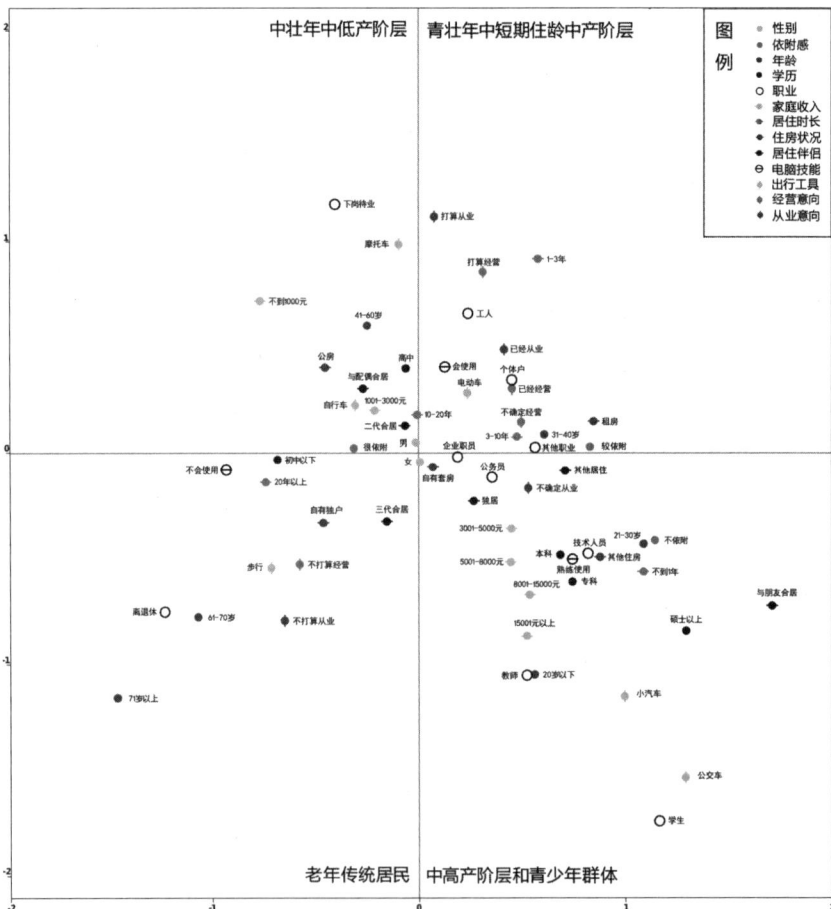

图8-1 "双东"居民社会经济资本变化结构

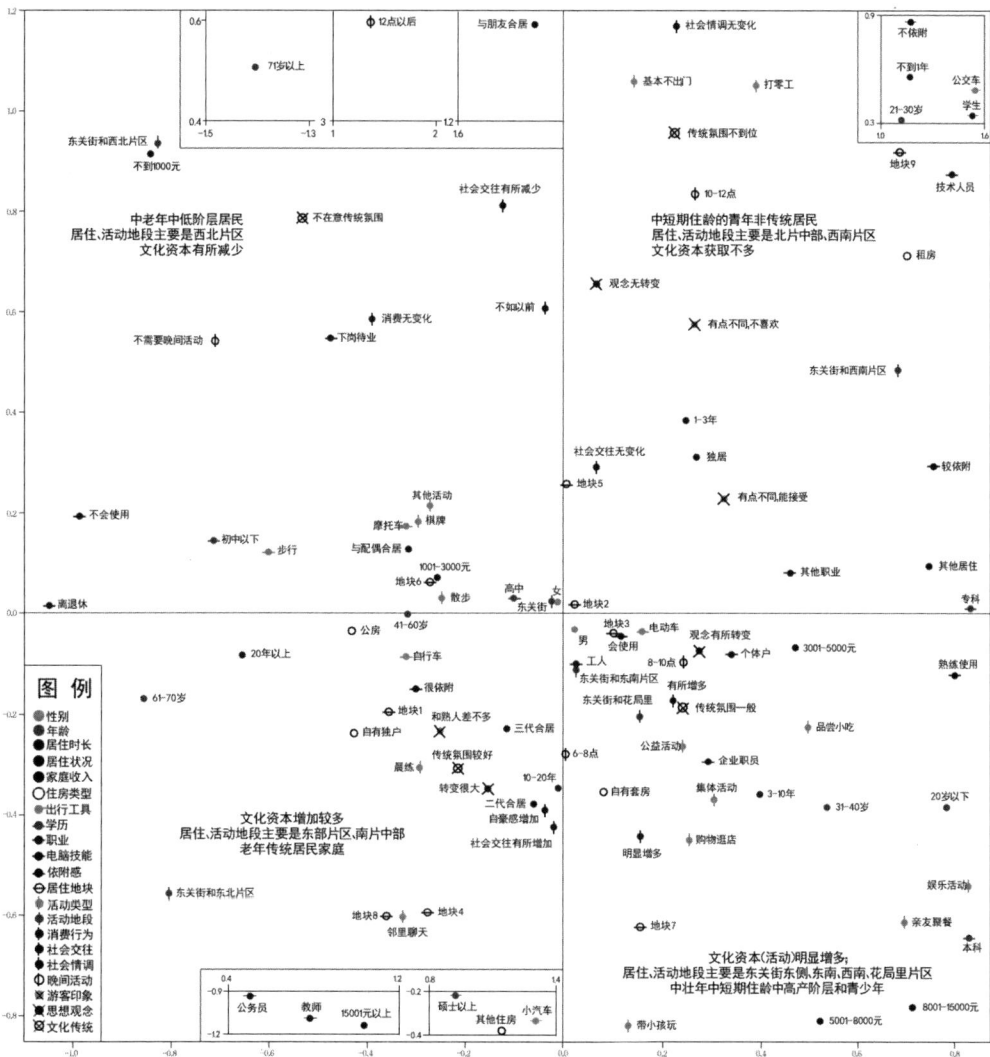

图8-2 "双东"居民社会文化资本变化结构

8.2 社会关系变迁

8.2.1 地域社会关系结构

孙立平（1996）指出，中国社会关系的演变是以"差序格局"为基础，社会关系最终提供一种为获取物质和非物质利益的社会交换逻辑，而"差序格局"本质上是对社会稀缺资源的一种配置模式。现实开放社会中，传统的伦理关系和西式的契约关系共同发挥作用，应将工具性关系引入"差序格局"解释框架（李沛良，1993；谭同学，2009）。在此基础上，任敏（2009）提出解释当下社会的"扩张型差序格局"模型（图8-3）。

开发前，"双东"是一个以熟人社会为主导的地域性社会组织，人员结构、社会活动相对单一，情感逻辑、伦常逻辑、面子逻辑是居民行动的主要逻辑。居民以自身血缘、友缘、地缘等初级社会关系为主要逻辑而相互联结成一种"马铃薯式"松散组织，同时受到"乡规民约"等非正式制度以及科层制正式管理制度和社会公义等普遍主义关系[1]的制约。

"双东"开发以来，部分居民的搬迁引发相应居民社会关系的结构性变化。同时，从业者、游客等外来群体的大量进入带来新的工具性关系，"双东"社会关系在性质上又形成新的发展。外向型商业设施取代地域性商业设施而成为"双东"主要的设施类型，陌生的游客与居民的社会接触明显增多，较多居民转向营利性从业活动……"双东"居民社会原来的社会关系在形式、规模和地理上都经受转变。

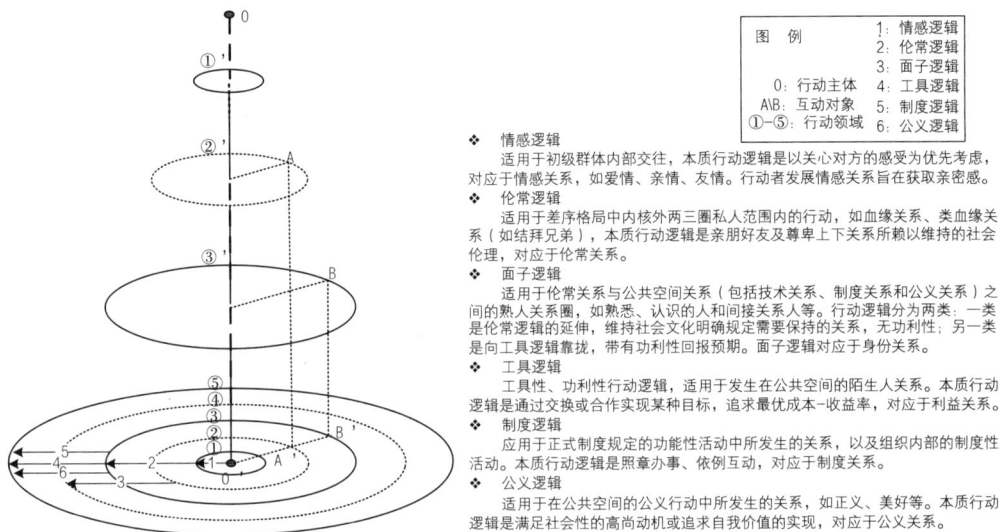

图例
| | 1：情感逻辑 |
| | 2：伦常逻辑 |
0：行动主体 | 3：面子逻辑 |
A\B：互动对象 | 4：工具逻辑 |
①—⑤：行动领域 | 5：制度逻辑 |
| | 6：公义逻辑 |

❖ 情感逻辑
　　适用于初级群体内部交往，本质行动逻辑是以关心对方的感受为优先考虑，对应于情感关系，如爱情、亲情、友情。行动者发展情感关系旨在获取亲密性。
❖ 伦常逻辑
　　适用于差序格局中内核外两三圈私人范围内的行动，如血缘关系、类血缘关系（如结拜兄弟），本质行动逻辑是亲朋好友及尊卑上下关系所赖以维持的社会伦理，对应于伦常关系。
❖ 面子逻辑
　　适用于伦常关系与公共空间关系（包括技术关系、制度关系和公义关系）之间的熟人关系圈，如熟悉、认识的人和间接关系人等。行动逻辑分为两类：一类是伦常逻辑的延伸，维持社会文化明确规定需要保持的关系，无功利性；另一类是向工具逻辑靠拢，带有功利性回报预期。面子逻辑对应于身份关系。
❖ 工具逻辑
　　工具性、功利性行动逻辑，适用于发生在公共空间的陌生人关系。本质行动逻辑是通过交换或合作实现某种目标，追求最优成本-收益率，对应于利益关系。
❖ 制度逻辑
　　应用于正式制度规定的功能性活动中所发生的关系，以及组织内部的制度性活动。本质行动逻辑是照章办事、依例互动，对应于制度关系。
❖ 公义逻辑
　　适用于在公共空间的公义行动中所发生的关系，如正义、美好等。本质行动逻辑是满足社会性的高尚动机或追求自我价值的实现，对应于公义关系。

图8-3　社会主体行动逻辑及社会关系类型（据任敏，2009）

概括而言，"双东"社会关系演变集中体现为从业者、游客等外来人员关系节点的重构，以及其行动逻辑对"双东"居民原有社会关系的冲击、扭曲和重塑。

8.2.2　居民社会关系转变

"双东"居民、游客、从业者三类群体在友好度上以相互认可为主，说明"双东"社会关系整体上趋于良性。然而，从居民群体角度看，社会关系在三方面产生直观变化。

8.2.2.1　居民群体传统关系发生结构性变化

"双东"开发在东关街沿线、大草巷、东关社区等地段形成较大规模的居民搬迁，直接导致相应居民传统关系的流失。在日常生活中，主要表现为居民传统关系网络被切割，关系实体有所稀疏，主要体现为两方面后果。一方面，隐藏在居民外迁背后的传统关系联结密度、强度发

---

[1]　普遍主义关系是与特殊主义关系相对的一种关系类型。普遍主义关系以工具性为基础，受普遍主义的伦理所支配。通俗地说，普遍主义关系是"不因人而异、不因地而异"的公认有效关系。

生衰退以及熟人网络遭受蚕食，一定程度上侵蚀了社区赖以存在的人员结构和关系结构，推动了"双东"传统空间的消解化。另一方面,传统关系网络的变动导致相应居民社会活动随之改变。从调查数据看,约3成居民认为邻里关系有所改善,而约2成居民则认为日常社会关系发生衰退,可见"双东"开发直接影响到半数以上居民的社会网络,影响面较广。直观性的例子,居民原先茶余饭后聚集在东关街上闲聊或在东关社区附近搓麻将的现象变少了。这些活生生的生活场景,随着特定地段居民的集中外迁而消逝、黯淡。

8.2.2.2 居民群体内部工具性关系有所增生

居民在"双东"发展中获取经营活动、从业活动等为典型的不对称利益分配,突破了部分居民原先的生活秩序,对居民"圈子"的重构以及日常活动、行为逻辑的诱变具有催化作用。首先,部分居民转而从事营利性商业活动,经营行为逐步建立起这些居民之间的契约性,从而形成一个隐性的陌生人社会（周大鸣、石伟,2012）。换言之,这些居民之间的行为不再以伦常逻辑甚至面子逻辑为核心依据,而受制于一种以各自利益为基础的自利与互利逻辑。随之而来,这些居民之间的串访变少了,起早开门(经营)却成为一种普遍而有异于生活气息的"别样现象"。其次,居民群体内部新的工具性关系网络逐步发育。尽管"双东"行业协会发育不够,但从业居民之间的惯常性自发交流却时常发生,意味着这些居民正在结成一种松散的市民社会。同时行业竞争也初见端倪,调查发现,部分从业居民确实有排斥性行为:

> 几乎每天,（WYSK店铺,广储门大街、东关街交口附近）都把自行车放我门口,这不堵着我生意,真不自觉……我们跟他说了,嬉皮笑脸说"好、好",始终还是这德行……我们也自己挪,只要她看见了,忽的骑走,一会回来,照旧放我门口,实在不能忍受,这也太不自觉了……他俩说,（车）放在这里,看得见,不会被偷啥的……放边上一点不也能看见嘛……

——QSSB店铺访谈

总之,围绕着各自利益关系,部分居民工具性行为逻辑逐步凸显,而"双东"相应的工具性关系网络也逐步发育。

8.2.2.3 居民社会组织方式发生不连续转变

游客、从业者的大量涌入,直接干扰居民群体生活方式,并在制度层面、社区性质方面使"双东"形成新的转变。具体而言,旅游开发使"双东"从一个生活型传统社区转向一种开放型商业—居住型社区。在此过程中,"双东"熟人社会逐步瓦解,陌生社会逐渐嵌入,伴随着伦理关系的衰弱和契约关系的成长。从微观角度,这一转变重塑了居民的社会关系网络,使其结成新的情感关系、伦常关系、身份关系、利益关系结构,以应对"双东"的发展情境。另一方面,"双东"社区关系节点、关系性质、关系结构等方面的整体转变又对应于新的制度逻辑以及这一制度逻辑所代表的"社会公义"。换言之,"双东"居民社会关系的重构不仅策动新的制度或管治方式,同时引导居民在社会观念等更高层次上产生转变:

> 现在看,东关街开发真是一件好事情,蛮好的事情……以前可不是这样看啊！当初迁走了很多人,也闹了不少矛盾,意见都比较大……我们在东关街生活了几十年,一辈子嘞,政府让我们走,不舍得啊,哪个舍得,认为侵犯了我们的权利……现在看来,环境也变好了,各方面

都变好了，也变热闹了，是比以前要好⋯⋯还是政府想得长远，我们支持⋯⋯

——居民 A：大草巷 70 多岁女性居民，无业低保，与老伴、儿子（身残）合居

显然，"双东"发展导致居民 A 的熟人、邻里等社会关系的被动改变。从先前居民维护自身利益、反对政府开发，转向支持现状、声援政府开发，体现出居民 A 在"双东"开发正宜性（Justice）认识上的转变。

东关街开发，有好的一面。扬州的历史，东关街是一个很好的代表，需要把东关街好好开发一下⋯⋯但有个不好的方面，就是把很多居民经营的店铺搞垮了⋯⋯东关街的居民都是没有钱的，中老年多，子女都不一块住⋯⋯他们自己经营个小店铺，不要多少钱，卖卖茶叶蛋，卖卖水，卖卖烟、汤圆什么的，赚点小钱，生活也有个乐趣⋯⋯看看现在的店铺，哪个居民经营得起，这一点不好⋯⋯隔壁那家，那个窗雕很好的，保存得也好⋯⋯政府一开发，都拆了，我对他们（政府人员）说，你们不能全扔了，要想办法展示，这些东西小，但都是东关街活生生的历史⋯⋯他们又不听我的⋯⋯山河永存，民众之功，可惜了。

——居民 B：东关街某历史建筑男性居民，60 多数，大学教授，与老伴合居

对居民 B 来说，东关街开发在"扬州历史展示"和"居民生活利益"上发生冲突。居民经营机会被袭夺，居民生活中保存的历史元素（如窗雕、民房）在展示"扬州历史"的开发过程中也被拆除、遗弃，反映出居民 B 对"双东"开发上某些意图的负面认识。

综上所述，"双东"开发一定程度上割裂了社区自发过程，并对居民生活情境造成不对称影响，从而以居民、游客、从业者及其相关组织为节点建立起新的社会关系网络，使居民的社会联结方式发生不连续转变。与此对应，这一转变对"双东"管制制度和社会公义等方面也产生一定策动、诱变效应。

8.3　社会结构变迁

8.3.1　地域社会主体结构

职业性东道主——从业者以及游客——的大量进入，使"双东"从居民为主体的一元结构演化为居民、游客、从业者三元结构（图 8-4）。三类社会群体相互作用，共同占用"双东"地域空间。其中，作为外来者的从业人员和游客对"居民"社会结构变化具有重要推动作用。

按照从业与非从业、传统与外来两个维度，将"双东"居民划分为四类（图 8-5）；各类型居民数量构成如表 8-1 所示。据调查，传统居民中，不到 1.5 成居民在当地从业，绝大多数未在"双东"就业。外来居民有较大比例，有 3 成在"双东"就业，大多数未就业。其中，居住时长不到 1 年的临时居民约占一半，大多数也并未就地从业。

概括起来，传统居民以及新迁入（3～10 年住龄）市民为现有的"双东"居民主体，其中外来居民较多，从业比例较突出，而传统居民从业率较低。可见，"双东"居民多为传统居民和中短期住龄迁入群体，居民整体就业率较突出（23.4%），但非传统居民从业率明显高于传统居民。

旅游社区可持续再生：基于社会空间视角

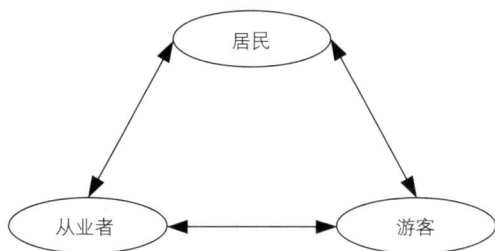

图8-4　"双东"历史街区地域社会主体构成

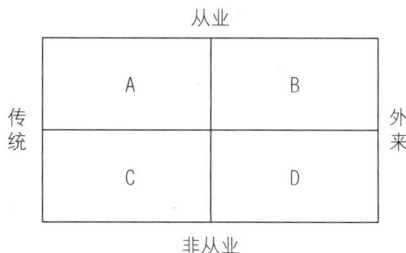

图8-5　"双东"历史街区居民构成类型

"双东"历史街区居民类型构成　　　　　表8-1

居民来源		人数	活动特征	人数	就业比重
外来（不到10年）		184	从业	66	35.9%
			未从业	118	
	其中：临时居住（不到1年）	72	从业	26	36.1%
			未从业	46	
长期居住（10年以上）		251	从业	36	14.3%
			未从业	215	

注：数据整理自问卷调查，从业人数按已经经营/从业最大人数计算。

8.3.2　居民社会结构转变

居民空间流动受制于内部推动力和外在拉动力双重作用（杨上广、王春兰，2007）。当前，居住群体整体上对"双东"居住环境和旅游发展持积极态度，地域认同感相对突出，说明居住群体居住意向较强。同时，居住群体以中低阶层传统居民为主，空间迁移能力弱。据此而论，"双东"居民群体自发性空间流动的现实能力较低，社会结构变迁整体上相对平稳。

从居民个体角度看，对"双东"居住环境认可度较高的是青少年和高学历的中老年，此类群体外迁意向弱；中老年传统居民对居住环境认可度较低，但自身空间流动能力弱，因而实际发生外迁的可能性小。同时，为数较多的青壮年群体社会资本较多，而地域依附感较弱，成为主要的潜在外迁群体。由于青少年居住倾向往往附属于青壮年群体，因而青壮年群体和中老年群体是影响"双东"社会结构变化的主要群体。实际上，青壮年群体中有一定比例的外来务工人员，这意味着"双东"对此类群体具有一定吸引力。考虑到这一因素，"双东"青壮年传统居民及中期住龄的迁入青壮年群体对于当地社会结构的转变具有更突出的影响。

总之，"双东"中老年居民的居住倾向较强，一定规模的外来青壮年务工人员居住倾向也较强，而本地青壮年群体则成为外迁的主要潜在对象，对平衡"双东"社会结构具有重要影响。换言之，传统的青壮年居民和迁入居住的青壮年市民是缓和"双东"空心化趋势的关键群体。

8.4　社会活动变迁

社会活动体现居民公共空间占用情况，"双东"开发应尽量满足各类居民活动需要。从目前情况看，"双东"青壮年群体户外活动较活跃，而中老年传统居民则较多涉及棋牌活动。这一情况说明，"双东"开发明确提升了青壮年群体的空间使用性。或者说，"双东"开发对青壮年群体户外活动最为有利，从而扭转了开发前青壮年群体户外活动较少的情况。

8.5　本章小结

"双东"开发以来，居民以不同方式参与地域空间生产，并于中获取"双东"发展效益。从整体上看，这一过程隐含"双东"发展的空间正义，即空间利用对不同居民的助益性，主要通过社会资本、社会关系、社会结构和空间活动四个方面来体现。

社会资本方面，"双东"发展主要增加了青壮年中短期住龄的中产阶层和部分中壮年中低产阶层的经济资本；同时，老年传统家庭型居民、中壮年中短期住龄的中高产阶层和青少年在"双东"发展中获取较多文化资本，而中老年中低阶层居民文化资本却遭到一定流失。

社会关系方面，"双东"传统社会关系网络及社会自发交往过程被割裂，工具性圈层格局初步建立并逐步发育，一定程度地策动"双东"管制制度和社会公义等方面的转变。

社会结构方面，传统居民和中短期住龄迁入群体成为"双东"主要居民类型，而非传统居民的本地从业率明显高于传统居民。这说明，外来群体更多分享了"双东"发展的经济机会和经济效益。此外，青壮年居民成为平衡"双东"社会结构、缓和空心化趋势的关键群体。

社会活动方面，尽管各类居民空间活动都得到改善，但获益最大的是青壮年群体。户外休闲、社会交往、餐饮活动是最为常见的活动形式，娱乐等花费较高的活动尚不发达。

总之，居民在"双东"空间效益获取上体现出非对称性。总体上，青壮年群体是"双东"发展的最大获益者，而中老年传统居民获益较少，甚至不如中短期住龄的迁入居民和外来人员。因此，"双东"开发相对弱化了中老年传统居民的空间使用效益，青壮年群体和中短期住龄的迁入居民成为"双东"空间发展红利的核心受益者。

历史街区可持续再生的目标不仅是要实现经济的可持续，还要实现环境以及社会文化的可持续，重塑多元、协调、综合的地方社区。

吕斌，王春.历史街区可持续再生城市设计绩效的社会评估.2013.

第9章 "双东"历史街区可持续再生建议与措施
NINE

9.1 "双东"历史街区社会空间发展的基本问题

综合居民、游客、从业者空间占用特征和"双东"社会空间发展状态,目前"双东"社会空间发展在以下几方面还存在一些问题。

9.1.1 发展布局问题

"双东"开发呈现以东关街为主,个园—江上青故居、东圈门—琼花观—四美酱园为辅的"一主轴、二次轴"地域格局,大量设施挤压在东关街,导致东关街店铺林立,沿街两侧几乎全部为商业用地,绿地、公共休闲用地等严重缺失,用地结构的不合理导致东关街功能单一化和过度商业化。同时,餐饮、游览、购物、住宿等设施相互混杂,不利于地域形象的彰显和功能亚区的打造,给经营管理和游览活动造成一定负面影响。

"二次轴"空间组织功能薄弱,成为"双东"发展布局的另一重要缺陷。《扬州东关历史文化街区保护规划(2008)》提出打造个园—江上青故居景观游览纵轴,现实效果有限。个园归属扬州市园林局,是长期独立经营且在全国具有一定影响力的扬州重点景区;江上青故居尚未开放(规划作为景区点),与东关街通过单调的马头墙井巷相连,沿线基本没有其他景观且基本不具备景观开发的可能性,成为一处景观飞地。因此,对大众游客来说,个园—江上青纵轴景观游览现实功能微弱,目前个园入园率仅10%左右。

东圈门—琼花观—四美酱园"⌐型"次轴尚未得到规划关注,并且作为"双东"核心景象之一的东圈门亦没有得到充分打造,汪氏小苑、琼花观等重点景点以及马氏盐商住宅、包世臣故居、金粟山房等潜在资源犹如孤点。

空间局促现象实际上也受到"双东"开发商——名城公司——的关注:

> 目前主要还是一条东关街,铺面开发都集中在这一块,所以也比较紧凑……租金我们采取一年一签的形式,基本上每年都在涨……两头租金要贵一点,铺面出租情况很好,我们基本不用担心租金……但仅靠租金我们的收益期太长,投资毕竟有好多亿……我们也在筹备一些新项目,比如观巷交口那边的精品地产……最重要的是没有纵深,游客来东关街一看就走了……把开发向两侧推进是我们将来的重点……

> ——扬州名城公司综合管理处某负责人访谈

另一方面，游客和居民也倾向于调整以餐饮设施为重点的商业设施布局，改善商业氛围。

综合看来，合理调整东关街商业功能，以"二次轴"为纽带推动"双东"发展格局的纵向延展，成为"双东"需要应对的重要问题之一。

9.1.2 设施开发问题

"双东"诸多设施还存在改善和提升的现实要求，以优化物质环境。汇整居民、游客、从业者群体空间占用特征，各类设施开发状况与改善要求如图9-1。

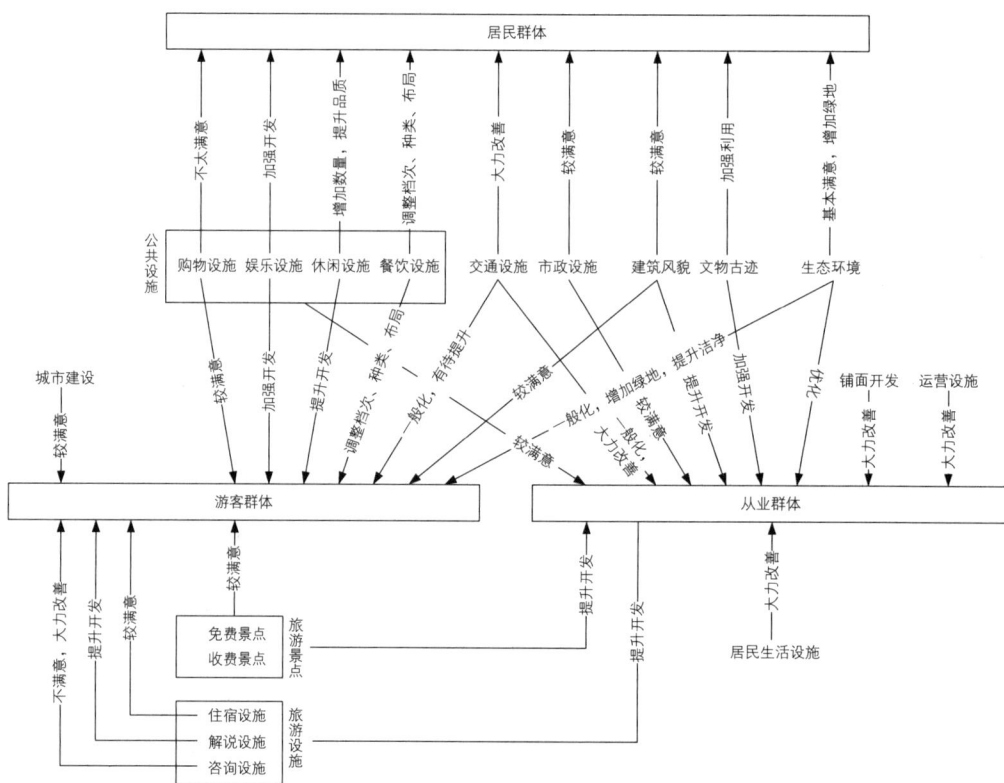

图9-1 社会主体对"双东"历史街区物质环境改善意向（据调查结果绘制）

居民群体希望大力改善购物设施和交通设施，加强娱乐设施、文物古迹开发，提升休闲设施和生态环境，并调整餐饮设施种类、档次和布局。

游客群体希望大力改善咨询设施，加强娱乐设施、交通设施和生态环境开发，提升休闲设施和解说设施，调整餐饮设施种类、档次和布局。

从业群体则希望大力改善交通设施、铺面设施、运营设施和居民生活设施，加强文物古迹开发，提升建筑风貌、生态环境、旅游景点和旅游设施。

概括而言，交通设施、娱乐设施、生态环境是三类群体共同希望的改善对象，居民和游客还希望提升休闲设施并调整餐饮设施，而两者在购物设施开发上发生矛盾。此外，游客群体还希望改善旅游公共服务设施。从业群体对经营支撑设施、旅游支撑设施和居民生活设施体现出较明确的改善预期。"双东"应统筹协调三类群体的设施发展要求。

9.1.3　功能发展问题

"双东"开发使其地域功能发生了较大转变，打破了原先以居住生活为主的功能体系，而形成生活居住、社会交往、旅游接待、商业服务共同发展的功能结构。总体上，"双东"对外服务功能得到快速增强，使"双东"在扬州市区中的地位得到较大跃升。

旅游接待和商业服务是"双东"最为核心的植入功能。目前而言，"双东"旅游接待功能初步发育，但整体上倾向于传统观光游览的"扁平化"发展模式，旅游接待功能和旅游吸引能力较有限。商业服务功能主要依赖于"双东"各类访客，很大程度地依附于旅游接待功能。从商业运营状况和从业者来源看，尽管"双东"商务层次整体不高，但已经突破了社区商业街而成为扬州市级旅游商业区（RBD）。"双东"高端商务功能具有一定潜力，如精品客栈、精品酒店，但当前实力较薄弱。

居民居住生活功能整体上有所弱化，并具有空心化趋势，而"倒灌"居住外来人员呈现一定规模。因此，"双东"居住功能体现出逐步衰退的内在趋势。然而，旅游接待和商业服务功能植入与发展并未对现状居住功能造成干扰。此外，"双东"原有的社会交往格局被打破，但居民、游客、从业者的社会交往整体状态良好。

总之，旅游接待功能和商业服务功能的强化、优化以及居住生活功能的振兴，是"双东"功能发展所面临的主要问题。

9.1.4　社会活力问题

社会活力是特定历史条件下社会主体经过有意识、有目的的实践活动参与而表现出的活动能力及其精神状态，本质上根源于并且生成于实践之中（董慧，2008）；它是社会和谐发展的基础，而文化则是社会主体精神状态的内核（李建国、鲍存侃，2009）。"双东"社会活力是社会主体的精神风貌、社会交往和联合行动能力的反映。

在精神文化方面，"双东"各类社会群体在思想观念和文化资本方面有一定交流。居民群体认为游客群体的文化差异总体上并不大，但"双东"开发使居民群体思想观念发生较大转变。由此，居民思想观念的转变主要得益于空间环境变化而非文化涵化。同时，文化资本流动在各类居民之间体现出不对称性，中低阶层传统居民文化资本有所减少，而中高产阶层、青少年群体有所增加。可见，文化资本积累表现出极化特征，传统居民在"双东"文化发展过程中整体上处于不利地位。

在社会活动方面，"双东"开发对居民社交活动具有相对明确的促进效应，相当规模居民认为社交活动有所增加，而中老年群体户外活动最为活跃。但是，居民型社团组织尚不发达，居民之间缺乏有力的组织机制，即居民在社会活动上呈现松散性、自发性。这些现象说明，"双东"社会活动增强主要是居民个体占用新空间环境的自发结果，公共、集体活动不多。

概括而言，"双东"发展一定程度提升了居民群体的社会活力，但主要是居民自发活动的结果。如何协调居民文化观念转变的不一致，发展居民公共活动以丰富居民集体生活，从而进一步增强社会活力、增进居民交流与社会和谐仍待合理举措。

9.1.5 社会内涵问题

社会内涵反映社会主体对"双东"空间文本意义的解读状态。当前，生活空间、帷幕空间发展状态较好，遗产空间利用方式有待提升，而舞台空间则有待大力改善，后两者成为优化和彰显"双东"社会内涵的关键。

居民群体、从业群体对"双东"居住环境和商业环境基本满意，游客群体则认为"双东"人文风情、游览新奇、旅游形象等方面有所欠缺。这些软环境和旅游形象对于提升游客满意、扩大"双东"旅游宣传效应具有重要影响作用，应作为"双东"改善的重点内容。

人文风情是游客对"双东"历史底蕴和文化活动的感知状态。首先，"双东"商业化开发集中利用"双东"一般性传统建筑，对历史建筑则采取回避或进行功能置换，传统景观风貌未能得到充分展示。其次，"双东"解说系统、咨询服务设施严重滞后，遏制了历史信息的传播渠道。再次，个园、汪氏小苑等历史记忆功能较强的遗产地段被作为收费景点，但游客入园率低，对"双东"历史底蕴的展示、传播效应有限。

"双东"基本没有发展文化活动，民俗文化、传统文化的"活化"和展演尚未受到重视，"双东"历史风情、民俗风情稀薄。实际上，"双东"作为扬州重要的历史街区，具有丰富的非物质遗产和民俗资源，应加强利用。

总之，"双东"人文风情展演是又一短板，不能深刻反映"双东"历史内涵。这也是"双东"游历新奇感不足、形象不突出的重要原因。

9.1.6 空间正义问题

空间正义反映"双东"作为一种公共资源在其发展过程中的利益分配状态。从"双东"实际情况看，主要表现为经济利益、文化利益、社会利益、行为利益的分配。旅游地发展利益的公平分配是社会和谐的基础和政府部门的责任（王德刚，2012）。

"双东"发展体现出利益分配不对称的特征。青壮年中短期住龄的中产阶层和部分中壮年中低产阶层获取较多的经济资本。文化资本更多流向老年传统家庭型居民、中壮年中短期住龄的中高产阶层和青少年，而中老年中低阶层居民文化资本却有所流失。东关街、大草巷、东关社区等地段居民的集体外迁，以及传统社会关系的整体衰退、工具性关系的增强，客观上削弱了传统居民的社会利益。此外，外来群体的从业率明显高于本地居民，说明"双东"发展的经济机会和经济效益存在较大漏损。在行为利益方面，获益最大的是青壮年群体，"双东"发展更多促进了该类群体的户外活动。

综合看来，"双东"发展主要惠及青壮年群体和中短期住龄的迁入居民，其中包括部分外来人员，而中老年传统居民获益相对较少。如何平衡各类群体利益，并增强传统居民的获益能力成为考验"双东"利益协调的核心问题。

9.2 "双东"历史街区空间对应结构与重点亚群

社会群体在"双东"微观性空间生产过程中具有非对称性，从而形成不同亚群。这些亚群具有不同社会特征和行为特征，对"双东"可持续再生具有不同作用和影响。

9.2.1 "双东"历史街区社会群体空间对应结构

9.2.1.1 居民社会空间对应结构

在主体因素、客体因素共同作用下，居民·个·体围绕"双东"开发与发展过程形成不同的影响结构，在"双东"发展情境中占据不同的"位置"。

如前文图5-7显示，居民致异因子分布分散，说明各因子对居民生活环境总评、旅游发展态度并不具有集中、明确的影响效应。换言之，居民生活环境总评、旅游发展态度并不为少数几个因子所牵制，而是受制于多个因子的共同作用。居民围绕生活环境总评、旅游发展态度形成3类典型群体（表9-1）。

"双东"历史街区居民典型类型 表9-1

类型	代码	主体性特征	客体性特征	改善倾向	要点归纳
很满意生活环境—很支持旅游发展型	R_I	□ 地块1、4、8； □ 青少年和中老年； □ 多为两代合居和其他居住形式； □ 常参加公益活动	□ 认可"双东"公共设施、基础设施、建筑环境、环境生态、社会秩序、物价、社会情趣； □ 在"双东"就业或具有经营意向； □ 较满意"双东"发展的经济效益、社会效益、文化效益	□ 改善娱乐设施，增加公共休闲设施； □ 改善公共组织，组织18:00~20:00间的晚间活动	□ R_I为"双东"发展典型受益者，$R_Ⅲ$为相对受损者；

类型	代码	主体性特征	客体性特征	改善倾向	要点归纳
较满意生活环境—较支持旅游发展型	R$_{II}$	☐ 地块2、3、7; ☐ 具有较高学历; ☐ 青壮年; ☐ 男性; ☐ 机动出行方式; ☐ 职业技能相对较高; ☐ 非家庭型居住; ☐ 依附感不突出; ☐ 娱乐、逛店、公共活动、品尝小吃、亲友聚餐活动较多; ☐ 日常活动地段集中在东关街和中北地段	☐ 较认可"双东"公共设施、建筑环境,但认为需进一步提升、完善; ☐ 对"双东"发展经济效益、文化效益有所认同,而对社会效益正、负意见并存; ☐ 明确意识到发展成本	☐ 调整餐饮设施档次与布局,提升公共休闲设施、娱乐设施品质; ☐ 改善建筑环境; ☐ 增加泊位; ☐ 完善市民组织,开展20:00~22:00间的晚间活动; ☐ 增加绿地,有效应对游客拥挤、喧闹和对私密性的侵犯	☐ 不同社会、经济、文化、空间特征的群体生活环境总评、旅游发展态度有所差异; ☐ 不同主体特征的居民具有不同的改善倾向
生活环境一般—旅游发展淡漠型	R$_{III}$	☐ 地块5、6、9; ☐ 三代以上合居的传统居民; ☐ 棋牌活动较多; ☐ 日常活动主要发生在东关街及西南片区	☐ 对"双东"公共设施、基础设施、建筑环境以及社会效益、文化效益倾向于持负面意见; ☐ 对"双东"发展成本有明确体会	☐ 全面改善	

总之,地块1、4、8中有较多青少年、中老年群体居住,多为两代合居或其他居住方式,对生活环境很满意且很支持旅游发展,该类群体(R$_I$类)为"双东"发展受益者。地块2、3、7中,学历较高、从事有一定技能要求工作的青壮年居住者较多,对"双东"依附感较弱,非家庭居住现象较突出,机动出行量较大,娱乐、逛店、公共活动、品尝小吃、亲友聚餐活动较多,日常活动集中在东关街和中北地段。该类群体(R$_{II}$类)较满意当前生活环境并较支持旅游发展。地块5、6、9中有较多三代以上传统居民居住,日常活动以棋牌为主,集中于东关街及西南片区。该类群体(R$_{III}$类)认为生活环境一般,对旅游发展较为冷漠,遭受旅游发展较多负面效应,为"双东"发展受损者。

各类群体就"双东"社会环境和旅游发展的意见有所差异。R$_I$类就业意向相对突出,要求改善娱乐、公共休闲设施,完善民间组织,丰富晚间18:00~20:00间的活动。R$_{II}$类有一定就业意向,意识到"双东"发展的正、负效应,要求继续完善公共设施、市政服务、基础设施,强化社会效益,弱化发展成本。R$_{III}$类就业意向微弱,但对"双东"发展的负面效应有集中体会。

9.2.1.2 游客社会空间对应结构

如前文图5-8,游客致异因子分布分散,意味着游客游览满意、推荐意向受多个因子共同作用,而总体上围绕游览满意、推荐意向形成4类典型群体(表9-2)。

"双东"历史街区游客典型类型 　　　　　　　　表 9-2

类型	代码	主体性特征	客体性特征	改善倾向	要点归纳
游览满意一般型	T_I	□ 上海、浙江客源； □ 个体经营、离退休和其他职业； □ 硕士或高中学历； □ 从东门遗址、花局里离开； □ 基本不会重游	□ 对"双东"文化风情、社会风情、场地氛围、公共设施、景观风貌基本持消极意见，不太认可"双东"发展状况	□ 全面改善	
游览很满意型	T_II	□ 苏南、苏北客源； □ 初中学历以下； □ 军人； □ 多从东关街西口离开	□ 对"双东"文化风情、社会风情、场地氛围、公共设施、建筑风貌持积极意见； □ 在物价方面出现分歧	□ 调节物价 □ 维持现状，稳步提升	□ T_I不认可"双东"发展现状，T_II、T_III为"双东"发展支持者，T_IV相对理性
很乐意推荐型	T_III	□ 扬州、安徽、山东客源； □ 女性； □ 学生、教师、工人职业； □ 购物活动较多； □ 从东圈门、汪氏小苑离开； □ 重游率较高	□ 对"双东"社会风情、公共设施持认可态度	□ 改善知识传播、解说设施、内部交通	□ 不同社会、经济、文化、空间特征的群体游览满意、推荐意向有所差异； □ 不同主体特征的游客具有不同的改善倾向
游览较满意－考虑推荐型	T_IV	□ 宁镇淮泰客源； □ 本科学历； □ 进店但并未发生消费； □ 有一定重游率	□ 较认可"双东"文化风情、公共设施，社会风情； □ 景观风貌正、负意见并存； □ 对场地氛围的意见相对持中	□ 改善文化风情、社会风情 □ 改善公共设施 □ 完善建筑风貌	

　　概括来说，上海、浙江客源（T_I）中，具有较高学历和低学历的个体经营、离退休、其他职业者较多，对"双东"发展现状不太满意，基本无重游意向，多从东、北方向离开；苏南、苏北客源（T_II）中，低学历游客较多，对"双东"发展现状很满意，多从东关街西口离开；扬州、安徽、山东客源（T_III）以学生、教师、工人居多，购物活动相对活跃，重游意向较突出，多从西南、东南方向离开，推荐意向较强；宁镇淮泰客源（T_IV）中，本科学历较多，购物消费较少，有一定重游意向，对"双东"发展现状基本满意。

　　其中，T_I倾向于要求"双东"进行全面、大力改善；T_II倾向于在现有基础上稳步提升，尤其是调整物价；T_III倾向于改善知识传播、解说设施和内部交通等方面；T_IV则要求提升文化风情，改善公共设施和建筑风貌。

9.2.1.3 从业者社会空间对应结构

　　如前文图 5-9，从业者致异因子分布分散，说明综合评价、业务意向受多个因子共同作用，总体上围绕综合评价、业务意向形成 4 类典型群体（表 9-3）。

"双东"历史街区从业者典型类型　　　　　　　　表 9-3

类型	代码	主体性特征	客体性特征	改善倾向	要点归纳
较满意综合环境－维持业务现状型	W_I	□ "双东"以外地区人群； □ 中等收入扬州市民家庭； □ 小型、大中型、大型铺面； □ 工艺品经营； □ 年营业额在1万～2万、8万～10万左右； □ 由2人组成的代理、亲友合伙经营； □ 由技术人员转入； □ 对"双东"依附感突出； □ 多在西北片区活动	□ 较认可"双东"一线运营设施、公共支撑设施、旅游支撑设施、产品市场环境、社会依托环境、政策环境； □ 对市场依托环境正、负意见并存； □ 意识到一定社会成本	□ 完善公共支撑设施； □ 加强旅游支撑设施开发和技能培训； □ 优化居民支撑设施； □ 改善市场依托环境	
综合环境一般－调整业务结构型	W_{II}	□ 中老年、青少年； □ 男性； □ 从业时间较长； □ 来自低收入的职工或离职群体； □ 微型铺面、大中型铺面； □ 日杂百货、古玩字画经营活动； □ 年营业额在3万～4万、8万～10万左右； □ 人员规模为1人独营或16～20人合营； □ 分布在东关街、广储门大街、琼花观附近； □ 对"双东"依附感较低； □ 基本无户外活动或在东北片区活动	□ 对"双东"一线经营设施、公共支撑设施、旅游支撑设施、居民支撑设施、社会依托环境、产品市场环境、市场依托环境、社会依托环境持中立偏向消极态度； □ 对政策环境淡漠	□ 完善公共支撑设施； □ 加强一线经营设施、旅游支撑设施、居民支撑设施开发； □ 改善商业环境、社会环境和政策环境	□ W_{II}、W_{III} 不认可"双东"发展现状，W_{IV} 为"双东"发展支持者，W_I 相对理性
不满意综合环境－业务收缩型	W_{III}	□ 长期从业； □ 中壮年； □ 中高等收入； □ "双东"本地居民； □ 微型、中小型铺面； □ 餐饮或加盟品牌； □ 年营业额1万以下； □ 非铺面主要投资/合伙人； □ 户外活动较少，在店铺周边、南片地段活动	□ 对一线运营设施、公共支撑设施、居民支撑设施、商业环境、社会环境、政策环境持消极态度，不满意"双东"发展现状	□ 全面改善	□ 不同社会、经济、文化、空间特征的群体综合评价和业务意向有所差异； □ 不同主体特征的从业者具有不同改善倾向

类型	代码	主体性特征	客体性特征	改善倾向	要点归纳
满意综合发展环境－扩大业务规模型	W_{IV}	□ 非家庭居住型; □ 从业时间短; □ 青年、中低收入者和高收入者; □ 经营日常服务、服饰、休闲娱乐、土特产、住宿; □ 人员规模在10人左右和50人以上; □ 品牌较好; □ 大型铺面; □ 东关街、盐阜东路、东圈门地段; □ 年营业额在2万～8万; □ 首次就业的雇员; □ 有一定依附感; □ 户外活动活跃,活动范围相对分散	□ 持全面肯定态度,高度认可"双东"发展现状	□ 维持现状,稳步提升	

其中,W_{I}群体倾向于要求完善公共支撑设施,加强旅游支撑设施开发和技能培训,优化居民支撑设施,并改善市场依托环境;W_{II}群体倾向于要求完善公共支撑设施,加强一线经营设施、旅游支撑设施和居民支撑设施开发,改善商业环境、社会环境和政策环境;W_{III}群体倾向于要求全面改善"双东"现状条件;W_{IV}倾向于维持"双东"现状,稳步提升。

9.2.2 "双东"历史街区优化发展的重点影响亚群

9.2.2.1 居民重点亚群

综合"双东"设施布局和居民旅游发展态度—生活环境总评,R_{II}类和R_{III}类应作为"双东"优化发展的重点亚群。前者主要分布在东关街、东圈门周边,属于"双东"旅游发展核心地段,对游客具有惯常性影响,该类群体重点希望协调、弱化旅游消极影响。后者主要分布在"双东"北片中东部和东南角,当前对旅游发展的影响有限;北片地段与旅游发展关联较小,但东南角具有较大的旅游开发潜力;该类亚群重点希望改善居住环境,弱化旅游消极影响。

9.2.2.2 游客重点亚群

"双东"旅游客源依附于扬州客源市场,即集中在江苏本省和毗邻的上海市及浙江省,其他地区客源比例不大,其中北京市和安徽省、山东省、河南省客源有较快增长,散客市场占据较大比例[1]。基于开拓优质客源,推动旅游升级的角度,"双东"应重点开发周边客源和消费能力

---

[1] 扬州市旅游局.扬州旅游抽样调查报告[R].2012.

较强的客源，包括 T_I 类、T_{II} 类、T_{IV} 类。其中，T_I 类来自沪、浙经济发达地区，客源出游能力和消费能力突出，但对"双东"发展现状不太满意，应做重点市场开发。T_{II} 类为省内客源，对"双东"发展感到满意，以扩大到访规模为主。T_{IV} 类为扬州周边客源，对"双东"比较满意，应激发该类游客提升消费水平，增加到访频次。T_{III} 类主要是扬州本地客源，也包括少数安徽、山东客源，对后两者可做适当开拓。

9.2.2.3 从业者重点亚群

基于社区福祉，"双东"应重点关注当地居民从业者发展需要和社区商业升级，W_{II} 类、W_{III} 类应作为重点亚群。前者主要是"双东"传统居民从业亚群，从业店铺的规模相对宽泛而类型却较为单调。该亚群对从业情况不太满意，希望调整业务结构。后者多是在经营餐饮或加盟品牌的小微型店铺打工的"双东"居民，对从业情况不满意，甚至倾向于终止从业活动。与之相对，主要由扬州中、高产阶层构成的 W_I 类、W_{IV} 类亚群对"双东"商业发展持积极态度，并以大中型店铺类型为主。总之，"双东"居民从业境况呈现劣势，需要大力改善，而来自"双东"以外的扬州中、高产从业亚群则具有引导"双东"商业升级的现实能力。

9.3 "双东"历史街区社会空间可持续再生框架与措施

9.3.1 "双东"历史街区社会空间可持续再生框架

可持续再生主张不以大规模物质建设为手段，而是通过综合的、整体的一套措施来振兴地域原有功能，增强地域持续发展能力并解决发展滞后的社会机制，最终实现地域全面复兴。

"双东"发展有其内在机制，存在的问题需要系统地解决。因此，"双东"可持续再生要统筹发展问题和发展机制两个方面（图9-2）。

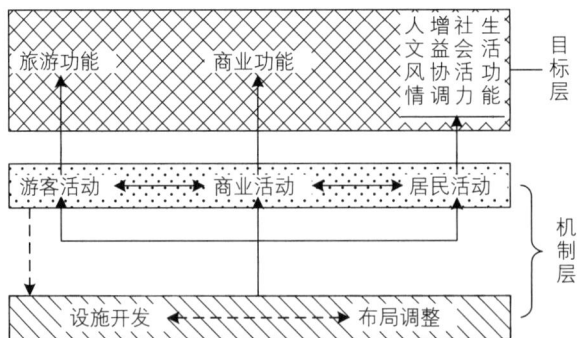

图9-2　"双东"历史街区可持续再生框架

当前，"双东"可持续再生的工作目标主要包括优化提升旅游接待功能、商业服务功能，振兴居住生活功能，增强居民社会活力、获益能力和人文风情。为实现上述目标，需要借助相关手段，引导、推动居民、游客、从业者三类核心社会群体，尤其是对各重点亚群的空间实践实行相应调整。精英群体能否借助各类调控措施引导社会主体形成指向再生目标的新的空间生产机制，是推动"双东"可持续再生的关键所在。

9.3.2 "双东"历史街区空间可持续再生驱动机制

"双东"作为特定的地域性社会空间，其可持续再生有赖于社会—空间辩证机理，包括物质建设、功能发展和社会整合三大驱动机制。

9.3.2.1 物质建设驱动机制

物质建设具有两方面驱动效应。其一，物质建设通过重塑"双东"空间形体来形成新的"空间宏语言"或空间文本，即新的物质性景观风貌。旅游发展需要地方性景观做支撑，"双东"作为一个旅游历史街区更应注重传统景观的塑造。物质建设能调整"双东"舞台空间、遗产空间、帷幕空间和生活空间的文本结构，从而影响游客、居民和从业者所感知的景观风情。其二，物质建设通过辩证限定社会群体的活动方式来介入"双东"的功能发展和社会演化。旅游设施及其他各类服务设施是游客、居民和从业者活动的物质支撑，调整设施开发水平、类型、等级、布局等能有效引导"双东"社会群体的活动方式及其空间分布发生转变，包括：一方面，社会群体活动方式的转变对应于"双东"地域功能的重构；另一方面，设施开发又将引发各社会群体对"双东"空间占用方式与利益获取的转变，即影响"双东"社会头体演化。

9.3.2.2 功能发展驱动机制

功能发展驱动效应主要体现在两方面。其一，功能发展通过调整游客、居民、从业者的活动机会与活动方式来重构"双东"发展利益的分配结构。地域功能的规划设计为"双东"社会主体提供了新的活动机会，不同主体以各自行为方式行使这些活动机会，从而分享"双东"发展效益。"双东"形成了居住生活、旅游接待、商业服务和社会交往四大核心功能，引导和调控不同社会主体对这些活动机会的行使，能重塑"双东"发展效益的社会分配。其二，功能发展通过调整"双东"功能结构来实现"双东"地域职能的演变，从而改变"双东"的综合地位。"双东"旅游接待功能、商业服务功能的发展和壮大使其从传统居住社区转变为扬州新兴的旅游商业街区。"双东"在扬州的商业地位和旅游地位都得到明显跃升。

9.3.2.3 社会整合驱动机制

社会整合具有三方面驱动效应。第一，社会整合通过重建社会主体之间的空间关系和生产关系来实现"双东"空间的整体性建构。居民、游客、从业者各社会主体在特定空间发生社会互动，空间关系和生产关系对社会群体共同建构"双东"空间具有调节作用。各类社会主体的空间分布、活动地段及其互动方式影响到"双东"空间生产。第二，社会整合通过重建社会主体之间的社会关系来实现"双东"社会组织方式的转变。社会关系是将"双东"各社会主体社会性联结起来的桥接，即影响"双东"地域社会的组织方式与组织结构。对"双东"邻里关系、民间团体、集体行动以及从业者社会关系和社团组织等进行引导和调控能推动"双东"社会组织方式与社会活力发生变化。第三，社会整合通过重建各社会主体之间的互动方式与组织形式来实现"双东"人文风情的转变。"双东"人文风情是特定社会主体对"双东"社会实体的主观感知。空间关系的规划设计以及生产关系、社会关系的调控和引导能影响"双东"社会实体的发展状态及其主观投射状态。

9.3.3 "双东"历史街区社会空间可持续再生措施

"双东"可持续再生措施是在再生框架的引导下，依据物质建设、功能发展、社会整合三大驱动机制做出的针对性部署，尤其注重对各重点亚群发展需要的统筹。具体而言，应重点做好以下七个方面工作。

9.3.3.1 提升物质开发水平，完善设施空间布局

物质环境是"双东"可持续再生的基本支撑，辩证限定"双东"的地域功能和社会性。调整"双东"物质环境开发水平及其空间布局，可以引导各类社会主体的活动方式。

交通设施、娱乐设施、生态环境的改善是"双东"居民、游客和从业群体的共同需要，而公共休闲设施、旅游公共设施、商业经营设施、居民生活设施等也是各群体希望改善的重点内容。此外，居民对"双东"购物设施不太满意，应加强居住空间购物设施建设，同时提升周边购物设施对"双东"居民的服务能力。

优化东关街设施、功能结构，发展个园—江上青故居、东圈门大街—琼花观—四美酱园两条次轴以舒展"双东"发展格局，应作为可持续再生的一项空间策略，从而支撑旅游接待功能、商业服务功能扩展和调整。同时，设施开发应结合发展格局统筹考虑。"双东"旅游、商业及各重要户外设施主要集中在东关街，夹杂分布，缺乏条理和层次。为壮大旅游接待和商业服务功能，应适度进行功能区细分，打造功能节点并构建合理的空间组织。

"双东"各类群体内部亚群对"双东"空间的使用方式和改善倾向有所不同（表9-4）。

"双东"历史街区社会主体及其空间改善倾向

表9-4

社会群体	亚群	基本特征	改善倾向
居民群体	满意居住环境型（R_I）	青少年和中老年家庭居民或外来人员；公益活动较多；多在地块1、4、8	改善娱乐设施、增加公共休闲设施；组织18:00~20:00间的晚间活动
	较满意居住环境型（R_{II}）	学历、职业技能较高的青壮年，男性较多；多在地块2、3、7；户外活动获益，集中在东关街和中北地段	调整餐饮设施档次与布局，提升公共休闲设施、娱乐设施品质；改善建筑环境；增加泊位；开展20:00~22:00点晚间活动；增加绿地、弱化旅游对生活的干扰
	居住环境淡漠型（R_{II}）	传统家庭居民；多在地块5、6、9；棋牌活动较多；主要在东关街及西南片区活动	全面改善

社会群体	亚群	基本特征	改善倾向
游客群体	游览满意一般型（T$_I$）	上海、浙江客源较多；主要为个体经营、离退休和其他职业；学历较高；从东门遗址、花局里离开；基本不会重游	全面改善
	游览很满意型（T$_{II}$）	主要为苏南、苏北客源；学历均较低；多从东关街西口离开	调节物价
	很乐意推荐型（T$_{III}$）	扬州、安徽、山东客源；女性较多；多为学生、教师、工人；购物活动较多；从东圈门、汪氏小苑离开；重游率较高	改善知识传播、解说设施、内部交通
	游览较满意型（T$_{IV}$）	多为宁镇淮泰客源；多为本科以上学历；消费率不突出；有一定重游率	改善文化风情、社会风情；改善公共设施；完善建筑风貌
从业群体	较满意综合环境型（W$_I$）	"双东"以外中等收入市民；投资额跨度较大；亲友合伙或代理经营的小铺面较多；多在西北片区活动	完善公共支撑设施；优化居民支撑设施；加强旅游支撑设施开发和技能培训；改善市场依托环境
	综合环境一般型（W$_{II}$）	低收入在职工或离职群体；多为中老年和青年；从业地点集中在东关街、广储门大街、琼花观；在微型铺面或大中型铺面从业；经营日杂百货、古玩字画等；从业时间较长；基本无户外活动	完善公共支撑设施；加强一线经营设施、旅游支撑设施、居民支撑设施开发；改善商业环境、社会环境和政策环境
	不满意综合环境型（W$_{III}$）	中高等收入者投资的微型、中小型餐饮或加盟品牌长期从业；非主要投资/合伙人；"双东"本地中壮年居民；户外活动较少，主要在店铺周边、南片地段活动	全面改善
	很满意综合环境型（W$_{IV}$）	在高收入者投资的日常服务、服饰、休闲娱乐、土特产、住宿部门从业；多在东关街、盐阜东路、东圈门地段；品牌化大型铺面较多；中低收入者和首次就业的非家庭居住型青年群体；从业时间较短；户外活动活跃，活动范围相对分散	稳步提升

资料来源：据本书 9.2 节整理。

物质环境的改善有助于维持、促进相关主体的空间活动，从而提升"双东"再生的可持续能力。结合以上再生措施及其与各类亚群的关联，"双东"物质环境及其空间布局的改善应体现以下重点。（1）旅游功能方面，应大力改善旅游公共服务设施、交通设施，同时重点推进民俗活动设施开发以利人文风情提升，从而巩固中短程客源市场。同时，结合"二次轴"潜在资源开发体验型、度假型高端旅游产品，增强对沪、浙等地客源的吸引力，并扩大居民参与旅游发展的渠道。在增强居民旅游获益的同时，通过功能调整和产品调整提升"双东"对浙、沪等高潜力市场的吸引和服务能力。（2）商业功能方面，中高阶层投资的大中型铺面是推动"双东"商业功能壮大升级的核心力量。该类铺面多位于东关街、盐阜东路、东圈门地段，从业人员对"双东"综合发展环境持认可态度，但对旅游发展环境和公共服务设施方面的改善要求相对突出。为此，可尽快推进个园—江上青故居"次轴"发展，打造一条串联三大地段、功能层次较东关街更高的新商业走廊，并在新设施开发过程中注重美化相关铺面周边环境。中低阶层从业者或传统居民从业者商业活动层次较低，集中在东关街、广储门大街、琼花观地段，且对"双东"商业环境偏向消极态度，设施改善的要求较严格。这说明此类商业设施经营状况不佳，应从设施开发、地段发展、业态置换三个方面综合应对。（3）居民功能方面，应重点推进地块2、3、7、9传统居住区综合环境改善，以弱化"双东"空心化风险。相应的，需要适度置换该地段餐饮设施，增加公共休闲设施、娱乐设施、绿地和晚间活动设施，并通过建筑改造来优化景观风貌和游客干扰屏蔽能力。地块5、6与"双东"地域联系相对较弱，设施开发可作单独考虑。

综上所述，物质开发及其布局调整应作为"双东"可持续再生的基本物质支撑，并相应转变与"双东"功能优化之间的核心关联（表9-5）。

基于功能发展的"双东"历史街区物质调整方式　　　　　　　　表9-5

物质调整	功能目标	相关说明
①大力改善旅游公共服务设施、交通设施；②结合"二次轴"潜在资源开发体验型、度假型高端旅游产品；③重点推进民俗活动设施开发	壮大、升级旅游功能；促进人文风情提升	①、②分布旨在巩固中短程市场和推动旅游功能升级；③主要为人文风情建设提供载体和基地。此外，物质调整需考虑居民参与旅游发展的需要，以增强居民获益能力
①结合旅游发展环境优化，重点改善公共服务设施；②推动个园（花局里）—江上青故居"次轴"发展，开发功能层次较高的商业走廊；③优化大中型铺面周边环境；④推动地官第一观巷旅游开发；⑤改善中小微型铺面设施状况和周边环境	壮大、升级商业功能；增进居民旅游获益	①~③旨在扶持"双东"拳头铺面，推动商业层次高企化；④、⑤旨在改善中小微型铺面，增强传统居民和中低阶层从业人员获益能力
①重点改善地块2、3、7、9居住环境，包括适度置换餐饮设施，增加公共休闲设施、娱乐设施、绿地和晚间活动设施，并通过建筑改造来优化景观风貌和游客干扰屏蔽能力；②改善地块5、6的现代居住环境	提升居住生活功能；刺激居民社会活力	①旨在强化传统居民居住意向，弱化"双东"空心化风险，增进居民社会交往；②主要为改善地块5、6居住环境，优化"双东"综合形象

9.3.3.2 升级旅游功能结构，加强旅游营销宣传

"双东"旅游功能形成以传统观光游览和初级休闲为主的扁平化结构，开发层次较低，对地域发展的拉动能力相对有限。以体验性为核心的高端旅游形式日益兴盛，综合效益较突出，成为增强"双东"旅游发展效益性、竞争性的重要途径。马晓龙等归纳出历史街区与旅游协同发展的基本形式（表9-6），其中遗产旅游、博物馆旅游、传统工艺旅游和家庭旅馆等开发形式对提升、丰富"双东"旅游功能具有较强的现实借鉴意义。总之，"双东"旅游功能结构与资源结构不匹配，应推动旅游功能结构逐步高企化，充分利用资源价值，提升旅游对"双东"发展的综合拉动效应。

旅游形式	简要说明	"双东"发展条件
遗产旅游	文化旅游的核心内容,有助于全面展示地域历史文化底蕴,使客与地域社会深度接触,增进文化体验	"双东"历史遗产丰富,传统景观保存众多,开发条件好
步行街	发展传统商业具有优势,能丰富旅游吸引物,增加地域文化功能、休闲游憩与娱乐功能等	东关街已具有步行街特征
游憩商务区	全面展示地域文化和社会生活,具有综合性、多功能、休闲性特点	"双东"作为扬州游憩商务区已具优势
博物馆	主要表现为文化品位高、知识含量高,休闲娱乐性强的主题性博物馆	准提寺、剪纸博物馆已经开发,但可作为博物馆开发的潜在资源仍然很多
传统工艺区	依托传统手工艺的地域文化特色和纪念意义,建立传统手工艺旅游区,丰富旅游功能	丰富的非物质文化遗产和现状民间手工艺资源丰富,开发潜力大
家庭旅馆	依托传统建筑改建的规模小、投资额和营业额都较小的小型旅馆,满足旅游者体验需求	"双东"传统住居保存较多,开发条件好

资料来源：据马晓龙、吴必虎（2005）整理。

另一方面,"双东"客源腹地局促在扬州及其周边地区,旅游吸引力不突出。市场是旅游发展的决定性因素,加强旅游营销、扩大市场影响是提升"双东"旅游发展效益和推进可持续再生的重要措施。扬州旅游客源以省内和邻省、北京客源为主,这些地区构成"双东"旅游市场区域的基本边界。然而,"双东"客源中,宁、镇、淮、泰四市和省内客源比例较大,与邻省客源比例表现出锐减特征,说明邻省客源潜力较大,应引起"双东"旅游营销的重视。此外,浙、沪游客满意度较低,"双东"营销应加以合理应对。

9.3.3.3　引导居民旅游开发,扩大居民旅游增益

旅游发展因其技能、资金等方面的门槛,可能导致外来"社会精英"涌入并攫取旅游发展机会,从而加剧当地社区边缘化（饶勇,2013）。就"双东"实际而言,外来群体的从业比例明显高于当地居民,较大程度地分占了"双东"的发展收益。这种状况将导致"双东"发展收益存在较大漏损,对当地社区发展的关联带动能力不足。"双东"空间作为一种地方公共资源,其开发利用应使当地居民获取合理的发展增益,以利"双东"发展的社会公平。

平衡"双东"空间发展红利分配,提升居民利益份额,关键在于引导、推动居民参与旅游发展,壮大社区旅游经济体系。归纳起来,社区居民可从四个方面获取旅游发展收益。（1）旅游收益转移支付。政府、开发商可以通过转移部分旅游收益,以补偿旅游发展对社区产生的不利影响,改善社区民生（古红梅,2012）。"双东"发展对居民生活环境造成某些负面干扰,可以通过专项转移资金来支持"双东"人际环境等公共事业的发展。（2）旅游资源产权合作。资源产权是旅游收益的法理基础,社区居民参与某些集体资源和公共资源开发,并形成合理的旅游经济利益分配是实现居民旅游增益的有效途径（唐晓云、赵黎明,2005）。可以逐步建立"双东"居民

参与相关遗产开发或公共地段开发—收益机制，如引入居民资本组织观巷、东关社区地段旅游开发，既可以扩大包括居民在内的各开发主体的经济利益，同时又能改善该地段的生活环境。（3）增加居民实际就业。"双东"具有就业意向的居民较多，可以通过优先雇佣等方式提高从业群体中的居民比例，扩大居民获益。（4）引导居民自主经营。政府、开发商提供条件，引导社区居民自主开展旅游经营，是历史地段旅游发展的重要途径之一。在"双东"当前"统一开发、承租经营"的背景下，居民自主旅游开发极为少见，可以结合家庭旅馆、传统餐饮、民间工艺等形式鼓励居民进行旅游开发。

9.3.3.4　发展传统民俗活动，培育历史文化风情

人文风情是旅游地最具灵性的因素，能动态展示旅游地独特的文脉，提升旅游体验。"双东"人文风情稀薄，不利于旅游深度发展和形象提升，也成为展示"双东"深厚历史底蕴的短板。实际上，"双东"在其千年历史过程中积累了丰厚的人文资源（表9-7），具有明确的开发潜力和发展优势。

"双东"历史街区（扬州）若干民俗活动　　　　　　　　表9-7

传统节庆	立春	分两段进行。先"迎春"，在"立春"的前一天举行，琼花观（蕃釐观）是历代扬州官府"迎春"之地。至立春，大小官员依次手执彩杖鞭打泥塑的"春牛"并抛撒稻、麦、豆等农作物，又谓之"打春"
	过年	新年初一子时一过，便带上猪头三牲、香烛、鞭炮，赶到土地庙去烧头香。烧完香回家不再睡觉，天一放亮便添"财门"。接着晚辈起床给长辈拜年，长辈给晚辈"走大局"、"步步高"
	灯节	正月十三"上灯"，晚上家家吃汤圆，给婚后未育的夫妇送灯，祝早生贵子，在土地庙前竖杆"桅灯"。正月十五为"正灯"，又称"元宵节"、"小年"，组织灯会、舞龙灯、挑花担、荡湖船等民间游艺活动
	端午节	早晨吃粽子，包糯米、蚕豆瓣、赤豆、红枣片、香肠、火腿、咸肉、鲜肉等料。中午吃"十二红"，喝雄黄酒并给小孩避邪。门前插菖蒲、艾条，妇女头上戴艾叶或石榴花，家挂张天师或钟馗像，烧"黄符"
	立夏	吃五香茶叶蛋、吃七家茶、不坐门槛、要称体重等。"立夏尝鲜"：天天吃樱桃、芽笋、青蚕豆、蒜苗、苋菜等新上市的水果和蔬菜
	六月六	中午吃饺子、洗澡之俗。不仅人洗澡，还给猫狗洗澡，"六月六，洗澡白；猫洗澡，狗淘浴"
	中秋节	家家忙着做圆烧饼，分为供饼和食饼两种，同时必须要买一只一斤重的大月饼，称为"月宫饼"，以供敬月。晚上赏月
	重阳	吃重阳糕象征登高。作坊老板都要办酒请工人，席间每人最少两只螃蟹。工人们吃了重阳酒，更加劲地做工。"吃了重阳酒，日夜不停手"
	冬至	商店、手工作坊、学堂都要放假一天，"大冬大似年，家家吃汤圆，先生不放假，学生不把钱"。煮食蕃饭（南瓜），祭祀祖先
	送灶	送灶活动由男子进行，女子不得参与。送灶的供品有：一碗插有灶饭花的灶饭（糯米饭），一碗酒糟，一个有饴糖做成塔形的灶糖。并用麦秸草扎马，傍晚时把马和红豆酒在屋脊上，意为送灶老爷上西天，求灶神爷"上天言好事，下地保平安"

庙会	土地会	二月初一晚，有些求子心切的人家，便带着香烛、猪头三牲及给土地公公、土地婆婆做的披风，到土地庙去给土地菩萨"暖寿"，以求保佑得子。初二，到土地庙去祭祀土地神，求土地菩萨保佑人口平安、五谷丰登。晚上由一群男童（称"送灯宝子"）送灯笼到求子人家
	东岳庙会	农历三月二十八日。中午，三声炮响，钟鼓齐鸣，16个人抬着东岳菩萨起驾。由两面大铜锣和两支长号引路，金瓜斧钺开道，引行，香烛和民族器乐队伴随，左右有判官和四值功曹扶卫，后面有各方抬来的彩亭和龙灯、湖船、高跷等杂耍队伍随行巡行城里各主要街道
民俗	婚俗	先订婚，有大定、小定之分，结婚择吉日。迎亲前一天，新郎的弟弟等人到女家去发铺盖（嫁妆），先吃三道茶（甜茶、清茶、点心）。铺盖放五子：子孙蛋（红鸡蛋）、红枣、染成红绿色的白果、莲子、花生，象征"五子登科"。由舅父或弟兄背新娘上轿，花桥抬起后在门前转三转，女家向轿子泼水（示意新娘不要再留恋娘家）、撒筷子（预祝新娘快生贵子）。送亲进门和新娘下轿后，皆坐下吃三道茶
	寿庆	生日前一天晚上办酒暖寿。生日当天，女儿、女婿要"挑"，即买上寿幛、香、烛、鞭炮、寿图、对联、鱼、肉、馒头、蛋糕、寿面、衣料等贺寿礼品，挑上做寿人家中去，晚上办酒吃饭。寿酒后，主家向亲友散发馒头和蛋糕。过百岁生日时，地方政府主要官员还上门祝寿

资料来源：据《扬州东关历史文化街区保护规划（2008）》整理。

　　打造鲜明的人文风情，进一步彰显"双东"空间内涵，是旅游导向型可持续再生的基本要求。民俗文化在旅游开发中易滋生舞台化、表演化倾向（MacCannel，1973；Cohen，1979）。然而，潘秋玲、李雪茹（2006）认为传统民俗文化进入旅游市场必须遵循市场运作原则，在形式和内容上进行适当改变，同时认为这种粉饰过的人文风情并不影响游客对当地传统文化与民俗的认同。张军（2005）指出民俗文化的旅游开发应从研究者、当地居民和游客三方的角度来评判，关键在于把握本真性与商品化的均衡。

　　"双东"传统文化的旅游开发可从两个层面来统筹推进。（1）舞台化发展。从当前"双东"旅游功能、客源结构及其发展定位来看，娱乐性强、代表性强的文化再现方式应作为重点来抓。当然，"双东"舞台化人文风情的打造也需遵循一些基本原则，避免庸俗开发而引致负面效应。库瑞、陈锋仪（2009）总结出传统文化空间开发的主要原则包括民俗魅力、民俗环境和民俗气氛协调原则、特色鲜明的原则、社区旅游原则、空间场景完整的原则等。在这些原则指导下，"双东"可通过文艺展示、实景演出、街头艺术等方式开发一些可感性较强的文化旅游活动。（2）参与型发展。由于"双东"保留了较多传统居民，可以考虑推动居民自觉恢复、组织相关传统活动和民俗活动，如政府、开发商给予一定经费支持和政策支撑，从而使特定民俗活动通过居民生活而相对客观地发生。这种方式更有利于维护和体现人文风情的真实性，为体验型、参与型游客提供一种相对高层次的文化体验途径。

9.3.3.5　创新商业运营模式，优化商业发展环境

　　"双东"商业呈现以小微型亲友分散经营为主的发展模式，从业人员多由职业技能较低的职工、个体户和未就业、无业人士转入，人员素质整体不高。这种局面导致"双东"商业经营具有很强的随意性、零乱性、同构性。业主之间相互跟风，遏制了商业升级和创新的动力。以姜

糖产品为例，作为一种本非"双东"传统产品的"舶来物"，由于销售情况较好而被经营者竞相模仿，成为多处店铺的主要销售商品。

> 姜糖是我从外地引入的产品……当时听说东关街要搞旅游开发，我就准备在东关街租个商铺，进行一些比较简单的经营，但具体经营什么产品当时也没想好……我也考察了很多旅游景点，最终发现姜糖是个不错的产品……我就开始引入姜糖制作工艺，招人生产，开始搞姜糖销售……后来发现销售情况还不错……
>
> ——东关街YBG姜糖业主访谈

"双东"商业经营门槛较低，相似产品的同类开发现象较为普遍。同时，兜售商品本土性不强，非扬州传统性产品或特产的大众化商品经营店铺达到半数以上，"旅游搭台、商业唱戏"端倪初现。一方面，"双东"作为特色旅游商业街在商业特色方面还亟待提升；另一方面，"双东"商业发展模式也有待调整，应逐步培育若干具有较大影响力的龙头商业组织，加强"双东"商业品牌建设，带动商业经营效益和层次逐步提升。

商业发展环境也存在诸多改善之处，以刺激"双东"商业活力。除经营者普遍要求的大力改善物质经营设施外，还需提升旅游发展水平、改善居民生活设施，以强化"双东"市场潜力和地域形象。因此，"双东"可持续再生应完善商业空间与居住空间的界面设计，避免两者不相协调而弱化"双东"商业形象。同时，优化商业地段附近的旅游设施开发，更好发挥旅游设施对商业发展的涓滴效应。

相应的，"双东"可持续再生需制定产业发展规划，扭转目前粗放、自由发展方式，逐步建立经营准入标准，改善业态结构，培育商业协会等民间组织以加强商业发展自治能力，并形成有效的制度保障。

9.3.3.6 全面改善人居环境，丰富居民社会生活

居住生活功能的衰退和空心化趋势的凸显是"双东"居民社会可持续发展的核心困境。青壮年群体对于稳定"双东"居民人口结构具有关键意义。然而，青壮年人口大多居住在北片边缘的现代居住区，传统居住区面临较为突出的空心化风险。从旅游发展对"双东"居住环境的介入效果看，居住空间基本情况如表9-8。

"双东"历史街区居民生活环境基本情况 表9-8

地块	空间类型	居民类型	居住环境	旅游影响	影响性质	影响地段
1	传统居住区	青少年、中老年为主	满意	影响较大	正面为主	东关街
2			较满意	影响较大	正负并存	东关街
3			较满意	影响较大	正负并存	东关街
4	现代居住区为主，少量传统住居	青壮年为主	满意	影响较小	—	—
5			冷漠	一定影响	负面为主	安家巷－治淮新村内巷
6			冷漠	影响较小	—	—

地块	空间类型	居民类型	居住环境	旅游影响	影响性质	影响地段
7	传统居住区	长期传统居民为主	较满意	一定影响	正负并存	东圈门大街
8			满意	一定影响	正面为主	三祝庵大街
9			冷漠	一定影响	负面为主	地官第、观巷

"双东"不同地块居住环境改善措施应有所差异。其中，地块1、4、8居住环境较好，以稳步提升为主。地块2、3、7居住环境有待优化，需要协调旅游发展与生活环境的关系，弱化旅游发展的负面干扰。地块5、6、9居住环境有待重点改善，其中后两者受旅游发展有一定负面影响。地块5、6为现代居住区，可作为现代化小区来加强建设，而地块9为历史遗迹较多的传统居住区，可考虑通过旅游发展来改善居住环境。

社会环境建设应与物质环境建设一道成为改善"双东"居住环境的工作重点。居民群体与游客、从业群体之间的社会交往呈现良性状态，应以优化促进为主。同时，"双东"居民社团组织不够发育，居民交往以自发为主，集体生活滞后一定程度阻滞了居民关系扩展和社会和谐，尤其是中老年传统居民在"双东"发展以来经受"熟人社会"的衰退和社会关系的流失。因此，应大力发展"双东"居民之间的社会交往，丰富居民社会生活，激发居民社会活力，再现居民活力的生活场景。

9.3.3.7 建立居民参与机制，逐步推进社区增权

社区增权是旅游地发展公平性和可持续发展的重要前提（左冰、保继刚，2008）。在旅游地发展过程中，由于旅游资源产权界定不清晰、信息不对称、缺乏权利意识和管理技能等因素，社区居民通常处于被排斥的无权状态，成为旅游发展不公正、引发各种社会矛盾的根源（左冰，2009；郭华，2012）。尤其是初步涉足旅游开发的社区，居民往往过度关注经济利益而缺乏"主人"意识，对旅游发展的负面效益和重要决策不具备现实的反应能力。政府等优势部门对旅游社区的主导客观存在一定缺陷，在与社区居民实际需要和利益接轨时往往难以深入有效，从而导致旅游社区发展被政府挟持而偏离居民利益。

居民参与社区旅游发展被认为是维护社区利益的根本途径（张兵，2011），其目的是使社区在旅游发展中发挥更大的参与、决策、监督作用，即实现社区增权，提高社区与政府的谈判能力，使社区旅游发展更贴合居民的实际需要。社区增权具有个人增权、行政性增权和制度性增权三种基本形式（周林刚，2005），在公共层面上则主要体现为后两种形式。"双东"作为一个城市社区，开展行政性增权的可能性不大，假借旅游发展以干预政府治理的制度性增权则具有一定的实际操作性。依据制度属性和调控目标，旅游社区制度增权分为正式制度直接增权、正式制度间接增权、非正式制度直接增权、非正式制度间接增权四类（王亚娟，2012）。前两者主要体现为居民自主开展旅游活动的组织方式与政府推动旅游发展的组织机制之间的抗争，即通过影响政府规章、条例等正式文本制度来直接或间接扩张社区居民的旅游介入权利。后者则体现为社区居民在旅游发展中达成的各种民间约定。

"双东"居民参与旅游发展的意识较强，然而居民现实参与途径狭隘，对"双东"旅游发展缺乏现实的话语权，难以体现"主人"地位。对政府和开发商来说，有效获取居民的旅游发展意见在资源开发与保护、调整经营模式、改善管理体制等方面都具有积极作用。当前，可尝试开展居民社团组织，协调居民在旅游发展中的各方意见，并与政府和开发商建立正式和非正式的交流机制，通过"双东"旅游发展相关规定来维护和协调社区与精英双方利益，逐步实现居民群体与政府、开发商之间的良性互动。

9.4 "双东"历史街区可持续再生管治与恩庇困境

作为一种共同建构的公共产物，"双东"地域空间具有满足各类社会主体需求的公共资源性质，也由此成为社会主体角逐各自利益、相互抗衡而充满社会矛盾的平台。空间发展应追求社会公正，包括机会公正、程序公正、结果公正（李强，2012）。因此，各类社会主体公平分享"双东"空间的使用机会和发展利益并获取公正的制度保障，成为"双东"社会空间的利用愿景。然而，作为"双东"发展主导者的地方政府，在推动"双东"可持续再生方面则面临两点核心困境——管理体制困境、政府逐利困境。

9.4.1 管理体制困境

"双东"开发并未预先进行完整的制度设计，存在多头管理、职能交叉现象。名城公司、社区居委会、市建设局古城保护办公室、市旅游局、市园林局等职能部门，是"双东"发展的直接司职机构，即"双东"公共部门精英成员，其权能结构如图9-3。

居委会负责"双东"社会管理，实施区级属地管理职能；古城保护办公室、园林局、旅游局负责专项职能管理，实施市级垂直管理职能；名城公司属于具有政府背景的国有企业，在市政府授权范围进行商业发展。可见，"双东"属地管理体制和垂直管理体制相互混杂，且垂直管理机构在科层体系中的地位高于属地管理机构。

"双东"当前管理机制缺乏统一性，内部协同性较差。从垂直管理来看，各机构职能交叉，权能模糊。名城公司作为官办企业，被同时赋予商业开发和古城保护职能，后项权能与建设局古城保护办公室权能交叉，而两者同时服从市政府管理，导致古城保护办公室专项管理职能被名城公司一定程度地架空。市园林局主要负责个园、汪氏小苑等景区开发，并享有发展收益，与名城公司在结构性质、职能结构上有较大差异，交流互动较少。市旅游局则主要负责"双东"旅游营销宣传与设施配套，实际上主要是承担了为其他职能结构"服务"的功能，基本没有参与"双东"旅游开发与收益分享。总之，各结构在职能与收益上不对称，加之各机构层次不等、职能分割，导致部分机构司职程度和积极性不足，不利于"双东"综合管理和发展部署。例如，古城保护办公室和市旅游局对"双东"开发的积极性不够突出。

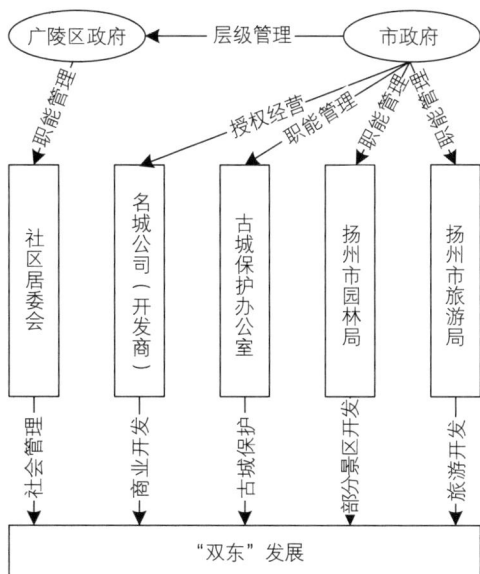

图9-3　"双东"历史街区公共管理部门结构关系

我们负责全部扬州古城区的保护，东关街只是其中一块……（东关街）具体的开发由名城公司负责，它是市场经营单位……我们对它（名城公司）以管理、监督和提供支持为主……它的开发方案要给我们审查……（名城公司）具体的事务我们干预得比较少，主要还是起到监督和古城保护的作用……

——扬州市建设局古城保护办公室某负责人访谈

东关街开发是市委市政府的部署，我们全面支持、配合……（东关街）主要还是由名城公司负责经营和日常管理……旅游这一块，我们有一个副局长专门配合（东关街旅游发展），但我们实际参与开发、经营的旅游项目目前还没有……（旅游局）主要还是起到宣传、推广和服务的作用吧……目前我们还没有和名城公司举办联合促销，有这个打算，慢慢来……

——扬州市旅游局综合办公室某负责人访谈

总而言之，名城公司在"双东"开发中发挥着实际主导功能，名城保护办公室、旅游局提供配合和支持，很少涉及"双东"发展事务；社区居委会作为基础政府部门，在"双东"发展与决策方面的话语能力微弱；园林局和名城公司表现出"两不相干、相安无事"的基本态度。公共部门精英成员之间的松散状态，使"双东"可持续再生作为一套"系统的、综合的"措施在实际操作层面上面临困境。

9.4.2　政府逐利困境

地方政府主导旅游发展的公正性及其在旅游发展中利益中立的角色受到较大质疑。地方政府出于经济增长动机而追求空间资源利用效益的最大化，由此和经济精英结盟而形成以快速发展为宗旨的增长联盟,并可能侵害其他社会主体的利益(Molotch,1976;张振华,2011)。从社会—空间辩证法角度来看,增长联盟的形式导致均衡社会空间观无法建立,从而产生严重的社会公平和正义问题(段进军、倪方钰,2013)。

"双东"旅游导向型发展不是由旅游部门牵头组织和运营管理,而是由扬州市政府专门成立的国有企业即名城公司负责,具有政府企业化的潜在特征。"双东"发展并未建立外来经营者进入壁垒,也未形成社区反哺机制。外来人员大量涌入"双东"从事商业经营,最终是对"双东"空间资源进行分享,并通过租金偿还机制与名城公司形成市场行为。尽管这种运行模式并未排斥居民的从业机会,但由于"双东"居民参与旅游经营的实际能力较弱而被客观排斥。因此,"双东"发展构建了名城公司与"双东"以外经济精英的联盟机制,成为"双东"发展的核心力量。随着"双东"功能升级,商业投资与技术要求将逐步攀高,对本地居民的排斥力将增强,可以预期上述"增长联盟"将得到进一步巩固。

Tosun(2000)指出,社区在旅游发展中的自主性会遭受政治、经济、文化因素的限制,而这些因素可能超脱社区自身的控制范围。地方政府在主导"双东"发展过程中,会否因自身的政治动机、经济动机而偏离可持续再生方向,成为"双东"面临的又一项潜在风险。目前看来,这种风险已经一定程度的存在。

政府、开发商和规划师等精英群体在"双东"发展中承担了重要角色。一方面,精英社会主体对社会主体的空间利用发挥恩庇作用,调控社会主体利用"双东"空间的总体框架,并协调社会主体之间的矛盾;另一方面,精英群体并不是抽象的存在,他们实际上是某种利益集团(王德刚、贾衍菊,2008;郑昭彦,2011;景秀艳、Tyrrell,2012),因而在"双东"发展中渗透着自身的利益倾向。地方政府和开发商通常会结成"增长联盟",地域空间转而成为政府部门在"地方经营"理念下的"增长机器"(Molotch,1976;张振华,2011)。总之,尽管精英群体对社会群体建构"双东"空间具有引导、协调和监督作用,但往往出于自身利益而成为占有"双东"空间效益的成员,甚至与社会公正的发展目标相悖。因此,"双东"可持续再生还有赖于合理、高效的制度设计。

9.5 本章小结

本章在"双东"居民、游客、从业者空间建构特征和建构状态的基础上,解析了"双东"发展目前存在的不足及基本问题,主要包括发展布局问题、设施开发问题、功能发展问题、社会活力问题、社会内涵问题与空间正义问题。同时,本章分析了"双东"居民群体、游客群体、从业群体的内部分异,提取了对"双东"优化发展具有突出影响的重点亚群。在此基础上,提出"双东"可持续再生框架与驱动机制,并统筹各类重点亚群提出推动"双东"可持续再生的针对性措施。在政府实施层面,"双东"可持续再生仍面临管理体制、政府逐利两大困境,这对"双东"制度调整提出要求。

场所可以培养公共记忆和身份认知，强化居民意识，激励他（她）们为社区生活做出贡献，改变漠不关心和没有灵魂的社会。

Shutkin W A. The Land that Could Be: Environmentalism and Democracy in the 21 Century. 2000.

第 10 章　研究总结

10.1　研究结论

　　无论是城市规划领域还是旅游规划领域都对社区旅游规划开发进行了大量探讨，通过旅游开发来推动社区发展已经成为一种具有普遍意义的规划模式。在人本主义、社会和谐等发展理念兴起的新背景下，规划仅作为一种物质性调整手段的局限性逐步暴露，引起学术界从社会层面对规划，尤其是对社区规划性质和效应的反思，并由此推动社会—空间辩证思维在社区发展中的应用。这一分析视角，揭示出地理维度背后的社会关联机制，为社区规划统筹物质效应和社会效应提供了新的理论依据和指导。

　　可持续再生是伴随物质规划手法向社会协调手法转型而兴起的新规划理念，强调地域发展的社会机制和社区福祉。社会—空间辩证思维是社区可持续再生的核心机制，主张通过空间手段来解决社会问题，并结合社会手段来解决空间问题。对处于弱势地位的传统社区或贫困社区来说，可持续再生理念具有明确的理念优越性。

　　然而，由于社会学领域、规划学领域和旅游学领域对社会—空间辩证思维的探讨、吸取和运用并不一致，规划学、旅游学在社会空间理论建构方面尚不够系统，相对滞后。本书基于社会空间理论体系，对旅游社区可持续再生的社会—空间辩证机理展开探讨和理论建构，并以扬州"双东"为例进行了实证分析，为社会空间理论以及可持续再生理念在旅游社区规划中的应用提供了参考和指导，并取得一定研究成果。这些成果主要体现为关于旅游社区发展社会—空间辩证法的理论结论、关于旅游社区可持续再生的理论结论，以及关于指导"双东"可持续再生的指导结论。

10.1.1　旅游社区发展的社会—空间辩证法结论

这一方面主要包括旅游社区社会—空间辩证机理和旅游社区社会空间建构模型。

10.1.1.1　社区社会—空间辩证机理

社区社会—空间辩证机理集中体现在社区社会性、空间性及其辩证互动三方面。

（1）旅游社区的社会性

旅游社区有其特定的社会成员和社会关系，这是社区赖以形成的基本条件，也是构成旅游社区社会实体的基本要素。社区成员所具有的文化特征、观念特征、经济特征、社会特征、活动特征、组织特征等共同界定了旅游社区的社会性，并将社区社会和其他社会实体以某种程度和形式区分开来。社会性是旅游社区的基本属性之一。

（2）旅游社区的空间性

特定地域是旅游社区赖以形成的另一基本条件，也是旅游社区空间性赖以形成的基本要素。现实中，地域并不是一个抽象、空洞的概念。某一旅游社区有其特定的尺度、地文、地质、区位、人文景观等，这些具体的地域特征界定了该旅游社区的空间性。空间性是旅游社区的另一客观属性。

（3）旅游社区社会—空间辩证互动

旅游社区居民、游客、从业者等社会成员以特定方式占用空间、改变空间，并在活动过程中结成特定社会关系和社会结构。目的地社区地理要素在为社会活动提供物质性支撑的同时也限定了社区成员可能的活动方式，并被社区成员的物质性活动而动态重塑。在这种客观过程中，空间性既成为旅游社区社会活动的物质支撑，又成为社会活动的物质产物。

同时，旅游社区社会成员在旅游发展中获取不同的利益，包括经济利益、文化利益、威望利益、社会利益和行为利益等。这些利益通过经济资本、文化资本、威望资本等实体形式和关系网络内在于成员自身，并影响其活动能力、活动方式和思想观念，界定其社会位置，从而实现各自的个体性空间生产，并整体性地构成旅游社区的社会再生产。

总之，旅游社区的空间性辩证限定了社区社会活动方式，即影响旅游社区社会再生产，从而最终限定空间性的自我生产。

10.1.1.2 旅游社区的社会空间建构模型

旅游社区存在两套空间生产机制，即社会建构和精英建构。二者主要通过恩庇—侍从机制发生互动，对社区空间具有不同的使用方式及干预能力。综合二者空间生产机理和旅游社区社会性、空间性、生产方式的具体内容，建立旅游社区空间发展模型（图10-1）。

（1）社会建构

旅游社区居民、游客、从业者三类主体是社区空间的日常使用者，但不具备统筹、调控社区发展的现实能力。各类主体各自进行着以自我为中心的个体性社会建构，即通过自利性活动在各自范畴内进行社区空间的局部利用和改造，并共同构成社区空间的整体性建构。由于在空间利用方面存在利益分异，各社会主体在共同占用社区空间过程中存在不同程度和形式的竞争，由此引发社会矛盾。

社会建构也是旅游社区社会实体转变的过程。社会主体的物质活动一方面体现了旅游社区的社会风情和人文风情，另一方面也伴随着社会资本交换和关系网络重构，从而影响旅游社区利益分配、社会分层、社会和谐、社会活力等。

（2）精英建构

政府、开发商和规划师等精英群体通常不是旅游社区的日常使用者，但对旅游社区的发展具有现实的主导或统筹能力。因此，精英群体主要通过恩庇社会建构而间接参与旅游社区的空

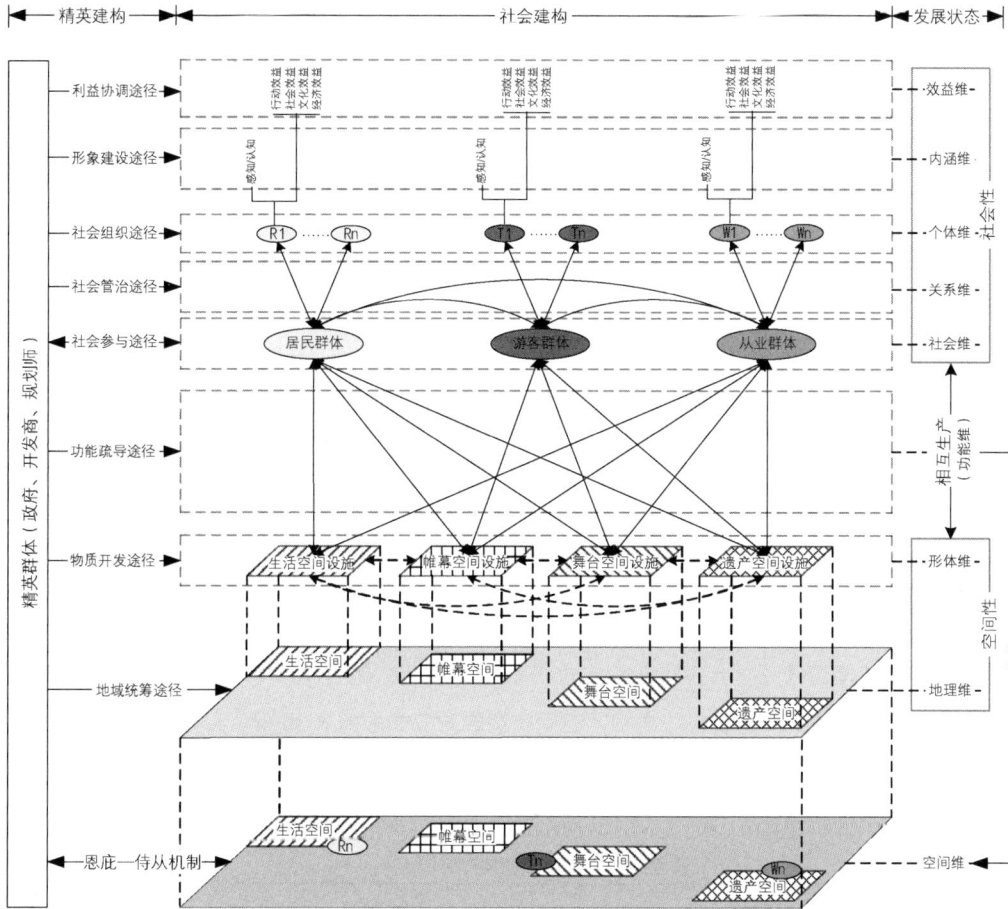

图10-1 旅游社区空间发展模型

间生产。同样，精英群体也具有各自的建构目标，如政府、规划师应维护公共利益和协调社会建构中的各类矛盾，而开发商则以商业利益为重。

基于社会群体占用旅游社区的社会—空间机理，精英群体可从空间手段、社会手段和活动（功能）手段三方面介入旅游社区的社会建构，具体包括地域统筹、物质开发、功能疏导、社会参与、社会管治、社会组织、形象建设、利益协调等途径，即可以在地理维、形体维、功能维、社会维、关系维、个体维、内涵维、效益维六个层面干预旅游社区空间的社会生产（表10-1）。

旅游社区的精英建构方式及调控内容　　表10-1

干预维度	建构途径	调控内容
地理维	地域统筹	调整旅游设施、生活设施、商业设施及其他设施的地域分布与空间组织关系，以引导包括旅游流在内的各类人流及其活动的地域分布
形体维	物质开发	调整各类设施形体、数量、等级、品质等，以改变其对各类活动的现实支撑能力，从而影响主体的活动特征和方式

干预维度	建构途径	调控内容
功能维	功能疏导	制定各类活动或发展方式的规则、门槛、条件等，以改变其活动效益和存续能力，从而引导相关功能活动逐步调整
社会维	社会参与	扩大居民、游客、从业者等社会主体获取相关信息、表达意见并参与"双东"发展决策等各方面事务的渠道和能力，从而使"双东"发展方式能更好符合各利益相关者的需要
关系维	社会管治	调整各类社会主体活动范畴和活动方式，以推动各类主体交往方式和组织形式发生改变，从而实现某种社会控制目标
个体维	社会组织	通过制定相关政策、发展相关活动，引导社会主体按某种发展预期而展开交流和公共活动，并使其参与或建立各类民间组织，从而增进社会交往和社会活力
内涵维	形象建设	制定相关政策、组织相关活动，引导"双东"社会主体特定行为的改善，并结合有效宣传方式，改善"双东"的软环境或某类形象
效益维	利益协调	调整各类主体的空间活动方式和活动范畴，以改变其主动谋求发展效益的途径和能力，并制定相关利益分配方案，从而平衡各类主体的获益规模和获益能力

（3）建构状态

状态维反映旅游社区社会主体建构方式在不同层面的效应状态，具有指示性。本书通过对相应内容的梳理，归纳各维度与旅游社区空间状态的对应关系如表10-2。实际使用中，可根据旅游社区空间状态采取合理的调控措施。

旅游社区空间状态及建构维度　　　　　　　　　　　　　　　表10-2

建构维度	指示状态	发展内容
地理维	空间形态	不同设施的空间组合形式，表现为物质性景观格局或空间肌理
形体维	物质景观	各类设施的形体或外观特征，表现为物质性景观风貌
功能维	功能发展	地域功能类型、规模和强度结构，体现地域在特定区域内所承担的职能分工和综合地位
社会维	社会活力	地域主体所表现出来的活动能力和组织方式，隐含了主体内在的观念特征，体现了地域社会活跃程度
关系维	社会和谐	不同主体在活动过程中所结成的关系状态，表现为地域社会秩序和活动规则
个体维	个体发展	社会主体在空间发展中所获取的各种利益，包括经济利益、文化利益、威望利益和空间使用利益
内涵维	社会内涵	地域物质景观和社会景观内敛的人文意义，还与主体特征及其解读方式有关
效益维	空间正义	空间发展利益在不同主体之间的分配状态，体现发展方式的统筹性和公正性

10.1.2　旅游社区可持续再生理论体系

旅游社区可持续再生理论成果主要体现为旅游社区可持续再生理论体系，包括旅游社区可持续再生理念内涵与目标、旅游社区可持续再生体系与核心内容以及基本矛盾。

（1）旅游社区可持续再生理念内涵与目标

旅游社区可持续再生旨在通过社区物质要素和社会要素的整合和优化来合理恢复社区原有功能和地域特征，并引导形成合理的社会活动或空间利用方式，以图借助旅游开发来推动社区复兴。旅游社区可持续再生的核心思维是社会—空间辩证法，即以旅游功能的引入来协调和优化社区社会—空间互动机制，实现社区内生性、恢复性发展。

旅游社区可持续再生的具体目标包括再现社区传统景观和人文风情、恢复社区经济活力、提升社区居民福祉、改善居民精神风貌、提升社区综合地位等。

（2）旅游社区可持续再生体系与核心内容

旅游社区可持续再生主要包括地域功能再生、社会内涵再生、空间正义再生三大核心层面。旅游发展导致社区功能结构发生调整，形成居住生活、社会交往、旅游接待、商业服务四大核心功能并立的功能体系，现实中体现为居民、游客、从业群体的地域活动。各类社会主体对旅游社区有不同的占用特征和发展偏好（表10-3）。

旅游社区主体的空间占用特征与发展内容 表10-3

社会主体	活动形式	形体要素	社会要素	认知要素	备注
居民	居住生活 社会交往	公共设施 基础设施 建成环境	经济利益 文化利益 社会利益 权威利益 * 行动利益	生活环境 旅游态度	考虑旅游介入效应： 空间效应（喧闹、拥挤、私密性） 社会效应（问题现象、人际疏离） 经济效应（觅益差异） 文化效应（文化变迁） 环境效应（生态环境）
游客	游览活动 社会交往	旅游景点 五要素设施 游览服务设施 景观风貌	景观风情 人文风情 社会风情	游览满意 推荐意向	考虑场地氛围（游览拥挤、城市建设、 经济发展、商业氛围）
从业者	从业活动 社会交往	一线经营设施 公共支撑设施 旅游支撑设施 居民支撑设施	产品市场环境 市场依托环境 社会依托环境 社会成本环境 政府管理环境 业主发展环境	发展环境评价 业务发展影响	部分从业者来自当地居民

注：* 本书未作实证考虑。

社会内涵反映社区空间的文本意义，包括景观风情、社会风情和人文风情。前者对应于旅游社区的物质景观，后两者对应于旅游社区的社会景观。依据旅游社区不同地段的文本特征，可归结为舞台空间、遗产空间、帷幕空间和生活空间四类斑块空间。各类斑块空间具有不同的生产机制，旅游者主要在舞台空间和遗产空间活动，这两类空间对于展现旅游社区景观风情、社会风情和人文风情具有重要意义，而帷幕空间发挥一定的社会风情展示作用。生活空间是隐匿于旅游活动之外的封闭型居住空间，其内涵主要依赖于居民认知。

空间正义反映各类社会主体在旅游社区发展中的获益程度，体现社区旅游的公正性。从居民角度看，旅游发展推动居民社会资本和社会关系的不对称变动，从而改变居民的社会位置，并在居民社会层面体现为阶层重构。此外，旅游社区设施开发及其布局具有空间差异，对不同居民使用需要的满足程度不一。可持续再生依托于旅游社区地方性空间资源，应当充分考虑社区居民的发展利益。

旅游社区可持续再生应依据实际需要对上述三个再生层面进行统筹。

（3）旅游社区发展与可持续再生的基本矛盾

旅游社区可持续再生也面临一些实际问题或发展矛盾。新功能过度植入对原有功能形成抑制，以及新功能发展中引起其他功能的繁衍而使社区功能趋于杂乱。旅游开发对社区空间的重新利用可能破坏社区空间肌理的有机性，导致空间内涵展示不当。此外，旅游社区发展可能导致精英劳动力的倒灌并过度占取发展利益，使社区居民在利益分配中被边缘化。这些潜在风险在旅游社区可持续再生过程中需加以合理应对。

10.1.3 "双东"历史街区可持续再生指导结论

"双东"具有1200多年历史的扬州传统商业大街，历史底蕴丰厚，但现今商业地位和居住环境已不能同日而语。"双东"旅游开发已经取得初步成效，但在空间利用方式、发展利益分配、地域风情展示等方面还存在一些缺陷，面临三方面潜在风险：地域发展不能有力消除社会贫困的风险，空间利用的不可持续风险，社区功能失调。因此，以可持续再生理念来优化"双东"发展具有必要性。

（1）"双东"历史街区旅游社区发展状态

"双东"社区发展状态的研究发现归结为不同居民、游客、从业者个体性建构状态及其社会性建构状态，即"双东"空间发展状态。

个体性建构方面，居民、游客、从业者对"双东"空间的利用存在一定差异。基于各自空间生产特征，居民可归纳为很满意生活环境型、较满意生活环境型和生活环境冷漠型三类亚群；游客可归纳为游览满意一般型、游览很满意型、很乐意推荐型和游览较满意型四类亚群；从业者可归纳为很满意综合发展环境型、较满意综合发展环境型、综合发展环境一般型和不满意综合发展环境型四类亚群。这反映出社会主体在"双东"空间生产中具有利益分歧和社会矛盾。同时，不同社会主体对"双东"空间具有不同的改善意向。

社会性建构方面，"双东"旅游接待功能、商业服务功能得到较大提升，居住生活功能、社会交往功能状态较好。然而，居住生活功能和居民交往功能的衰退机制未得到妥善解决；生活空间、帷幕空间发展较好，而舞台空间、遗产空间则需重点加强，以提升对"双东"历史底蕴和民俗风情的展示能力；中老年传统居民在"双东"发展中获益不足，青壮年群体和中短期住龄的迁入居民成为"双东"空间发展的核心受益者；外来人员占取了"双东"较多商业机会和经济利益。总之，社会性建构推动了"双东"社区功能、社会内涵和空间正义发生转变。

（2）"双东"历史街区可持续再生措施与实施困境

"双东"目前在发展布局、设施开发、功能发育、社会活力、社会内涵、空间正义六方面还存在一定的不合理现象。精英群体应通过合理措施引导"双东"功能优化升级，完善设施开发布局，增进居民利益分享，推动"双东"可持续再生。这些措施主要包括：升级旅游功能结构，加强旅游营销宣传；创新商业运营模式，优化商业发展环境；全面改善人居环境，丰富居民社会生活；引导居民旅游开发，扩大居民旅游增益；发展传统民俗活动，培育历史文化风情；提升物质开发水平，完善设施空间布局；建立居民参与机制，逐步推进社区增权。同时，"双东"可持续再生还有赖地方政府推行更合理的制度设计。

10.2　研究局限

理论研究都不可避免地存在一定的局限性。本书的局限性主要体现在以下几个方面。

（1）社会主体的空间生产行为分析局限

本书主要通过社会资本理论和行为心理学依据建立社会主体空间生产的行为模型。一方面是考虑到研究重心所在，过多深究于支撑性理论命题的探讨势必一定程度地导致研究体系臃肿和层次零散；另一方面也是受研究能力所限。实际上，社会资本理论因其内在的结构主义逻辑而受到一些学术批判（张林、高安刚，2011；赵雪雁，2012）；而"主体感知→认知→行动"线性程式也存在不周之处。一些研究发现行动者的心理因素与现实行动之间体现为非线性关系（Gallarza and Saura，2006；Chen and Chen，2009）。当然，这些不足之处并不否认原有理论的解释能力，而是关于解释程度的问题。对于这些不足，今后当继续展开深入探讨，加强对社会主体空间生产过程的研究。

（2）研究数据的局限

本书量化数据主要通过问卷来获取。由于研究时间和研究精力有限，样本规模尽管达到统计分析的基本要求，但仍然相对有限。因此，量化数据是否能代表"双东"相关社会主体的真实状况尚存在一定的悬疑。其中，从业者抽样覆盖率较高，而居民调查数据与官方统计数据和田野调查情况耦合性较好，因此推断这两类数据具有一定的代表性；然而游客数据是否可靠尚缺乏现实的校验依据。但"双东"游客调查数据与扬州旅游抽样调查情况呈现一定的耦合性。尽管本书采取了分期调查方式，但在调查密度和规模上仍显不足。

质性数据主要来源于实地访谈，采访对象具有一定的权威性。然而，本书缺乏对访谈对象的跟踪，因此访谈数据仅能对相关现象做出一般性支撑，限制了质性分析的深度。

（3）调控措施的局限

本书针对"双东"发展的主要问题提出了对应的调控措施。这些措施很大程度上是理论层面的部署，并未下沉到具体的、详细的操作层面，因而具有精度局限。这与本书的理论研究性质和研究重心有关。但不容否认，从多元利益相关者视角对旅游社区可持续再生的实践绩效进行客观评估并提出针对性调控措施，是一项十分必要的工作（吕斌、王春，2013）。

10.3 研究展望

围绕本书主要研究结论及其应用价值，以及当前的研究局限，今后还将在以下几方面展开后续研究。

（1）进一步扩展旅游社区可持续再生的实证研究

本书以扬州"双东"为例对旅游社区可持续再生进行实证分析，取得了一些研究发现。然而，单个案例的分析结论毕竟有限，对可持续再生相对于不同类型旅游社区、旅游社区不同发展阶段、不同发展目标的旅游社区的指导价值缺乏充分的洞见。因此，今后应扩展可持续再生的实证研究，在对多个社区进行分析的基础上展开对照和归纳，提炼出社区通过旅游发展实现可持续再生的若干典型模式，使可持续再生得到更充分、更有效的推广和应用。

（2）进一步深化社会主体空间建构行为机制研究

空间实践是社会空间理论的核心纽带。本书对社会主体进行空间建构的行为机制的理论探讨略显简单，有待充实改进。当前，对旅游者行为机制的研究多运用结构方程模型（SEM）。这种方法在分析行为心理机制方面具有一定的优势，但通常脱离旅游活动的时空背景。因此，如何将旅游者时空因素纳入行为机制分析是本书有待深入探讨的内容之一。同时，这也预示着结合时空地理学、行为地理学、行为心理学等学科对社会主体空间建构机制展开跨学科综合研究，将是一个有意义的探索过程。

（3）进一步完善旅游社区可持续再生体系

本书初步构建了旅游社区可持续再生的内容体系，包括地域功能、社会内涵和空间正义三个层面的再生及其具体指示要素。这些对于旅游社区科学发展具有较为明确的现实指导价值。将来，可考虑在本书提出的内容体系基础上，对上述三个层面进行细化，并制定合理、有效的指示要素，作为旅游社区发展绩效的考核体系。通过这种方式，可以对旅游社区资源保护、可持续发展等敏感问题发挥一定监管作用。

不能单从使政策生效角度来看规划实施，还要
观察现实中所发生、所完成的事件并寻求理解
其过程和原因，继而组织实施。

Barrett S, Fudge C. Policy and Action: Essays on the
Implementation of Public Policy. 1981.

附录 1: "双东" 历史街区主要物质遗产名录

序号	名称	年代	地点	类别	级别	公布时间	隶属关系	占地面积 (m²)	对外开放	备注
1	个园	清	东关街 328 号	古建筑	全国重点	1988	园林局	10280		古建筑、园林保存较好; 门楼、照壁已复建, 修缮完好
2	东门遗址	隋－宋	—	古遗址	全国重点	1995	—	1000000	√	—
3	汪氏小苑	清	地官第 14 号	古建筑	省级	2002	房产局	3880	√	—
4	逸圃	清	东关街 356 号	古建筑	省级	2006	行政局	1800		花厅、书斋、藏书楼、住宅等建筑局部装修已改, 假山半亭已毁
5	冬荣园	清	东关街 98 号	古建筑	市级	1962	房产局	—		破坏严重, 砖雕门楼、花厅、住宅年久失修, 局部装修已毁; 花厅移建西园曲水
6	琼花观	清	文昌中路	古建筑	市级	1962	房产局	2775		琼花台、玉钩洞天井保存较好; 原寺庙建筑已毁
7	武当行宫	明	东关艺蕾小学	古建筑	市级	1962	广陵区	2600		—
8	准提寺	明	东关街安家巷	古建筑	市级	1962	行政局	2320	√	山门殿、天王殿、大殿、藏经楼已修缮, 保存较好
9	曹起缙故居	1906－1931	东关街 338 号	近现代历史遗迹	市级	1996	私人	—		对照已毁、正宅、厢房装修已毁; 正房由七架梁改为五架梁
10	刘文淇故居	清	东圈门 14 号	古建筑	市级	1996	房产局、后人	—		轩房及第一、三进住宅年久失修, 砖瓦风化严重; 第一进花厅 1992 年遭火毁; 西部花园已废
11	诸姓盐商住宅	清	国庆路 342－346 号	古建筑	市级	1996	房产局	—		仪门、大厅、住宅、养房、客座、书姿等建筑基本保存较好; 局部装修已毁
12	丁姓盐商住宅	清	地官第 12 号	古建筑	市级	1996	—	—	—	门楼、大厅、二厅、住宅保存基本完整, 装修破坏严重; 内部乱搭、乱拉现象严重
13	壶园	清	东圈门 22 号	古建筑	市级	1962	房产局	—		遭破坏严重, 存大厅、大厅、住宅年久失修, 宅东花园今已毁坏

序号	名称	年代	地点	类别	级别	公布时间	隶属关系	占地面积(m²)	对外开放	备注
14	马氏住宅	清	地官第10号	古建筑	市级	1996	—	—		大厅、花厅及住宅基本保存完整，装修毁坏严重；内部乱搭、乱拉严重，环境较差
15	包世臣故居	清	观巷29号	古建筑	市级	1996	—	—		1997年城市建设中已被拆除
16	华氏园	清	斗鸡场4号	古建筑	市级控制	—	—	—		假山大部被毁，仅存黄石一小区、老房旧屋、花厅、楼室等仍存
17	江上青故居	清	东圈门16号	古建筑	—	—	—	—		保存较好，宅后小花园已改建
18	熊成基故居	清	韦家井6号	古建筑	—	—	—	—		—
19	李长乐故居	清	五谷巷	古建筑	—	—	—	2000	√	部分建筑物已遭毁坏，现存砖雕八字门楼，住宅存中路二进，西路三进
20	胡仲涵故居	民国	东关街306、312号	近现代历史遗迹	—	—	—	—		存312号主房前后三进；306号庭院、假山、鱼池部分遭毁坏及装修改变，花厅存地下室60m²
21	街南书屋	清	东关街309号	古建筑	—	—	—	—	√	现存旧屋两进
22	剪纸博物馆	—	马监巷	近现代历史遗迹	—	—	—	—	√	—
23	山陕会馆	清	东关街250-262号	古建筑	—	—	—	4200		今存东路房屋较好，前后七进，门楼斑驳尚存，北端界碑石刻仍在
24	盐务会馆	清	东关街400号	古建筑	—	—	—	—		现存三进古宅，较完整，装修尚好
25	金粟山房	清	羊巷23号	古建筑	—	—	—	—		今存八字门楼二路，各前后二进，原园已毁
26	郭坚忍故居	民国	广储门街32号	近现代历史遗迹	—	—	—	—		现存老屋一处
27	许靖华旧居	—	东关街97号	近现代历史遗迹	—	—	—	—		现存门楼，厅堂及住宅
28	三祝庵	明	三祝庵街38号	古建筑	—	—	—	—		新中国成立后被毁；现存古银杏一株
29	礼拜寺	—	马监巷34号	—	—	—	—	—	√	现存大殿、怀清井，井旁嵌古碑一株
30	盛世严关	清	东关街286号	古建筑	—	—	—	—		石额今存市博物馆仓库院内
31	东恒盐栈	—	东关街321号	—	—	—	—	—		2003年被拆除

资料来源：据扬州市文物局资料整理而成。

附录 2:"双东"历史街区主要非物质遗产名录及恢复规划

规划恢复项目	非物质文化内容	地点
恢复老字号	纸店"乾大昌"	东关街 436 号
	鞋子店"陈同兴"	东关街 437、435 号
	南货店"协丰"	东关街 379 号
	豆腐店"夏广盛"	东关街 388 号
	茶食店"凌大兴"	东关街 372 号
功能活化	三和四美酱园	东关街 371 号
	四美美食休闲广场	东关街 371 号
	馥春花苑	东关街 243 号
引进老字号	大麒麟阁	东关街 433 号
	绿杨春茶社	东关街 440 号
	富春茶社	东关街 395 号
	九如分座茶社	东关街 414 号
	冶春茶社	东关街 387、389 号
	共和春茶社	东关街 404、406、408、410 号
建立文化场所	史家香专卖	东关街 369 号
	大唐盐号	东关街 328 号
	紫罗兰发艺馆	东关街 359 号
	扬州木偶馆	东关街 292、294 号
	扬州剪纸展示厅	东关街 368 号
	扬剧小舞台	东关街 270 号
	扬州清曲传习所	东关街 352、354 号

资料来源:扬州东关历史文化街区保护规划(2008)。

附录 3:"双东"历史街区居民生活环境总评 – 旅游发展态度卡方检验表

影响因素	代码	环境总评 (RC₁) χ^2	Sig.	发展态度 (RC₂) χ^2	Sig.
性别 #	RS_1	11.399	.010*	1.787	.618
年龄 #O	RS_2	50.789	.000*	47.430	.000*
居住时长	RS_3	20.923	.052	5.505	.939
居住状况 #	RS_4	49.228	.000*	23.365	.077
家庭收入	RS_5	24.037	.064	20.958	.138
住房类型 O	RS_6	13.344	.345	30.970	.002*
出行工具 #O	RS_7	26.912	.029*	36.369	.002*
学历 #O	RS_8	36.407	.000*	26.472	.009*
职业	RS_9	35.132	.136	36.449	.106
电脑技能 #O	RS_{10}	28.597	.000*	26.204	.000*
依附感 #O	RS_{11}	23.063	.001*	17.020	.009*
居住地块 #O	RS_{12}	53.791	.000*	54.984	.000*
活动类型	RS_{13}				
晨练 O		3.907	.272	23.748	.000*
散步		2.879	.411	1.099	.777
邻里聊天		.530	.912	4.098	.251
陪小孩玩		3.392	.335	6.997	.072
群体活动 O		5.322	.150	9.763	.021*
公益活动 O		1.367	.713	9.580	.022*
棋牌 #		8.680	.034*	3.758	.289
购物逛店		6.861	.076	3.404	.333
户外娱乐 #O		8.251	.041*	7.806	.050*
品尝小吃		1.025	.795	3.960	.266
亲友聚餐 O		2.664	.446	8.638	.035*
打零工		7.169	.067	2.318	.509
基本不出门		5.138	.162	1.755	.625
其他		1.477	.688	1.253	.740

影响因素	代码	环境总评 (RC₁) χ^2	Sig.	发展态度 (RC₂) χ^2	Sig.
活动地段 #	RS_{14}	20.205	.164	29.184	.015*
购物设施 #O	RO_1	44.994	.000*	42.288	.000*
休闲设施 #O	RO_2	56.893	.000*	58.040	.000*
娱乐设施 O	RO_3	8.975	.175	24.992	.000*
餐饮设施 #O	RO_4	45.021	.000*	53.825	.000*
市政服务 #O	RO_5	67.183	.000*	32.106	.000*
交通状况 #O	RO_6	31.008	.002*	38.915	.000*
建筑风貌 #O	RO_7	68.486	.000*	64.929	.000*
文物利用 #O	RO_8	53.615	.000*	32.301	.000*
经营意向 O	RO_9	11.421	.248	20.616	.014*
就业意向 #O	RO_{10}	20.929	.013*	28.227	.001*
消费行为 #O	RO_{11}	21.327	.002*	27.734	.000*
社会交往 #O	RO_{12}	22.931	.001*	26.123	.000*
社会情调 #O	RO_{13}	31.879	.000*	46.360	.000*
社会关系 #O	RO_{14}	18.852	.004*	20.149	.003*
民间组织 #O	RO_{15}	30.223	.000*	26.892	.000*
社团参与 #O	RO_{16}	14.077	.029*	20.244	.003*
晚间活动 #O	RO_{17}	73.938	.000*	37.642	.000*
治安情况 #	RO_{18}	30.872	.000*	6.770	.343
参与意识 O	RO_{19}	4.413	.621	43.766	.000*
游客印象 #O	RO_{20}	34.901	.000*	23.574	.001*
思想观念 #O	RO_{21}	46.992	.000*	21.619	.001*
文化传统 #O	RO_{22}	49.731	.000*	91.313	.000*
公共拥挤 #O	RO_{23}	21.116	.012*	34.465	.000*
游客喧闹 #O	RO_{24}	28.388	.000*	24.829	.000*
问题现象	RO_{25}				
邻里纠纷 O		4.503	.212	8.655	.034*
违法犯罪		1.111	.774	7.212	.065
酗酒		1.418	.701	4.748	.191

影响因素	代码	环境总评 (RC_1) χ^2	Sig.	发展态度 (RC_2) χ^2	Sig.
不三不四的人变多 [#o]		31.018	.000*	14.337	.002*
赌博		6.289	.098	3.609	.307
其他		1.455	.693	3.835	.280
都没有 [#]		10.763	.013*	5.034	.169
物价水平 [#]	RO_{26}	17.222	.009*	11.368	.078
环境生态	RO_{27}				
基本满意 [#o]		7.947	.047*	31.572	.000*
绿地不足 [o]		4.379	.223	10.456	.015*
垃圾多 [#o]		12.352	.006*	9.953	.019*
比较脏乱 [#o]		20.677	.000*	18.104	.000*
日常私密 [#o]	RO_{28}	9.346	.025*	9.175	.027*
邻里关系 [o]	RO_{29}	9.867	.130	26.677	.000*
受益差异 [#o]	RO_{30}	36.951	.000*	43.089	.000*
旅游发展态度 [#]	RC_2	66.403	.000*	—	—

注：* 表示达到 0.05 显著性水平。

　　# 表示生活环境总评关键影响因素；O 表示旅游发展态度关键影响因素。

附录4："双东"历史街区游客游览满意 – 推荐意向卡方检验表

影响因素	代码	游览满意 (TC$_1$) χ^2	Sig.	推荐意向 (TC$_2$) χ^2	Sig.
性别 [o]	TS$_1$	3.578	.167	6.535	.038*
年龄（岁）	TS$_2$	16.305	.091	13.434	.200
游伴类型	TS$_3$	11.307	.503	14.242	.286
游伴数量（人）	TS$_4$	4.075	.944	5.813	.831
花费（元）	TS$_5$	14.074	.444	21.051	.100
月均收入（元）	TS$_6$	19.991	.067	16.727	.160
学历 [#o]	TS$_7$	24.742	.006*	19.726	.032*
职业 [#]	TS$_8$	41.837	.007*	21.075	.516
电脑技能	TS$_9$	4.646	.326	3.978	.409
出游频次（次/年）	TS$_{10}$	4.307	.828	4.773	.782
客源地区 [o]	TS$_{11}$	24.173	.086	31.481	.012*
交通方式	TS$_{12}$	6.007	.916	13.004	.369
活动类型	TS$_{13}$				
观光		.061	.970	3.719	.156
购物		2.195	.334	2.084	.353
休闲娱乐		.922	.631	5.870	.053
品尝美食		.696	.706	3.113	.211
探访亲友		.804	.669	1.037	.595
民俗体验		1.727	.422	1.216	.544
会议商务		2.417	.299	.313	.855
住宿度假		2.534	.282	.649	.723
摄影		.161	.923	.298	.862
其他活动		.679	.712	.819	.664
到访频次	TS$_{14}$	3.072	.546	3.979	.409
重游意向 [#o]	TS$_{15}$	14.646	.005*	16.888	.002*
游览地段	TS$_{16}$				
东关街		1.179	.555	1.788	.409
西北片区		1.876	.391	2.492	.288

影响因素	代码	游览满意 (TC₁) χ^2	Sig.	推荐意向 (TC₂) χ^2	Sig.
花局里		3.885	.143	.135	.935
东北片区		1.561	.458	.856	.652
西南片区		.218	.897	.632	.729
东南片区		2.315	.314	.839	.657
入口（出口#）	TS_{17}	33.480(19.900)	.055(.030*)	29.331(9.055)	.136(.527)
进入时间	TS_{18}	13.800	.314	9.821	.632
游览时长（小时）	TS_{19}	7.349	.499	5.317	.723
逗留天数	TS_{20}	9.770	.282	4.875	.771
历史底蕴#O	TO_1	54.384	.000*	28.104	.000*
民俗风情#O	TO_2	58.387	.000*	45.135	.000*
游览猎奇#O	TO_3	81.328	.000*	57.203	.000*
游览印象#O	TO_4	50.347	.000*	21.053	.000*
知识扩展#O	TO_5	68.348	.000*	34.855	.000*
夜游倾向#O	TO_6	33.369	.000*	21.181	.000*
社会环境#O	TO_7	56.349	.000*	41.901	.000*
交流行为#	TO_8	9.161	.010*	2.453	.293
居民友好#O	TO_9	33.498	.000*	25.130	.000*
物价水平#	TO_{10}	18.261	.006*	11.538	.073
服务水平#O	TO_{11}	95.535	.000*	39.305	.000*
治安状况#O	TO_{12}	19.819	.000*	13.582	.001*
游览拥挤#	TO_{13}	19.155	.001*	9.324	.053
城市建设#O	TO_{14}	29.791	.000*.	27.167	.000*
经济发展#O	TO_{15}	50.780	.000*	37.252	.000*
商业氛围#O	TO_{16}	47.802	.000*	38.150	.000*
收费景点O	TO_{17}	9.097	.168	19.885	.003*
免费景点O	TO_{18}	11.391	.077	45.424	.000*
购物设施#O	TO_{19}	34.938	.000*	21.387	.000*
购物消费#	TO_{20}	13.664	.008*	8.544	.074
咨询服务	TO_{21}	4.974	.290	4.162	.385

影响因素	代码	游览满意 (TC_1) χ^2	Sig.	推荐意向 (TC_2) χ^2	Sig.
咨询建议 [#]	TO_{22}	10.539	.032*	2.182	.702
公共休闲 [#O]	TO_{23}	19.525	.003*	15.788	.015*
休闲行为 [#]	TO_{24}	33.823	.000*	10.644	.100
住宿设施 [#O]	TO_{25}	21.240	.000*	12.367	.015*
住宿消费	TO_{26}	1.450	.484	.777	.678
餐饮设施 [#O]	TO_{27}	35.307	.000*	19.721	.032*
餐饮消费	TO_{28}	1.415	.493	2.218	.330
娱乐设施 [#]	TO_{29}	23.668	.001*	2.510	.867
娱乐消费	TO_{30}	3.823	.148	1.461	.482
解说设施 [#O]	TO_{31}	27.194	.000*	22.190	.001*
解说使用	TO_{32}	2.221	.329	.151	.927
出入交通 [#O]	TO_{33}	23.301	.000*	15.753	.003*
内部交通 [#]	TO_{34}	17.530	.002*	1.426	.840
建筑风貌 [#O]	TO_{35}	47.433	.000*	22.070	.000*
环境生态 [#]	TO_{36}	34.885	.000*	9.204	.162
推荐意向 [#]	TC_2	60.068	.000*	—	—

注：* 表示达到 0.05 显著性水平。

　　# 表示游览满意关键影响因素；O 表示推荐意向关键影响因素

附录 5:"双东"历史街区从业者发展环境综合评价－业务意向卡方检验表

影响因素	代码	综合评价（WC$_1$）x^2	Sig.	业务意向（WC$_2$）x^2	Sig.
性别 ^{O}	WS$_1$	5.862	.119	22.968	.000*
年龄 ^{O}	WS$_2$	17.700	.279	48.948	.003*
经营时长 $^{#O}$	WS$_3$	25.058	.049*	64.007	.000*
居住伴侣 $^#$	WS$_4$	28.140	.021*	34.668	.094
身份 ^{O}	WS$_5$	7.948	.789	37.803	.009*
月均收入 $^{#O}$	WS$_6$	36.083	.002*	56.784	.000*
年营业额 $^{#O}$	WS$_7$	56.005	.000*	94.841	.000*
人员数量 ^{O}	WS$_8$	29.516	.102	80.585	.000*
投资数额 $^{#O}$	WS$_9$	43.864	.008*	61.678	.015*
组织形式 $^{#O}$	WS$_{10}$	24.282	.019*	70.435	.000*
经营类型 ^{O}	WS$_{11}$	31.417	.254	87.485	.000*
店数	WS$_{12}$	13.720	.133	23.890	.067
品牌类型 ^{O}	WS$_{13}$	10.179	.808	38.776	.039*
学历	WS$_{14}$	2.291	.999	29.964	.070
以前职业 ^{O}	WS$_{15}$	23.824	.472	66.835	.005*
依附感 $^#$	WS$_{16}$	17.985	.035*	23.843	.068
从业动机	WS$_{17}$				
经济利益		4.126	.248	3.308	.653
体验生活		1.579	.664	8.016	.155
文化接触		3.693	.297	5.560	.351
帮助亲友 $^#$		10.401	.015*	7.588	.180
市场探测 $^{#O}$		13.604	.003*	11.265	.046*
工作经历		5.636	.131	5.212	.391
其他动机		1.523	.677	3.592	.609
住址 ^{O}	WS$_{18}$	3.107	.375	20.581	.001*

影响因素	代码	综合评价（WC_1）χ^2	Sig.	业务意向（WC_2）χ^2	Sig.
店铺地址 [#O]	WS_{19}	22.536	.032*	47.330	.001*
亲友情况	WS_{20}	6.287	.098	3.985	.552
户外时间 [O]	WS_{21}	19.959	.068	38.373	.008*
店铺周边 [O]	WS_{22}	13.378	.146	35.536	.002*
活动地段 [#O]	WS_{23}	76.627	.000*	104.100	.000*
建筑环境 [#]	WO_1	26.204	.002*	20.433	.156
开发状况 [O]	WO_2	15.737	.073	35.118	.002*
运营设施 [O]	WO_3	19.116	.086	32.818	.035*
环境生态 [#O]	WO_4	45.413	.000*	28.836	.017*
清洁卫生 [#O]	WO_5	84.259	.000*	59.424	.000*
公共设施 [#O]	WO_6	52.528	.000*	65.325	.000*
市政服务 [#]	WO_7	31.917	.000*	18.110	.053
交通条件 [#O]	WO_8	27.620	.006*	31.723	.046*
旅游景区 [#O]	WO_9	38.836	.000*	47.636	.000*
文物利用 [#O]	WO_{10}	20.078	.017*	37.290	.001*
旅游设施 [#O]	WO_{11}	69.081	.000*	33.309	.004*
生活设施 [#O]	WO_{12}	43.183	.000*	25.487	.044*
生活环境 [#O]	WO_{13}	53.035	.000*	31.725	.046*
公共活动 [#O]	WO_{14}	68.190	.000*	45.979	.001*
市场状况 [#O]	WO_{15}	48.379	.000*	41.294	.003*
竞争状况 [#O]	WO_{16}	60.909	.000*	50.211	.000*
产品销售 [#O]	WO_{17}	42.753	.000*	38.752	.007*
产品价格 [#O]	WO_{18}	29.643	.001*	47.322	.000*
利润水平 [#O]	WO_{19}	55.277	.000*	50.766	.000*
协会参与 [O]	WO_{20}	20.467	.155	51.325	.001*
商业地位 [#O]	WO_{21}	92.645	.000*	57.727	.000*
治安情况 [#O]	WO_{22}	35.899	.000*	44.269	.000*

影响因素	代码	综合评价（WC_1）χ^2	Sig.	业务意向（WC_2）χ^2	Sig.
居民友好[#o]	WO_{23}	45.561	.000*	29.608	.001*
游客友好[#]	WO_{24}	19.384	.004*	14.960	.134
同行友好[#]	WO_{25}	35.564	.000*	21.086	.392
公共拥挤[#o]	WO_{26}	53.263	.000*	43.346	.000*
传统风情[#]	WO_{27}	100.900	.000*	47.646	.075
不雅行为[#]	WO_{28}	41.026	.000*	24.420	.058
推销宣传[#o]	WO_{29}	83.382	.000*	31.935	.044*
综合管理[#o]	WO_{30}	120.200	.000*	99.401	.000*
技能培训[#o]	WO_{31}	77.082	.000*	45.000	.008*
成本收益[#o]	WO_{32}	90.290	.000*	48.439	.000*
参与意识[o]	WO_{33}	10.483	.106	26.058	.004*
业务意向[#]	WC_2	54.428	.000*	—	—

注：* 表示达到 0.05 显著性水平。

\# 表示生活环境总评关键影响因素；O 表示旅游发展态度关键影响因素。

附录6："双东"历史街区设施开发情况

1 外向型设施

（1）旅游吸引物

系指具有现实旅游接待能力、以吸引旅游者为基本目的的各类旅游资源。"双东"旅游吸引物大都为传统资源依托型。

①个园。与北京颐和园、承德避暑山庄和苏州拙政园并称"中国四大名园"，国家级文保单位、4A级景区。清嘉庆二十三年（1818年）两淮盐业总商黄至筠改筑，园中多竹，竹叶形似"个"字故名个园，为扬州盐商园林的杰出代表。

②汪氏小苑（剪纸博物馆）。省级文保单位，系清代扬州"八大盐商"之一汪伯屏所建。园与住宅融为一体，曲折多变，"四角有园（缘）"、布局规整、工于雕琢为其建筑特色，是扬州大宅建筑的经典之作。内辟有扬州盐业史料展和扬州剪纸博物馆。

③琼花观。市级文保单位，原为古后土祠，始建于西汉成帝元延二年（公元前11年）。北宋政和年间，宋徽宗赵佶赐"蕃釐观"额，遂易名"蕃釐观"。古时观内有一株琼花，树大花繁、天下无双，故俗称"琼花观"，是扬州市花——琼花——的最初发祥地。

④准提寺（扬州民俗博物馆）。市级文保单位，原名准提庵，建于明代疏理道（管理盐务的衙门）旧址，1732年6月重建大殿、山门。现存山门殿、天工殿、人雄宝殿和藏经楼等建筑，辟为"扬州民俗博物馆"。准提寺为佛教密宗建筑群落，扬州罕见。

⑤谢馥春。香粉铺，创立于清朝道光十年（1830年），是中国第一家化妆品企业。传统产品鸭蛋粉、冰麝油及香件（誉称东方固体香水）通称谢馥春"三绝"。1915年与"茅台酒"同获巴拿马国际博览会大奖，成为当时国际化妆品著名品牌。现按清代原貌修复，辟为馥春花苑（收费景点），可观摩香粉等化妆品生产工艺。

⑥江上青故居（东圈门16号）。江上青，抗日救亡烈士，曾任中共上海艺术大学学生支部书记、中共（国民党安徽省第六行政区督察专员公署）秘密特别支部书记、中共皖东北特委委员等职。故居坐北朝南，为清末砖木结构，青砖墙体，小青瓦屋面，马头山墙，是扬州大庭院之代表。现已修复，暂未开放。

⑦街南书屋。为清雍正、乾隆年间盐商马曰琯、马曰璐兄弟住宅园林遗址。原有小玲珑山馆、看山楼等12景。"二马"集有《宋诗纪事》一百卷以及《南宋画院录》《辽史拾遗》《东城杂记》等，以刻书出名，世称"马版"，文史影响巨大。现已修复，作为商业场所。

⑧冬荣园。市级文保单位。原为盐商住宅，现存老宅五进。宅后原有冬荣园，《扬州园林品赏录·冬荣园》载："是园垒土为山，植以怪石，参差错落，如石山戴土，以隆阜为峰，顶结茅亭，遍种松梅。"拟规划为精品旅馆。

（2）餐饮设施

①精品餐饮设施（壶园）。壶园，又称"瓠园"，为晚清由仕而商的名士何莲舫旧居、曾国藩常游之地，旧貌几近不存。"双东"开发以来，在"壶园"旧址复建园林式仿古建筑群落，辟为高档精品餐饮场所"富临壶园"。

②风味餐饮设施。系指"双东"传统饮食或扬州地方餐饮场馆。经统计，风味餐饮设施共18处，集中分布于东关街，层次偏低。

③大众餐饮设施。指不具"双东"或扬州地域特色的大众化餐饮场馆。主要分布在东圈门、地官第、市级机关住宅小区、治淮新村、大草巷地段。田野调查发现，除东圈门附近餐饮设施有一定规模旅游者光顾以外，其他地段大众餐饮主要客源为周边居民。

（3）住宿设施

"双东"目前共有住宿设施4处。其中1处层次较低、影响较小。

①长乐客栈（华氏园、逸圃）。原址为清朝"勤勇大将军"李长乐故居，占地约2000平方米，位于东关街五谷巷，现存砖雕八字门楼，中路二进、西路三进住宅；华氏园，原为清末民初盐商华友梅故居，位于东关街斗鸡场4号，现存黄石一小区、花厅、楼室、老房旧屋若干；逸圃，原为民国惠余钱庄李鹤生故居，省级文保单位，位于东关街356号，现存花厅、书斋、藏书楼、住宅等建筑，东与个园相邻。2009年，在李长乐故居——华氏园、逸圃——旧址建成精品酒店"长乐客栈"，目前共有客房86间，分标准房、民居房两种房型，内设园林、高档餐饮、咖啡吧、会议设施等，房价在1000元以上。

②个园国际青年旅舍。位于花局里，紧邻个园，扬州民居样式，属于便捷型住宿设施，主要面向来扬青年游客、家庭及亲友小团体游客。

③七夕客栈。位于东关街242号，属于民居型小型客栈，接待规模在15人左右，主要面向散客、亲友和家庭小团体游客。

（4）购物设施

从"双东"开发过程看，购物设施包括新建设施或规划干预设施、原有设施或规划未干预设施。前者多为外向型设施，后者则多为内向型设施。

①规划设施。集中在东关街、花局里、东圈门地段。在经营内容上，涉及东关街传统小吃或零食（风味食品）、扬州地方性食品（扬州特产）、经"双东"或扬州地方性元素包装的非传统性食品（旅游食品）、大众化食品（一般食品）、扬州传统工艺品、扬州小件、不具有扬州特色的旅游工艺品、书画古玩、扬州以外的地方性工艺品或特产、不具有地方性的一般工艺品以及其他商品。可见，规划购物设施不仅为"双东"或扬州地方产品提供销售平台，同时吸引众多非"双东"或扬州地方性商品入驻。

②原有设施。大都分布在"双东"外围，以国庆路、文昌中路、盐阜东路、泰州路为主，也包括"双东"内部边缘性或辅助性街巷，以地官第、观巷、广储门大街、东关社区附近为主。其中，国庆路、文昌中路、盐阜东路、泰州路属于城市道路，经营形式多为城市商业，其规划

开发主要受制于扬州城市规划而非"双东"历史街区规划。"双东"内部原有设施多为便民性小店铺,主要服务于周边居民。

（5）休闲娱乐设施

主要包括不具旅游吸引物属性或旅游吸引力较弱的公共休闲场所,以及商业性休闲娱乐场所。

①公共休闲娱乐设施

东门遗址。全国重点文物保护单位扬州城遗址（隋、宋）组成部分,遗址内叠压唐、五代、北宋、南宋、元等时期的城墙、城门等。平面呈不规整多边形,周长约 4 公里,面积约 1 平方公里,东临东关古渡旧址（古运河）。东门遗址是"双东"历史街区的龙头和"运河—城墙—街道"历史特征的关键节点。现依照历史文献复建,辟为东门遗址公园。

东圈门。明代为拱卫两淮都转盐运使司衙署而建。原名"宾阳门",取"日者众阳之宗,人群之象"之意,俗称东圈门。东圈门联通东圈门街,是游览壶园、江上青故居、青溪旧屋、三祝庵等历史遗迹的重要出入口,两侧传统民居保存较为完整。现门楼为 2000 年重建。

武当行宫。市级文保单位,原名真武庙,始建何时不详。清咸丰年间,除大殿外余皆毁于兵火,光绪年间重建。现存前殿、大殿,占地约 2600 平方米,前殿原供真武大帝铜像。现按原貌修复,作为向游客免费开放的道教景观。

曹起缙故居。市级文保单位。曹起缙（1906-1931 年）,革命烈士,先后任扬州县委书记、城区区委书记和泰县（现为姜堰市）县委书记。故居大门朝南,为四合院传统民居。现按原貌修复,辟为公共游览场所。

②商业休闲娱乐设施

共 3 处,即东关街 159 号"精致休闲会所"、东关街 106 号"大东关足艺"以及治淮新村娱乐城。前两者属于小型足疗、足艺场所,以夜市为主;后者为社区型游乐场所,层次较低,主要面向"双东"及周边居民。

（6）解说与咨询设施

目前,"双东"设有旅游咨询中心两处,即东圈门信息服务中心、花局里（个园北门）旅游咨询中心。主要遗迹立有解说牌示。传统街巷有名称标示。

2 内向型设施

（1）生态环境设施

指满足街区居民户外活动需要以及维护"双东"基本生态功能的生态基础设施。"双东"公共绿化和开敞空间严重缺乏,合计仅占"双东"地域面积的 1.97%[1]。主要分布在治淮新村、市

---

[1] 东南大学城市规划设计研究院．扬州东关历史文化街区保护规划 [R].2008.

级机关住宅小区等现代小区内，传统居住区几乎没有生态绿地。位于"双东"外缘的护城河—古运河绿化带成为"双东"居民最主要的公共开放空间。

（2）市政公共设施

①公共设施。主要包括居民区内的教育、商业、医疗、社区服务中心、公共厕所等。目前，"双东"公共设施配套无法满足居民日常生活需要，尤其缺乏社区服务和活动中心，导致社区体系相对松散、不成系统[1]。"双东"内部公共设施整体档次不高、规模较小，缺乏有效管理。居民日常生活所需的教育、商业、医疗等功能全部沿外围分布。总之，"双东"居民日常生活需求很大程度依赖于外围公共设施。

②市政设施。在道路设施方面，外部交通主要依赖文昌中路、泰州路、盐阜路三条城市干道和国庆路城区交通支路。内部交通以步行、自行车为主，无公交线路，主要依赖东关街、东圈门、观巷等31条历史街巷。其中，东关街、东圈门、广储门大街北段以及治淮新村内部主通道允许机动车辆通行，宽度达到3~5米；其他巷道宽度仅2米左右，只能满足摩托车或自行车通行。静态交通共5处，全部分布在"双东"外围，"双东"内部停车场严重不足。给排水、通讯、能源设施基本能满足居民生活需要，但部分网管线路影响景观风貌。

（3）生活服务设施

"双东"外围的国庆路、文昌中路、泰州路、盐阜东路分布有较多生活服务设施，如超市、餐馆、商场、日杂、公厕等。"双东"内部居民生活服务设施相对滞后，仅在东圈门、地官第、东关社区中心—治淮新村附近有集中分布，服务层次较低，多为大众餐饮、理发、小型便利店、干洗店。除公厕外，这些设施多位于受旅游发展干扰较小的边缘地段。

[1] 东南大学城市规划设计研究院 . 扬州东关历史文化街区保护规划 [R].2008.

附录 7：“双东”历史街区空间斑块基本情况

类型	场地	备注	介入形式	说明	核心主体
舞台空间	东关街沿街店铺	非"双东"传统居民经营	规划开发设施	经"双东"符号包装但并非反映传统居民生活方式的外向型设施	游客、从业者、居民
	东圈门附近店铺	非"双东"传统居民经营	规划干预设施		
	长乐客栈（华氏园）	改建，功能转变	规划开发设施	在历史遗迹原址有组织改建的商业设施，功能、建筑有显著变动	游客、从业者
	壶园	改建，功能转变	规划开发设施		
	花局里	复建，功能转变	规划开发设施	建筑界面、功能有显著变动	游客、从业者、居民
	四美酱园	改建，功能转变	规划开发设施		
	街南书屋	复建，功能转变	规划开发设施	功能有显著变动	
遗产空间	个园	延续	规划干预设施	传统园林，4A 景点	游客、从业者
	逸圃	修复	规划开发设施	风貌、功能转变不大，商业场所	游客、从业者
	琼花观	延续	规划干预设施	传统建筑，需要整治	游客、从业者、居民
	汪氏小苑	延续	规划干预设施	传统建筑，旅游景点	游客、从业者
	东圈门	复建	规划干预设施	传统建筑，公共空间	游客、居民
	江上青故居	延续	规划开发设施	传统建筑，暂未开放	—
	准提寺	修复	规划开发设施	传统建筑，旅游景点	游客、从业者
	曹起溍故居	修复	规划开发设施	传统建筑	游客、居民
	谢馥春	复建	规划开发设施	基本沿袭原有风貌、功能，旅游景点	游客、从业者
	武当行宫	复建	规划开发设施	基本沿袭原有风貌、功能	游客、居民
	胡仲涵故居	修复	规划开发设施	基本沿袭原有风貌、功能	游客、从业者
	冬荣园	保护	规划控制设施	传统建筑，位于主要旅游廊道沿线，部分修复，未开放	—
	青溪旧屋	保护	规划控制设施		
	马氏住宅	保护	规划控制设施		
	洪兰友故居	保护	规划控制设施		
	山陕会馆	保护	规划控制设施	传统建筑或历史遗迹，以保护现状为主，基本未开发或修复	

类型	场地	备注	介入形式	说明	核心主体
遗产空间	青云山会馆	保护	规划控制设施	传统建筑或历史遗迹，以保护现状为主，基本未开发或修复	—
	包世臣故居	保护	规划控制设施		
	郭坚忍故居	保护	规划控制设施		
	熊成基故居	保护	规划控制设施		
	马家巷礼拜寺	保护	规划控制设施		
	丁姓盐商住宅	保护	规划控制设施		
	许靖华故居	保护	规划控制设施		
	金粟山房	保护	规划控制设施		
	普陀寺	保护	规划控制设施		
	神在堂	保护	规划控制设施		
帷幕空间	东关街沿街店铺	"双东"传统居民经营	规划开发设施	部分反映传统居民生产生活方式，经规划的商业场所	游客、居民
	三祝庵	社区活动中心	规划开发设施	经规划、组织的居民集体交往场所	居民
	东门遗址	居民活动广场	规划开发设施	经规划的居民户外活动场所	游客、居民
	东圈门—三祝庵—地官第	居民活动廊道	规划干预设施	游客通行廊道，包含一定外向型设施，受旅游发展的影响或干扰较大	
	观巷	居民活动廊道	规划干预设施		
	安家巷—治淮新村内巷	居民活动廊道	非规划空间		
生活空间	其他场所	居民生活场所	非规划空间	基本不受"双东"规划开发和旅游发展影响	居民

参考文献

[1] 艾大宾，马晓玲．中国乡村社会空间的形成与演化 [J]．人文地理，2004，19（5）: 55-59.

[2] 保继刚，文彤．社区旅游发展研究述评 [J]．桂林旅游高等专科学校学报，2002，13（4）: 13-18.

[3] 保继刚，苏晓波．历史城镇的旅游商业化研究 [J]．地理学报，2004，59（3）: 427-436.

[4] 卞显红．城市旅游空间结构研究 [J]．地理与地理信息科学，2003，19（1）: 105-108.

[5] 卞显红．旅游企业空间区位选择影响因素分析 [J]．商业时代，2008（35）: 86-87.

[6] 曹国新．大众旅游对接待地社会文化空间的影响 [J]．商业研究，2005（24）: 188-192.

[7] 曹国新．社会区隔：旅游活动的文化社会学本质——一种基于布迪厄文化资本理论的解读 [J]．思想战线，2005a，31（2）: 123-127.

[8] 曹国新．旅游的社会效用及其机制:回归正常生活的视角 [J]．科学·经济·社会，2005b，23（1）: 78-82.

[9] 曹海林．村落公共空间:透视乡村社会秩序生成与重构的一个分析视角 [J]．天府新论，2005（4）: 88-92.

[10] 曹兴平．文化绘图:文化乡村旅游社区参与及实践的新途径 [J]．旅游学刊，2012，27（12）: 67-73.

[11] 常疆．旅游空间刍议 [J]．湖南商学院学报，2009，16（5）: 65-69.

[12] 陈冬冬，章锦河，刘法建．乡镇旅游开发中的政府角色分析——以泾县汀溪乡为例 [J]．云南地理环境研究，2008，20（4）: 117-121.

[13] 陈洪生．传统乡村治理的历史视阈:政府主导与乡村社会力量的对垒 [J]．江西师范大学学报（哲学社会科学版），2006，39（3）: 20-25.

[14] 陈珂，陈雪琴，王秋兵等．沈阳棋盘山旅游开发区社区居民利益研究 [J]．地域研究与开发，2011，30（4）: 89-93.

[15] 陈梦颖，张雷，彭耿．旅游产业集群发展的影响因素分析 [J]．湖北经济学院学报（人文社会科学版），2010，7（7）: 43-45.

[16] 陈薇．空间·权力:社区研究的空间转向 [D]．华中师范大学博士学位论文，2008.

[17] 陈兴．"虚拟真实"原则指导下的旅游体验塑造研究——基于人类学视角 [J]．旅游学刊，2010，25（11）: 13-19.

[18] 谌世龙．涵化视角下乡土社区旅游开发文化效应研究 [J]．旅游论坛，2011，4（4）: 158-163.

[19] 谌文．游客与东道地区居民的交往方式探讨 [J]．湖南商学院学报，2006，13（3）: 55-56.

[20] 成伯清．格奥尔格·齐美尔:现代性的诊断 [M]．杭州:杭州大学出版社，1999.158-163.

[21] 程华宁，黄安民．论民俗风情与文物古迹两种旅游资源的保护模式 [J]．北京第二外国语学院学报，2005（1）: 52-57.

[22] 程金龙.城市旅游形象感知研究[D].河南大学博士学位论文,2005.

[23] 程占红,牛莉芹,吴必虎.基于DCCA方法的旅游从业者对旅游影响认知水平的排序[J].地理研究,2008,27(3):715-720.

[24] 崔波,李开宇,高万辉.城乡结合部失地农民身份认同:社会空间视角[J].经济经纬,2010(6):92-96.

[25] 崔凤军.旅游环境研究的几个前沿问题[J].旅游学刊,1998,13(5):35-39.

[26] 戴林琳,盖世杰.北京南锣鼓巷历史街区的可持续再生[J].华中建筑,2009,27(5):173-177.

[27] 邓光奇.民族地区旅游资源开发研究——以湖南城步苗族自治县为例[J].中南民族大学学报(人文社会科学版),2007,27(4):109-113.

[28] 董皓,张喜喜.近十年国外文化遗产旅游研究动态及趋势——基于 *Annals of Tourism Research* 与 *Tourism Management* 相关文章的述评[J].人文地理,2012,27(5):157-160.

[29] 董慧.社会活力论[D].华中科技大学博士学位论文,2008:1.

[30] 董亚娟,马耀峰,谢雪梅.基于游客感知的西安入境旅游驱力因素研究[J].资源开发与市场,200925(12):1128-1130.

[31] 董艳琳.民营资本旅游投资行为引导与规范对策研究[J].商业研究,2005(19):164-165.

[32] 段进军,倪方钰.关于中国城市社会空间转型的思考——基于"社会—空间"辩证法的视角[J].苏州大学学报(哲学社会科学版),2013(1):49-53.

[33] 范文艺.旅游小城镇社会空间问题研究——以漓江流域阳朔、兴坪、大圩调查为例[J].广西民族研究,2010(2):192-196.

[34] 费孝通.乡土中国[M].上海:上海人民出版社,2007:6.

[35] 风笑天.社会学研究方法[M].北京:中国人民大学出版社,2001:238.

[36] 冯必扬.人情社会与契约社会——基于社会交换理论的视角[J].社会科学,2011(9):67-75.

[37] 冯健,周一星.转型期北京社会空间分异重构[J].地理学报,2008,63(8):829-844.

[38] 冯捷蕴.北京旅游目的地形象的感知——中西方旅游者博客的多维话语分析[J].旅游学刊,2011,26(9):19-28.

[39] 冯淑华,沙润.游客对古村落旅游的"真实感—满意度"测评模型初探[J].人文地理,2007,22(6):85-89.

[40] 冯学红.民族学田野调查的几个问题[J].宁夏社会科学,2007(5):77-80.

[41] 付磊,唐子来.改革开放以来上海社会空间结构演化的特征与趋势[J].人文地理,2009,24(1):33-40.

[42] 高园,陈小燕.旅游经济与目的地居民幸福感的关系研究[J].福建省社会主义学院学报,2012(4):67-69.

[43] 葛新权,王斌.应用统计[M].北京:社会科学文献出版社,2006:258-260.

[44] 古红梅.乡村旅游发展与构建农村居民利益分享机制研究——以北京市海淀区西北部地区旅游

业发展为例 [J]. 旅游学刊, 2012, 27 (1): 26-30.

[45] 郭华. 制度变迁视角的乡村旅游社区利益相关者管理研究 [D]. 暨南大学博士学位论文, 2007.

[46] 郭华. 乡村旅游社区利益相关者研究: 基于制度变迁的视角 [M]. 广州: 暨南大学出版社, 2010: 205.

[47] 郭华, 甘巧林. 乡村旅游社区居民社会排斥的多维度感知——江西婺源李坑村案例的质化研究 [J]. 旅游学刊, 2011, 26 (8): 87-94.

[48] 郭华. 权理论视角下的乡村旅游社区发展——以江西婺源李坑村为例 [J]. 农村经济, 2012 (3): 47-51.

[49] 郭亮, 何得桂. 乡村社会中的国家遭遇: 一个文化的视角 [J]. 古今农业, 2006, (2): 9-15.

[50] 韩国圣, 张捷, 黄跃雯等. 天堂寨景区农村社区居民旅游影响感知的差异分析 [J]. 地理科学, 2011, 31 (12): 1525-1532.

[51] 韩国圣, 张捷, 黄跃雯. 基于旅游影响感知的自然旅游地居民分类及影响因素——以安徽天堂寨景区为例 [J]. 人文地理, 2012, 27 (6): 110-116.

[52] 韩国圣, 李辉, 朱峰等. 天堂寨社区居民旅游就业意愿多重对应分析 [J]. 华东经济管理, 2013, 27 (2): 18-23.

[53] 何丹. 市民社会思潮复苏下中国城市规划师的角色定位 [J]. 城市规划汇刊, 2003 (1): 25-28.

[54] 何增科. 公民社会与第三部门 [M]. 北京: 社会科学文献出版社, 2000: 64.

[55] 贺雪峰. 农民行动逻辑与乡村治理的区域差异 [J]. 开放时代, 2007 (1): 105-121.

[56] 胡柏翠, 周良才. 论社区文化在发展社区旅游中的作用 [J]. 广西社会科学, 2008 (5): 179-182.

[57] 胡敏. 乡村民宿经营管理核心资源分析 [J]. 旅游学刊, 2007, 22 (9): 64-69.

[58] 胡燕, 陈振光. 中国市民社会与城市政府的活动——以广州洛溪大桥收费风波为例 [J]. 城市规划, 2002, 26 (9): 57-60.

[59] 胡跃中. 浅议楠溪江风景名胜区资源保护与利用 [J]. 旅游学刊, 2001, 16 (3): 44-47.

[60] 黄爱莲. 社区和谐与旅游发展利益相关主体的权力配置 [J]. 江西社会科学, 2007 (8): 164-166.

[61] 黄佛君, 段汉明, 金海龙. 绿洲旅游文化景观资源场域生成机制探析 [J]. 干旱区资源与环境, 2012, 26 (3): 188-193.

[62] 黄潇婷. 旅游者时空行为研究 [M]. 北京: 中国旅游出版社, 2010: 59.

[63] 黄怡. 大都市核心区的社会空间隔离——以上海市静安区南京西路街道为例 [J]. 城市规划学刊, 2006 (3): 76-84.

[64] 黄应贵. 空间、力与社会 [J]. 广西民族学院学报 (哲学社会科学版), 2002, 24 (2): 9-21.

[65] 黄震方, 李想, 高宇轩. 旅游目的地形象的测量与分析——以南京为例 [J]. 南开管理评论, 2002 (3): 69-73.

[66] 惠璇. 应用多元统计分析 [M]. 北京: 北京大学出版社, 2005.

[67] 贾鸿雁, 徐红. 苏州非物质文化遗产资源的旅游开发研究——基于 RMP 的分析 [J]. 资源开发与

市场，201329（1）：102-105.

[68] 贾巧云，麦麦提依明·马木提，艾尔西丁·伊明. 历史文化名城喀什老城区居民对旅游影响的
感知研究 [J]. 北方民族大学学报（哲学社会科学版），2012（5）：93-100.

[69] 姜翰，金占明. 关系成员企业管理者社会资本水平其机会主义行为间关系的实证研究——以中
外合资企业为例 [J]. 南开管理评论，2008，11（4）：34-42.

[70] 姜辽，张述林. 旅游空间营造的理论探索 [J]. 干旱区资源与环境，2009，23（5）：195-199.

[71] 金文霞. 产学结合下旅游企业人才培训探析 [J]. 新西部，2010（12）：41-42.

[72] 景秀艳，Tyrrell T J. 权力关系、社区空间与乡村旅游利益获取——基于福建省泰宁县五个乡
村社区的实证研究 [J]. 旅游科学，2012，26（5）：20-29.

[73] 康晓强. 社区社会组织与社区治理结构转型 [J]. 北京工业大学学报（社会科学版），2012，12（3）：
22-25.

[74] 库瑞，陈锋仪. 旅游民俗文化空间的筛选与旅游价值分析——以陕西为例 [J]. 人文地理，2009，
24（5）：122-125.

[75] 黎斌，魏立华. 城中村村民与外来低收入租客的社会空间分异研究——以深圳市新西村老屋村
为例 // 生态文明视角下的城乡规划——2008 中国城市规划年会论文集 [C]. 大连：大连出版社，
2008.

[76] 李柏文. 旅游废都：现象与防治——基于云南国家级口岸打洛镇的实证研究 [J] 旅游学刊，
2009，24（1）：65-70.

[77] 李春敏. 列斐伏尔的空间生产理论探析 [J]. 人文杂志，2011（1）：62-68.

[78] 李广宏，席宇斌. 论民族旅游演艺产品的开发战略 [J]. 学术交流，2011（6）：136-139.

[79] 李怀. 非正式制度探析：乡村社会的视角 [J]. 西北民族研究，2004（2）：125-131.

[80] 李建国，鲍存侃. 论文化与社会活力 [J]. 兰州学刊，2009（4）：175-176.

[81] 李经龙，郑淑婧，周秉根. 旅游对旅游目的地社会文化影响研究 [J]. 地域研究与开发，2003，22（6）：
80-84.

[82] 李九全，王立. 基于地方依附感原理的景区旅游竞争力探析 [J]. 人文地理，2008，23（4）：79-83.

[83] 李力，郭潇. 旅游地传统文化变迁与社会发展的矛盾解读——以广东乳源瑶族旅游发展为例 [J].
未来与发展，2009（3）：23-27.

[84] 李敏. 自然保护区生态旅游景观规划研究——以目平湖湿地自然保护区为例 [J]. 旅游学刊，
2002，17（5）：62-25.

[85] 李培祥. 青岛市国内游客旅游行为研究 [J]. 青大师院学报，1994，11（4）：95-98.

[86] 李沛良. 论中国式社会学研究的关联概念与命题 [M]. 北京：北京大学出版社，1993：71.

[87] 李鹏雁，丁力. 城市人居环境评价指标及其多元统计分析 [J]. 哈尔滨工业大学学报，2012，44（5）：
116-119.

[88] 李倩，吴小根，汤澍. 镇旅游开发及其商业化现象初探 [J].2006，21（12）：52-57.

[89] 李强，陈文祥．少数民族旅游发展中社区自主权的思考——以泸沽湖为例 [J]．贵州民族研究，2007，27（2）：21-25.

[90] 李强．社会分层与社会空间领域的公平、公正 [J]．中国人民大学学报，2012（1）：2-9.

[91] 李苏宁．江南古镇保护与开发的博弈思考 [J]．小城镇建设，2007（3）：73-76.

[92] 李玺，叶升，王东．旅游目的地感知形象非结构化测量应用研究——以访澳商务游客形象感知特征为例 [J]．旅游学刊，2011，26（12）：57-63.

[93] 李享．旅游调查研究的方法与实践 [M]．北京：中国旅游出版社，2005：304-417.

[94] 李星群．乡村旅游经营实体创业影响因素研究 [J]．旅游学刊，2008，23（1）：19-25.

[95] 李星群．基于旅游者需求的乡村旅游住宿类型研——以阳朔为例 [J]．旅游论坛，2011，4（2）：82-86.

[96] 李星群，张琪琪，曹婷婷．自然保护区旅游开发与周边社区利益协调研究——以广西龙虎山自然保护区为例 [J]．国土与自然资源研究，2012（3）：69-71.

[97] 李湮，李雪松，郭峦．西双版纳傣族园村民的旅游态度演变和利益认知程度研究 [J]．江苏商论，2011（8）：120-122.

[98] 李盈．西塘旅游发展中的矛盾冲突与缓和 [D]．复旦大学硕士学位论文，2010.

[99] 李志刚，吴缚龙，卢汉龙．当代我国大都市的社会空间分异——对上海三个社区的实证研究 [J]．城市规划，2004，28（6）：60-67.

[100] 李志刚，吴缚龙．转型期上海社会空间分异研究 [J]．地理学报，2006，61（2）：199-211.

[101] 李志刚，薛德升．广州小北路黑人聚居区社会空间分析 [J]．地理学报，2008，63（2）：207-218.

[102] 李志明．空间权力与反抗：城中村违法建设的空间政治解析 [M]．南京：东南大学出版社，2009：34.

[103] 梁留科，曹新向，徐永红．现代旅游产业发展中的政府角色定位研究 [J]．西北农林科技大学学报（社会科学版），2005，5（4）：117-121.

[104] 梁旺兵．西安外国游客与当地居民的旅游交往行为研究 [J]．干旱区资源与环境，2008，22（9）：182-187.

[105] 廖颖林．顾客满意度对顾客忠诚度作用机制研究——基于电信企业的实证分析 [J]．统计教育，2009（12）：16-23.

[106] 林昊俊．旅游企业运行研究 [D]．天津大学博士学位论文，2006.

[107] 林顺利，孟亚男．当代西方城市贫困的社会空间研究及其本土意义 [J]．内蒙古社会科学（汉文版），2010，31（4）：123-128.

[108] 林晓珊．空间生产的逻辑 [J]．理论与现代化，2008（2）：90-95.

[109] 刘昌雪，汪德根．皖南古村落可持续旅游发展限制性因素探析 [J]．旅游学刊，2003，18（6）：100-105.

[110] 刘丹萍．乡村社区旅游业早期从业者研究——元阳梯田案例之启示 [J]．旅游学刊，2008，23（8）：

45-51.

[111] 刘海涛.人类学田野调查中的矛盾与困境 [J].贵州民族研究，2008，28（4）：23-27.

[112] 刘怀玉.现代日常生活批判道路的开拓与探索——列斐伏尔哲学思想研究 [D].南京大学博士学位论文，2003.

[113] 刘家明，刘莹.基于体验视角的历史街区旅游复兴——以福州市三坊七巷为例 [J].地理研究，2010，29（3）：556-564.

[114] 刘嘉纬，蒙睿.中日大学生旅游行为比较研究——以昆明、东京部分高校为例 [J].旅游学刊，2006，21（7）：79-82.

[115] 刘洁，陈海波.影响企业创新绩效因素的多重对应分析——基于江苏省创新调查数据 [J].科技管理研究，2011（22）：7-9.

[116] 刘俊，楼枫烨.国际旅游岛开发背景下海南世居少数民族社区边缘化——海南三亚六盘黎族安置区案例 [J].旅游学刊，2010，25（9）：44-50.

[117] 刘莉，陆林.江苏省同里镇旅游者旅游感知调查分析 [J].安徽师范大学学报（人文社会科学版），2006，34（2）：220-223.

[118] 刘胜杰，张伟一.中国传统村镇空间肌理初探 [J].2010，30（5）：40-41.

[119] 刘晓辉.对贵州旅游目的地发展小型旅游经营组织的思考 [J].贵州社会科学，2007（2）：152-154.

[120] 刘艳彬，王明东，袁平.家庭生命周期与消费者行为研究——国际进展与展望 [J].中国管理信息化，2008，11（4）：103-105.

[121] 刘韫.不同类型游客对目的地社区居民的旅游影响差异研究——甲居藏寨的实证调查 [J].西南民族大学学报（人文社会科学版），2011（11）：148-151.

[122] 刘作丽，朱喜钢，王红扬.规划师的社会角色与新型规划伦理 [J].城市规划汇刊，2004（4）：23-26.

[123] 龙江智，卢昌崇.从生活世界到旅游世界：心境的跨越 [J].旅游学刊，2010，25（6）：25-31.

[124] 龙良富，黄英，黄玉理等.村民对旅游开发的社会反应：冲突论的视角——以中山市崖口村为例 [J].调研世界，2010（9）：39-42.

[125] 卢松，张捷，苏勤.旅游地居民对旅游影响感知与态度的历时性分析——以世界文化遗产西递景区为例 [J].地理研究，2009，28（2）：536-548.

[126] 卢松，张捷.古村落旅游社区居民生活满意度及社区建设研究——以世界文化遗产皖南古村落为例 [J].旅游科学，2009，23（3）：41-47.

[127] 卢涛，李先奎.城市核心可持续发展研究的多学科调适理念 [J].城市发展研究，2002，9（1）：26-31.

[128] 罗文斌，戴美琪，汪友结等.休闲农业旅游社区居民对旅游影响的感知研究 [J].西北农林科技大学学报（社会科学版），2009，9（1）：41-45.

[129] 吕斌.转型期中国城市空间可持续再生的课题与途径 [J].资源·产业，2005，7（6）：62-63.

[130] 吕斌.推进城市可持续再生是提升城市活力和魅力的重要途径[J].城市建筑，2009（2）：6-10.

[131] 吕斌.南锣鼓巷基于社区的可持续再生实践———一种旧城历史街区保护与发展的模式[J].北京规划建设，2012（6）：14-20.

[132] 吕斌，王春.历史街区可持续再生城市设计绩效的社会评估——北京南锣鼓巷地区开放式城市设计实践[J].城市规划，2013，37（3）：31-38.

[133] 马凌.旅游社会科学中的建构主义范式[J].旅游学刊，2011，26（1）：31-37.

[134] 马晓京.西部地区民族旅游开发与民族文化保护[J].旅游学刊，2000（5）：50-54.

[135] 马晓龙，吴必虎.历史街区持续发展的旅游业协同——以北京大栅栏为例[J].城市规划，2005，29（9）：49-54.

[136] 马耀峰，王冠孝，张佑印等.古都国内游客旅游服务质量感知评价研究——以西安市为例[J].干旱区资源与环境，2009，23（6）：176-180.

[137] 梅青，孙淑荣，刘义铭.历史街区旅游利益主体的矛盾冲突研究[J].济南大学学报（社会科学版），2009，19（6）：60-64.

[138] 孟庆洁.社会空间辩证法及其学科意义——地理学视角的解析[J].学术界，2010（5）：79-84.

[139] 孟威，苏勤.历史城镇类旅游地居民交往偏好分化及测度——以周庄为例[J].旅游学刊，2009，24（5）：54-60.

[140] 明翠琴，钟书华.基于技术需求挖掘的创新驿站田野调查方法[J].自然辩证法研究，2011，27（9）：99-103.

[141] 宁越敏.大都市人居环境评价和优化研究[J]，城市规划，1999，23（6）：15-20.

[142] 潘秋玲，李九全.社区参与和旅游社区一体化研究[J].人文地理，2002，17（4）：38-41.

[143] 潘秋玲，李雪茹.旅游开发对西安传统民俗文化的影响效应[J].地域研究与开发，2006，25（1）：83-87.

[144] 潘泽泉.当代社会学理论的社会空间转向[J].江苏社会科学，2009（1）：27-33.

[145] 彭建.旅游发展与农村社区权益受损刍议[J].贵州社会科学，2009（11）：68-72.

[146] 彭兆荣.旅游人类学[M].北京：民族出版社，2004：290.

[147] 彭震伟，高璟，刘文生.红色旅游中的历史街区保护规划探析——以云南省"扎西会议"历史街区保护规划为例[J].城市规划，2007，31（7）：89-92.

[148] 邱继勤，保继刚.国外旅游小企业研究进展[J].旅游学刊，2005，20（5）：86-92.

[149] 邱继勤.中外旅游小企业发展特征比较[J].商业时代，2005（36）：61-62.

[150] 曲凌雁.城市更新及对策：关于城市更新的多层次认识[D].同济大学博士学位论文，1998.

[151] 曲凌雁.更新、再生与复兴——英国1960年代以来城市政策方向变迁[J].国际城市规划，2011，26（1）：59-65.

[152] 饶勇，黄福才，魏敏.旅游扶贫、社区参与和习俗惯例的变迁——博弈论视角下的可持续旅游扶贫模式研究[J].社会科学家，2008（3）：88-92.

[153] 饶勇 . 旅游开发背景下的精英劳动力迁入与本地社区边缘化 [J]. 旅游学刊，2013，28（1）: 46-53.

[154] 任剑涛 . 从社会抗议、社会理论到社会批判理论：社会思想的三种类型及其递进关系 [J]. 南京大学学报（哲学·人文科学·社会科学），2009，46（1）: 103-119.

[155] 任敏 . 现代社会的人际关系类型及其互动逻辑——试谈差序格局模型的扩展 [J]. 华中科技大学学报（社会科学版），2009，23（2）: 50-56.

[156] 任致远 . 城市规划师的历史与社会责任 [J]. 规划师，2003，19（1）: 84-86.

[157] 阮仪三，邵甬 . 江南水乡古镇的特色与保护 [J]. 同济大学学报（社会科学版），1996（1）: 21-28.

[158] 阮仪三，孙萌 . 我国历史街区保护与规划的若干问题研究 [J]. 城市规划，2001，25（10）: 25-32.

[159] 阮仪三，顾晓伟 . 对于我国历史街区保护实践模式的剖析 [J]. 同济大学学报（社会科学版），2004，15（5）: 1-6.

[160] 商硕 . 无锡古运河清明桥历史街区保护与更新 [J]. 经营与管理，2012（11）: 140-142.

[161] 邵秀英，李静 . 古村落旅游地旅游环境评价及案例研究——以碛口古镇为例 [J]. 旅游科学，2007，21（6）: 61-66.

[162] 佘高红，吕斌 . 转型期小城市旧城可持续再生的思考 [J]. 城市规划，2008，32（2）: 16-21.

[163] 佘高红，朱晨 . 从更新到再生：欧美内城复兴的演变和启示 [J]. 城市问题，2009（6）: 77-83.

[164] 束晨阳 . 基于古村落保护的乡村旅游规划——以安徽绩溪龙川村为例 [J]. 中国园林，2010（8）: 9-15.

[165] 宋海岩，朱明芳 . 基于游客满意指数的满意度动态评估——以香港为例 [J]. 中大管理研究，2012，7（1）: 52-66.

[166] 孙峰华 . 关于人文地理学中社区的几个基本问题 [J]. 人文地理，1990，15（2）: 67-70.

[167] 孙根紧，郭凌 . 文化景观、非物质文化遗产与旅游空间生产——基于都江堰放水节的景观生产路径分析 [J]. 贵州民族研究，2015，36（6）: 157-161.

[168] 孙洪波 . 旅游世界的符号学阐释 [J]. 辽宁师范大学学报（社会科学版），2010，23（5）: 28-31.

[169] 孙九霞，保继刚 . 社区参与的旅游人类学研究：阳朔遇龙河案例 [J]. 广西民族学院学报（哲学社会科学版），2005，27（1）: 85-92.

[170] 孙九霞 . 社区参与旅游对民族传统文化保护的正效应 [J]. 广西民族学院学报(哲学社会科学版），2005，27（4）: 35-39.

[171] 孙九霞 . 守土与乡村社区旅游参与——农民在社区旅游中的参与状态及成因 [J]. 思想战线，2006，32（5）: 59-64.

[172] 孙九霞，史甜甜 . 茶叶经济主导下的社区参与旅游发展——基于社会交换理论的案例分析 [J]. 旅游论坛，2010，3（3）: 299-305.

[173] 孙九霞 . 旅游中的主客交往与文化传播 [J]. 旅游学刊，2012，27（12）: 20-21.

[174] 孙九霞，苏静 . 多重逻辑下民族旅游村寨的空间生产——以岜沙社区为例 [J]. 广西民族大学学

报（哲学社会科学版），2013，35（6）：96-102.

[175] 孙九霞，苏静 . 旅游影响下传统社区空间变迁的理论探讨——基于空间生产理论的反思 [J]. 旅游学刊，2014，29（5）：78-86.

[176] 孙九霞，周一 . 日常生活视野中的旅游社区空间再生产研究——基于列斐伏尔与德塞图的理论视角 [J]. 地理学报，2014，69（10）：1575-1589.

[177] 孙九霞，张士琴 . 民族旅游社区的社会空间生产研究——以海南三亚回族旅游社区为例 [J]. 民族研究，2015（2）：68-77.

[178] 孙立平 . "关系"、社会关系与社会结构 [J]. 社会学研究，1996，11（5）：20-30.

[179] 孙诗靓，马波 . 旅游社区研究的若干基本问题 [J]. 旅游科学，2007，21（2）：29-32.

[180] 孙艺惠，陈田，张萌 . 乡村景观遗产地保护性旅游开发模式研究——以浙江龙门古镇为例 [J]. 地理科学，2009，29（6）：840-845.

[181] 塔娜，柴彦威 . 过滤视角下的中国城市单位社区变化研究 [J]. 人文地理，2010，25（5）：6-10.

[182] 谭同学 . 当代中国乡村社会结合中的工具性圈层格局——基于桥村田野经验的分析 [J].2009（8）：114-129.

[183] 汤芸 . 旅游场域中侗族鼓楼及其社会文化意义变迁 [J]. 西南民族大学学报（人文社会科学版），2010（6）：49-54.

[184] 唐顺铁 . 旅游目的地的社区化及社区旅游研究 [J]. 地理研究，1998，17（2）：145-149.

[185] 唐晓云，赵黎明 . 社区旅游资源产权困境及其改善 [J]. 旅游科学，2005，19（4）：11-15.

[186] 唐勇，覃建雄，刘妍 . 四川十大古镇旅游发展比较研究 [J]. 成都理工大学学报（社会科学版），2009，17（4）：105-108.

[187] 陶长江，刘绍琳 . 基于主观幸福感的城市居民出游意向分析——以都江堰为例 [J]. 旅游论坛，2012，5（6）：17-24.

[188] 田喜洲 . 巴渝古镇旅游开发与保护探讨 [J]. 重庆建筑大学学报，2002（6）：17-20.

[189] 田毅鹏，张金荣 . 马克思社会空间理论及其当代价值 [J]. 社会科学研究，2007（2）：14-19.

[190] 汪彦 . 社区居民对乡村旅游发展的感知和态度探究——以安徽省安庆市龙山村为例 [J]. 安徽农业大学学报（社会科学版），2008，17（5）：8-12.

[191] 汪永青，陆林 . 旅游地居民的再创空间 [J]. 资源开发与市场，2008，24（11）：1038-1041.

[192] 汪宇明，程怡，龚伟等 . 都市社区旅游国际化的 "新天地" 模式 [J]. 旅游科学，2006，20（3）：36-42.

[193] 王成超 . 我国社区旅游实践的扭曲与反思 [J]. 海南师范大学学报（自然科学版），2010，23（1）：104-107.

[194] 王德刚，贾衍菊 . 成本共担与利益共享——旅游开发的利益相关者及其价值取向研究 [J]. 旅游科学，2012，22（1）：9-14.

[195] 王德刚 . 旅游公平论 [J]. 中大管理评论，2012，7（1）：1-12.

[196] 王丰龙，刘云刚．空间的生产研究综述与展望 [J]．人文地理，2011，26（2）: 13-19.

[197] 王桂霞．旅游感知形象的属性特征分析 [J]．商业时代，2008（9）: 108-110.

[198] 王健．旅游接待地社会文化保护问题新论 [J]．旅游学刊，2009，24（9）: 13-17.

[199] 王立，王兴中．基于新人本主义理念的城市社区生活空间公正结构探讨 [J]．人文地理，2010，25（6）: 30-35.

[200] 王莉，杨钊，陆林．经营者／居民参与屯溪老街保护与旅游开发意向分析 [J]．安徽师范大学学报（人文社会科学版），2003，31（4）: 425-430.

[201] 王萌．风景名胜区周边社区旅游研究 [D]．清华大学硕士学位论文，2005.

[202] 王启珊．旅游削价竞争及其法律调整研析 [J]．琼州大学学报（社会科学版），1997（2）: 101-103.

[203] 王起静．市场作用、政府行为与我国旅游产业的发展 [J]．北京第二外国语学院学报，2005（1）: 20-25.

[204] 王汝辉，刘旺．民族村寨旅游开发的内生困境及治理路径——基于资源系统特殊性的深层次考察 [J]．旅游科学，2009，23（3）: 1-5.

[205] 王圣云．空间理论解读: 基于人文地理学的透视 [J]．人文地理，2011，26（1）: 15-18.

[206] 王素洁，李想．基于社会网络视角的可持续乡村旅游决策探究——以山东省潍坊市杨家埠村为例 [J]．中国农村经济，2011（3）: 59-69.

[207] 王伟年，张平宇．创意产业与城市再生 [J]．城市规划学刊，2006（2）: 22-27.

[208] 王文彬．社会资本情境与个人选择行为 [D]．吉林大学博士学位论文，2006.

[209] 王小章．国家、市民社会与公民权利 [J]．浙江大学学报（人文社会科学版），2003，33（5）: 145-153.

[210] 王晓磊．社会空间论 [D]．华中科技大学博士学位论文，2010.

[211] 王昕，李继刚，罗兹柏．基于旅游体验的游客满意度评价实证研究 [J]．重庆师范大学学报（自然科学版），2012，29（6）: 87-92.

[212] 王亚娟．社区参与旅游的制度性增权研究 [J]．旅游科学，2012，26（3）: 18-26.

[213] 王兆峰，腾飞．西部民族地区旅游利益相关者冲突及协调机制研究 [J]．江西社会科学，2012（1）: 196-201.

[214] 王忠福，王尔大，李作志等．影响游客旅游目的地消费水平的因素分析 [J]．中国人口．资源与环境，2008，18（5）: 105-108.

[215] 王佐．城市历史文化空间的活力再生 //2009 城市发展与规划国际论坛论文集 [C].2008: 125-128.

[216] 旺姆，吴必虎．拉萨八廓历史文化街区旅游发展居民感知研究 [J]．人文地理，2012，27（2）: 128-133.

[217] 韦夏婵．发展官方旅游指南的必要性分析 [J]．桂林旅游高等专科学校学报 .2007，18（4）: 498-500.

[218] 魏华，朱喜钢，周强．沟通空间变革与人本的邻里场所体系架构——西方绅士化对中国大城市

社会空间的启示 [J]. 人文地理，2005（3）: 117-122.

[219] 魏云刚 . 景点型旅游城市内涵及发展问题探讨 [J]. 太原师范学院学报（社会科学版），2009, 8
（4）: 82-84.

[220] 翁莉 . 上海城郊景区旅游者重游行为分析 [J]. 旅游科学，2005, 19（2）: 33-37.

[221] 邬国梅 . 旅游企业成长性的影响因素分析：来自上市公司的经验证据 [J]. 改革与战略，2009,
25（7）: 159-161.

[222] 吴必虎 . 论旅游景观 [J]. 社会科学家，1987, 2（4）: 73-76.

[223] 吴必虎，俞曦 . 旅游规划原理 [M]. 北京：中国旅游出版社，2012: 171.

[224] 吴良镛 . 从"有机更新"走向新的"有机秩序"——北京旧城居住区整治途径（二)[J]. 建筑学报，
1991（2）: 7-13.

[225] 吴双，李静 . 社区参与旅游发展实现策略——社区培训 [J]. 时代经贸，2007, 5（9）: 36-38.

[226] 吴晓萍，史梦薇 . 民族旅游开发地的社会分层结构分析 [J]. 贵州民族学院学报（哲学社会科学
版），2010（2）: 182-185.

[227] 吴骁骁，苏勤，姜辽 . 旅游商业化影响下的古镇居住空间变迁研究——以周庄为例 [J]. 旅游学
刊，2015, 30（7）: 26-36.

[228] 吴颖 . 美国城郊化与城市社会空间失衡 [J]. 江淮论坛，2004（3）: 72-77.

[229] 夏建中 . 文化人类学理论学派 [M]. 北京：中国人民大学出版社，1997.331.

[230] 夏健，王勇，李广斌 . 回归生活世界——历史街区生活真实性问题的探讨 [J]. 城市规划学刊，
2008（4）: 99-103.

[231] 夏健，王勇 . 从重置到重生：居住性历史文化街区生活真实性的保护 [J]. 城市发展研究，2010,
17（2）: 134-139.

[232] 夏铸九，王志弘 . 空间的文化形式与社会理论读本 [M]. 台北：明文书局，2002: 66-68.

[233] 萧鸣政，宫经理 . 当前中国地方政府竞争行为分析 [J]. 中国行政管理，2011（2）: 76-80.

[234] 谢晖，保继刚 . 旅游行为中的性别差异研究 [J]. 旅游学刊，2006, 21（1）: 44-49.

[235] 谢雪梅，马耀峰，白凯 . 旅华游客对中国西部城市旅游认知研究 [J]. 新疆师范大学学报（自然
科学版），2011, 30（1）: 4-12.

[236] 谢彦君，彭丹 . 旅游、旅游体验和符号——对相关研究的一个评述 [J]. 旅游科学，2005, 19（4）:
1-6.

[237] 谢彦君，谢中田 . 现象世界的旅游体验：旅游世界与生活世界 [J]. 旅游学刊，2006, 21（4）:
13-18.

[238] 熊侠仙，张松，周俭 . 江南古镇旅游开发的问题与对策——对周庄、同里、甪直旅游状况的调
查分析 [J]. 城市规划汇刊，2002（6）: 61-63.

[239] 徐赣丽 . 民俗旅游村的政府管理刍议——以广西龙胜为例 [J]. 昆明大学学报，2007, 18（2）:
22-27.

[240] 徐红罡 . 文化遗产旅游商业化的路径依赖理论模型 [J]. 旅游科学, 2005, 19（3）: 74-78.

[241] 徐红罡, 万小娟 . 民族历史街区的保护和旅游发展——以西安回民街为例 [J]. 北方民族大学学报（哲学社会科学版）, 2009（1）: 80-85.

[242] 徐琳, 董锁成, 艾华等 . 大旅游产业及其发展的影响和效益——以甘肃省为例 [J]. 地理研究, 2007, 26（2）: 414-424.

[243] 徐嵩龄 . 我国遗产旅游的文化政治意义 [J].2007, 22（6）: 48-52.

[244] 徐文燕 . 旅游服务创新与旅游产业转型分析 [J]. 南京财经大学学报, 2010（2）: 34-38.

[245] 徐小波, 张旗 . 公共资源类旅游区泛商品化经营探析 [J]. 北京第二外国语学院学报, 2007（3）: 53-60.

[246] 徐小波, 吴必虎 . 历史街区旅游开发与居民生活环境发展研究——以扬州"双东"历史街区为例 [J]. 人文地理, 2013, 28（6）: 133-141.

[247] 徐致云, 陆林 . 周庄旅游保护与开发研究 [J]. 资源开发与市场, 2006, 22（5）: 476-478.

[248] 许传静 . 文化人类学田野调查的发展及实质 [J]. 西藏民族学院学报（哲学社会科学版）, 2006, 27（5）: 85-87.

[249] 薛德升 . 西方绅士化研究对我国城市社会空间研究的启示 [J]. 规划师, 1999, 15（3）: 109-112.

[250] 薛群慧 . 民俗风情旅游资源的保护与开发探析 [J]. 思想战线, 1997（5）: 56-59.

[251] 杨东涛, 马硕 . 社会资本与组织公民行为的关系: 组织承诺的中介作用 [J]. 南大商学评论, 2007, 15（4）: 35-52.

[252] 杨国胜, 龙彬, 覃继牧 . 论我国历史街区保护与科学旅游利用之"九大观" [J]. 城市规划, 2012, 36（9）: 91-96.

[253] 杨继瑞, 赵世磊, 罗明志 . 族旅游景区开发模型构建与制度安排——以贵州民族特色旅游景区为例 [J]. 西南民族大学学报（人文社会科学版）, 2011（1）: 124-128.

[254] 杨俊宴, 吴明伟, 谭瑛 . 整合传统空间肌理复兴城市文化特色——南京南捕厅地段核心区设计 [J].2008（12）: 42-45.

[255] 杨上广 . 大城市社会空间结构演变的动力机制研究 [J]. 社会科学, 2005（10）: 65-72.

[256] 杨上广, 王春兰 . 国外城市社会空间演变的动力机制研究综述及政策启示 [J]. 国际城市规划, 2007, 22（2）: 42-50.

[257] 杨涛 . 旅游发展对社区居民福祉影响研究 [D]. 西北大学硕士学位论文, 2012.

[258] 杨兴柱, 王群 . 全球 - 地方联结下的旅游地研究进展 [J]. 旅游学刊, 2007, 22（1）: 60-66.

[259] 杨昀, 保继刚 . 旅游社区外来经营者地方依恋的特征分析——以阳朔西街为例 [J]. 人文地理, 2012, 27（6）: 81-86.

[260] 杨振之 . 前台、帷幕、后台——民族文化保护与旅游开发的新模式探索 [J]. 民族研究, 2006（2）: 39-46.

[261] 姚华松、薛德升、许学强 .1990 年以来西方城市社会地理学研究进展 [J]. 人文地理, 2007,22（3）:

12-17.

[262] 姚长宏，刘爱利.旅游形象感知体系及其结构辨析 [J].商业时代，2012（34）: 73-75.

[263] 叶俊.基于社区的旅游规划方法 [J].热带地理，2009，29（2）: 161-166.

[264] 游海鱼，杨桂红.旅游空间商品化过程中的政府职能研究——以云南省为例 [J].云南财经大学学报，2008，24（2）: 46-49.

[265] 于显洋.社区概论 [M].北京: 中国人民大学出版社，2006: 219-220.

[266] 余向洋.中国社区旅游模式探讨——以徽州古村落社区旅游为例 [J].人文地理，2006（5）: 41-45.

[267] 俞可平.中国公民社会的兴起与治理变迁 [M].北京: 社会科学文献出版社，2002.189-190.

[268] 俞孔坚.自然景观空间意义之探索——南太行山典型峡谷景观韵律美评价 [J].北京林业大学学报，1991，15（1）: 9-17.

[269] 俞孔坚，王志芳，黄国平.论乡土景观及其对现代景观设计的意义 [J].华中建筑，2005，23（4）: 123-126.

[270] 郁建兴，吕明再.治理: 国家与市民社会关系理论的再出发 [J].求是学刊，2003，30（4）: 34-39.

[271] 袁方.社会研究方法教程 [M].北京: 北京大学出版社，2004: 234-236.

[272] 曾丽艳.旅游从业者流入动因研究——以阳朔西街为例 [J].旅游论坛，2010，3（4）: 427-431.

[273] 曾启鸿，袁书琪.旅游目的地的居民地方依恋差异研究——以鼓浪屿为例 [J].重庆师范大学学报（自然科学版），2011，28（6）: 79-83

[274] 曾昭奋.有机更新:旧城发展的正确思想——吴良镛先生《北京城与菊儿胡同》读后 [J].新建筑，1996（2）: 33-34.

[275] 张兵.少数民族社区旅游开发中社区居民利益分配问题研究——基于几个典型案例的分析 [J].辽宁师范大学学报（社会科学版），2011，34（6）: 33-38.

[276] 张朝枝，保继刚.国外遗产旅游与遗产管理研究——综述与启示 [J].旅游科学，2004，18（4）: 7-16.

[277] 张德明.文化飞地的空间表征 [J].杭州师范大学学报（社会科学版），2012（2）: 22-26.

[278] 张海东，杨隽.转型期的社会关系资本化倾向 [J].吉林大学社会科学学报，2000（1）: 53-57.

[279] 张鸿雁.城市空间的社会与"城市文化资本"论——城市公共空间市民属性研究 [J].城市问题，2005（5）: 2-8.

[280] 张继涛.乡村旅游社区的社会变迁 [D].华中师范大学博士学位论文，2009.

[281] 张建英.江南古镇旅游英语解说系统的构建——以乌镇为例 [J].嘉兴学院学报，2013，25（2）: 76-81.

[282] 张建忠，孙根年.基于文化意象视角的宗教遗产地旅游文化内涵挖掘——以五台山为例 [J].人文地理，2012，27（5）: 148-152.

[283] 张京祥.社会整体价值错位中规划师角色的思考——职业道德的迷失与再树 [J].城市规划，

2004，28（1）：34-35.

[284] 张军．对民俗旅游文化本真性的多维度思考 [J].旅游学刊，2005，20（5）：38-42.

[285] 张康之，张乾友．新市民社会背景下的国家与社会治理——对基于市民社会的国家理论的考察 [J].文史哲，2011（1）：144-154.

[286] 张林，高安刚．社会资本研究进展综述及展望 [J].广西财经学院学报，2011，24（6）：35-40.

[287] 张品．新城市社会学的社会空间转向 [J].理论与现代化，2010（5）：108-112.

[288] 张平宇．英国城市再生政策与实践 [J].国外城市规划，2002（3）：39-41.

[289] 张文和，罗章．文化·建筑文化·传统建筑文化 [J].重庆建筑大学学报（社科版），2000,1（4）：12-14.

[290] 张文彤．SPSS 统计分析高级教程 [M].北京：高等教育出版社，2004：290-297.

[291] 张文忠．城市内部居住环境评价的指标体系和方法．地理科学，2007，27（1）：17-23.

[292] 张侠．都市旅游发展与政府职能研究 [D].华中师范大学博士学位论文，2009.

[293] 张骁鸣．西方社区旅游概念：误读与反思 [J].旅游科学，2007，21（1）：1-6.

[294] 张兴华，韩宝平，史春云等．基于旅游影响感知与态度的居民类型划分——以周庄古镇为例 [J].淮海工学院学报（自然科学版），2010，19（3）：63-66.

[295] 张彦，于伟．旅游活动对城市旅游目的地社会资本的影响分析——以济南市两社区为例 [J].旅游学刊，2011，26（8）：66-71.

[296] 张振华．增长联盟：分析转型期我国地方政府与经济利益集团关系的一种理论视角 [J].天津社会科学，2011（1）：72-77.

[297] 章尚正，黄晓莉．合肥市夜旅游大发展研究 [J].铜陵学院学报，2011（1）：47-50.

[298] 赵福祥．旅游与社区人文环境互动关系研究 [J].云南财贸学院学报，2003，19（6）：103-106.

[299] 赵福祥，李全德．少数民族地区开展社区旅游的思考 [J].云南师范大学学报，2005，35（3）：137-140.

[300] 赵亮，王婧．国内外城市社会空间极化分异比较研究 [J].世界地理研究，2008，17（4）：59-65.

[301] 赵倩，王德，朱玮．基于叙述性偏好法的城市居住环境质量评价方法研究 [J].地理科学，2013，33（1）：8-15.

[302] 赵雪雁．社会资本测量研究综述 [J].中国人口·资源与环境，2012，22（7）：127-133.

[303] 郑欣．田野调查与现场进入——当代中国研究实证方法探讨 [J].南京大学学报（哲学·人文科学·社会科学），2003，40（3）：52-61.

[304] 郑昭彦．构建旅游社区 PPC 利益均衡机制的研究——以历史街区旅游开发为例 [J].焦作大学学报，2011（4）：63-66.

[305] 钟洁，陈飙．西部民族地区旅游社会冲突的协调与社会和谐发展 [J].西南民族大学学报（人文社会科学版），2011（2）：140-144.

[306] 钟栎娜．旅游研究的信度与效度 [J].旅游学刊，2010，25（10）：10-11.

[307] 周大鸣, 石伟. 旅游情境中的乡土"陌生人社会"——基于桂林灵渠旅游的田野研究 [J]. 广西民族大学学报（哲学社会科学版）, 2012, 34（5）: 56-62.

[308] 周红云. 社会资本: 布迪厄、科尔曼和帕特南的比较 [J]. 社会经济体制比较, 2003（4）: 46-53.

[309] 周岚. 关于市场经济下规划师的职责 [J]. 国外城市规划, 2001（5）: 33, 37.

[310] 周林刚. 激发权能理论: 一个文献的综述 [J]. 深圳大学学报（人文社会科学版）, 2005（11）: 45-50.

[311] 周玲. 旅游规划与管理中利益相关者研究进展 [J]. 旅游学刊, 2004, 19（6）: 53-59.

[312] 周霄. 人类学视野——论旅游的本质及其社会文化影响 [J]. 湖北大学学报（哲学社会科学版）, 2003, 30（5）: 114-116.

[313] 周学军, 张焰. 基于游客期望感知分析的旅游景区开发研究——以青龙瀑布为例 [J]. 旅游论坛, 2011, 4（5）: 17-21.

[314] 周永博, 沙润, 梁幸平. 乡村旅游发展中的社会分化与整合——环境伦理视野下的西部农村实证研究 [J]. 商业经济与管理, 2010（2）: 67-75.

[315] 周永广, 马燕红. 基于携程网自由点评的游客满意度评价及游客管理研究——以黄山风景区为例 [J]. 地理与地理信息科学, 2007, 23（2）: 97-100.

[316] 朱光亚. 历史遗产保护的关键词是"原真性" [J]. 建筑与文化, 2008（9）: 12-13.

[317] 朱海林. 论伦理关系的结构 [J]. 河南师范大学学报（哲学社会科学版）, 2010, 37（3）: 16-19.

[318] 朱喜刚. 城市更新与城市再生 [J]. 城市建筑, 2009（2）: 6-10.

[319] 宗晓莲, 朱竑. 国外旅游的社会文化影响研究进展 [J]. 人文地理. 2004, 19（4）: 14-21.

[320] 宗晓莲. 旅游地空间商品化的形式与影响研究——以云南省丽江古城为例 [J]. 旅游学刊, 2005（4）: 30-36.

[321] 邹统钎, 陈序桃. 乡村旅游经营者共生机制研究——以北京市怀柔区北宅村为例 [J]. 北京第二外国语学院学报, 2006（9）: 67-73.

[322] 邹统钎, 李飞. 社区主导的古村落遗产旅游发展模式研究——以北京市门头沟爨底下古村为例 [J]. 北京第二外国语学院学报, 2007（5）: 78-86.

[323] 左冰, 保继刚. 从"社区参与"走向"社区增权"——西方"旅游增权"理论研究述评 [J]. 旅游学刊, 2008, 23（4）: 58-63.

[324] 左冰. 旅游增权理论本土化研究——云南迪庆案例 [J]. 旅游科学, 2009, 23（2）: 1-8.

[325] [德] 齐美尔. 货币哲学 [M]. 陈戎女等译. 北京: 华夏出版社, 2002.

[326] [法] 亨利·勒菲弗. 空间与政治（第2版）[M]. 李春译. 上海: 上海人民出版社, 2008: 1-10.

[327] [法] 列斐伏尔. 空间·社会产物与使用价值 // 包亚明. 现代性与空间的生产 [C]. 上海: 上海教育出版社, 2003: 47.

[328] [法] 列斐伏尔. 空间政治学的反思 // 包亚明. 现代性与空间的生产 [C]. 上海: 上海教育出版社, 2003: 62.

[329] [美]爱德华·索亚.第三空间——通往洛杉矶和其他真实和想象地方的旅程 [M]. 陆扬等译.上海：上海教育出版社，2005：94-101.

[330] [美]杜赞奇.文化、权力与国家：1900-1942年的华北农村 [M].王福明译.南京：江苏人民出版社，2004.

[331] [美]福勒.调查研究方法 [M].孙振东，龙藜，陈荟译.重庆：重庆大学出版社，2004：84-88.

[332] [美]福柯，雷比诺.空间、知识、权力——福柯访谈录 // 包亚明.后现代性与地理学的政治 [C].上海：上海教育出版社，2001：1-17.

[333] [美]马克·戈特迪纳，雷·哈奇森.新城市社会学 [M].黄怡译.上海：上海译文出版社，2011：70-71.

[334] [美]曼纽尔·卡斯特.网络社会的崛起 [M].夏铸九，王志弘译.北京：科学文献出版社，2001：504.

[335] [日]加知範康，加藤博和，林良嗣.汎用空間データを用いて居住環境レベルの空間分布をQOL 指標で評価するシステムの開発 // 日本都市計画学会.都市計画論文集 [C].2008，43（3）：19-24.

[336] [日]浅见泰司.居住环境评价方法与理论 [M].高晓路，张文忠等译.北京：清华大学出版社，2006.

[337] [英]厄里.关于时间与空间的社会学 // 特纳.社会理论指南 [C].李康译.上海：上海人民出版社，2003：505.

[338] [英]菲奥纳·鲍伊.宗教人类学导论 [M].金泽，何其敏译.北京：中国人民大学出版社，2004：106.

[339] Ahmed Z U. The need for the identification of the constituents of a destination's tourist image: A promotion segmentation perspective[J]. Journal of Professional Services Marketing, 1996, 14（1）: 37-60.

[340] Allen L R, Long P T, Perdue R R, S Kieselbach. The Impact of Tourism Development on Residents Perceptions of Community Life[J]. Journal of Travel Researeh, 1988, 26（1）: 16-21.

[341] Alzua A, O'Leary J, Morrison A. Cultural and Heritage Tourism: Identifying Niches for International Travelers[J]. The Journal of Travel and Tourism Studies, 1998, 9（2）:2-13.

[342] Amsden B L, Stedman R C, Kruger L E. The Creation and Maintenance of Sense of Place in a Tourism-Dependent Community[J]. Leisure Sciences, 2011, 33（1）: 32-51.

[343] Andereck K, Valentine K M, Vogt C A, et al. A Cross-cultural Analysis of Tourism and Quality of Life Perceptions[J]. Journal of Sustainable Tourism, 2007, 15（5）: 483-492.

[344] Ap J. Residents Perceptions on Tourism Impacts[J].Annals of Tourism Research,1992,19（4）: 665-690.

[345] Arnstein S. A laddder of citizen participation[J]. Journal of the American Institute of Planners, 1969, 35（4）: 216-224.

[346] Atkinson R, Moon G. Urban policy in Britain: The city, the state and the market[M]. Basingstoke: Macmillan, 1994: 66.

[347] Atkočiūnienė V. The Rural Community Role in Sustainable Tourism Development//Rural Development 2009[C]. Lithuanian University of Agriculture, 2009: 28-33.

[348] Baldwin E, Longhurst B, Smith G. 文化研究导论 [M]. 北京: 北京大学出版社, 2005: 4-6.

[349] Baloglu I S, Mcleary K W. U.S. International Pleasure Travelers' Images of Four Mediterranean Destinations: A Comparison of Visitors and Nonvisitors[J].Journal of Travel Research, 1999, 22（3）: 144-152.

[350] Bergin-Seers S, Jago L. Performance measurement in small motels in Australia[J]. Tourism and Hospitality Research, 2007, 7（2）: 144-155.

[351] Bichi R. Mixed approach to measuring social distance[J]. Cognition, Brain, Behavior, 2008, XII（4）: 487-508.

[352] Blacksell M. Social justice and access to legal services: A geographical perspective[J]. Geoforum, 1990, 21（4）: 489-502.

[353] Boissevain J. The Impact of Tourism on a Dependent Island: Gozo, Malta[J]. Annals of Tourism Research, 1979, 6（1）: 76-90.

[354] Boon M A, et al. International Versus Domestic Visitors: An Examination of Destination Image Perceptions[J]. Journal of Travel Research, 2005, 43（3）: 294-301.

[355] Bottero W, Prandy K. Social interaction distance and stratification[J]. British Journal of Sociology, 2003, 54（2）: 177-197.

[356] Bourdieu P. Distinction: A social critique of the taste[M]. Harvard University Press: Cambridge, 1984.

[357] Bourdieu P. The social space and the genesis of groups[J]. Theory and Society,1985,14(6): 723-744.

[358] Boyd M. Reconstructing Bronzeville: Racial Nostalgia and Neighborhood Redevelopment[J]. Journal of Urban Affairs, 2000, 22（2）: 107-122.

[359] Bramley G, Dempsey N, Power S, et al. What is "social sustainability" and how do our existing urban forms perform in nurturing it// Planning Research Conference[C].Bartlett School of Planning, London, 2006: 1-40.

[360] Brougham J E, Butler R W. A Segmentation Analysis of Resident Attitudes to Social Impact of Tourism[J]. Annals of Tourism Research, 1981（4）: 569-590.

[361] Burton E. The compact city: Just or just compact? A preliminary analysis[J].Urban

Studies, 2000, 37（11）: 1969-2001.

[362] Buttimer A. Social Space in Inter-disciplinary Perspective[J]. Geographical Review, 1969, 59（3）: 418.

[363] Castells M. The Urban Question[M]. London: Edward Amold Publish Press, 1977: 34-49.

[364] Castells M. The rise of network society[M]. Blackwell: Oxford, 1996: 378-411.

[365] Cattell V, Dines N, et al. Mingling, observing, and lingering: Everyday public spaces and their implications for well-being and social relations[J]. Health & Place,2008,14(3): 544-561.

[366] Chen C F, Chen F S. Experience quality, perceived value, satisfaction and behavioral intentions for heritage tourists[J]. Tourism Management, 2009, 31: 29-35.

[367] Chen M H. Interactions between business conditions and financial performance of tourism firms: Evidence from China and Taiwan[J]. Tourism Management, 2007, 28（1）: 188-203.

[368] Choi H C, Sirakaya E. Sustainability indicators for managing community tourism[J]. Tourism Management, 2006, 27（6）: 1274-1289.

[369] Cohen E. A Phenornenology of Tourist Experiences[J]. The Journal of the British Sociological Association, 1979a, 13（2）: 179-201.

[370] Cohen E. Towards A Sociology of International Tourism[J]. Annals of Tourism Research, 1979b, 6（1）: 15-35.

[371] Cohen J, Arato A. Civil Society and Political Theory. Cambridge, MA: MIT Press, 1992: ix.

[372] Coleman J S. Social Capital in the Creation of Human Capital[J]. merican Journal of Sociology , 1988, 94（S）: 95-120.

[373] Couch C, Sykes O, Börstinghaus W. Thirty years of urban regeneration in Britain, Germany and France: The importance of context and path dependency[J]. Progress in Planning, 2011, 75: 1-52.

[374] Cunha J M P, Jimenez M A, et al. Social segregation and academic achievement in state-run elementary schools in the municipality of Campinas,Brazil[J]. Geoforum,2009,40（5）: 873-883.

[375] Cunningham P. Social valuing for Ogasawara as a place and space among ethnic host[J]. Tourism Management, 2006, 27（3）: 505-516.

[376] Danes S M, Stafford K, Johnben Teik-Cheok L. Family business performance: The effects of gender and management[J]. Journal of Business Research, 2007, 60（10）: 1058-1069.

[377] Dann G M S. Tourist motivation:An appraisal[J].Annals of Tourism Res earch, 1981, 8（2）: 187-219.

[378] De Kadt E. Tourism: Passport to Development?[M]. New York: Oxford University Press, 1979.

[379] De Lauwe P.-H. C. Essais de sociologie[M]. Paris: Seuil, 1965: 96-101.

[380] Dear J, Wolch M. The Power of Geography: How Territory Shape Social Life[M]. London: Unwin Hyman Publish press, 1989: 233-315.

[381] Deery M, Jago L, Fredline L. Rethinking social impacts of tourism research: A new research agenda[J]. Tourism Management, 2012, 33（1）: 64-73.

[382] Der Merwe C D V. The Use of Heritage and Environmental Justice in Urban Regeneration: The Case for Constitution Hill, Johannesburg[J]. African Geographical Review, 2006, 25: 63-84.

[383] Dimendberg E. Henri Lefebvre on Abstract Space[A]. Light A, Smith J M. The Production of Public Space[C]. New York: Rowman and Littlefield, 1997: 17-47.

[384] Duffield B S. Tourism: The measurement of economic and social impact[J]. Tourism Management, 1982, 1（4）: 248-255.

[385] Dupont V. Socio-spatial differentiation and residential segregation in Delhi: A question of scale?[J]. Geoforum, 2004, 35（2）: 157-175.

[386] Dyer P, Aaerdeen L, Schuler S. Tourism Impacts on an Australian Indigenous Community: A Djabugay Case Study[J]. Tourism Management, 2003, 24: 83-95.

[387] Echtner C. M, Ritchie J. The Meaning and Measurement of Destination Image[J]. The Journal of Tourism Studies, 1991, 2（2）: 2-12.

[388] Echtner C M, Ritchie J. The Measurement of Destination Image: An Empirical Assessment[J]. Journal of Travel Research, 1993, 31（4）: 3-13.

[389] Everitt B S, Dunn G. Applied Multivariate Data Analysis（2nd）[M]. London: Wiley, 2001: 84-92.

[390] Fishbein M, Ajzen I. Attitudes toward objects as predictors of single and multiple behavioral criteria[J]. Psychological Review, 1974, 81: 59-74.

[391] Fredline E, Faulkner B. Host community reactions: A cluster analysis[J]. Annals of Tourism Research, 2000, 27（3）: 763-784.

[392] Fried M. Continuities and discontinuities of place[J]. Journal of Environmental Psychology, 2000, 20（3）: 193-205.

[393] Gallarza M G. Destination Image: Towards a Conceptual Framework[J]. Annals of Tourism Research, 2002, 29（1）: 56-78.

[394] Gallarza M G, Saura I G. Value dimensions, perceived value, satisfaction and loyalty: An investigation of university students' travel behaviour[J]. Tourism Management, 2006, 27（3）: 437-452.

[395] Getz D. Residents' attitudes toward tourism: A longitudinal study in Sprey Valley,

Scotland[J]. Tourism Management, 1994, 15（4）: 247-258.

[396] Getz D, Petersen T. Growth and profit-oriented entrepreneurship among family business owners in the tourism and hospitality industry[J].International Journal of Hospitality Management, 2005, 24（2）: 219-242.

[397] Gottdiener M, Hutchison R. The New Urban Sociology（2nd ed）[M]. New York: McGraw-Hill Companies, 2000.

[398] Govender Y, Jury M R, Mthembu A, et al. Socio-economic Status and Development Potential for a Rural Community on the Maputaland Coast of South Africa[J]. South African Geographical Journal, 2005, 87（1）: 37-42.

[399] Goyens T. Social space and the practice of anarchist history[J]. Rethinking History, 2009, 13（4）: 439-457.

[400] Greathouse-Amador L M. Tourism: A Facilitator of Social Awareness in an Indigenous Mexican Community?[J]. Review of Policy Research, 2005, 22（5）: 709-720.

[401] Greenbaum S D, Greenbaum P E. The ecology of social networks in four urban neighborhoods[J]. Social Networks, 1985, 7（1）: 47-76.

[402] Gregory D. Geographical Imaginations[M]. Oxford: Blackwell, 1994: 403.

[403] Grönlund B, 1999. Urbanity: Lived space and difference[OL]. Urbanity and Aesthetics, Copenhagen University, Seminar, 1999-06-16.

[404] Gu H, Ryan C. Place attachment, identity and community impacts of tourism——the case of a Beijing hutong[J]. Tourism Management, 2008, 29（4）: 637-647.

[405] Gu M, Wong P P. Residents' Perception of Tourism Impacts: A Case Study of Homestay Operators in Dachangshan Dao, North-East China[J]. Tourism Geographies, 2006, 8（3）: 253-273.

[406] Gunn C A. Tourism planning: Basics, concepts, cases（3rd ed）[M]. London: Tayor & Francis, 1994: 16.

[407] Gursoy D, Jurowski C, Uysal M. Resident attitudes: A structural modeling approach[J]. Annals of Tourism Research, 2002, 29（1）: 79-105.

[408] Haija A A A. Jordan: Tourism and conflict with local communities[J]. Habitat International[J]. 2011（35）: 93-100.

[409] Hall C M, McArthur S. Integrated Heritage Management: Principles and Practice. London: The Stationery Office, 1998.

[410] Hall S. Encoding/decoding // Hall S, Hobson D, Lowe A, et al. Cultural, Media, Language: Working Papers in Cultural Studies, 1972-79[C]. London: Psychology Press, 1992: 107-116.

[411] Hallak R, Brown G, Noel J L. The Place Identity-Performance relationship among tourism

entreprenuers: A structural equation modelling analysis[J]. Tourism Management, 2012, 33 (1): 143–154.

[412] Hampton M P. Heritage, Local Communities and Economic Development[J]. Annals of Tourism Research, 2005, 32 (3): 735–759.

[413] Hinch T D, Li Y. Developing tourism in China: Opportunities and challenges // Go F, Qu H. Reducing barriers to international tourism[C]. Hong Kong: Hong Kong Polytechnic University Press, 1994: 80–87.

[414] Hoffmann J. In the Triangle of Civil Society, Politics, and Economy: Positioning Magazines of Nonprofit Organizations[J]. Voluntas: International Journal of Voluntary & Nonprofit Organizations, 2011, 22 (1): 93–111.

[415] Hsu J Y J. Spaces of civil society: the role of migrant non-governmental organizations in Beijing and Shanghai[J]. Progress in Development Studies, 2012, 12 (1): 63–76.

[416] Jian G E, Kazunori H. Residential environmental evaluation of local cities considering regional characteristic and personal residential preference: A case study of Saga City, Japan[J]. Journal of Environmental Sciences, 2004, 16 (1): 138–144.

[417] Jordan A. Practicing anthropology in corporate America: Consulting on organizational culture[M]. Chichester: Wiley-Blackwell, 2009: 6.

[418] Jurowski C, Gursoy D. Distance effects on residents' attitudes toward tourism[J]. Annals of Tourism Research, 2004, 31 (2): 296–312.

[419] Kirby A. The production of private space and its implications for urban social relations[J]. Political Geography, 2008, 27 (1): 74–95.

[420] Knox P L. Urban Social Geography[M].London Scientific & Technical, 1995.

[421] Kozak M. Comparative assessment of tourist satisfaction with destinations across two nationalities[J].Tourism Management, 2001, 22 (4): 391–401.

[422] Kruger L E. Community and Landscape Change in Southeast Alaska[J].Landscape and Urban Planning, 2005, 72: 235–249.

[423] Lange F W. The Impact of Tourism on Cultural Patrimony: A Costa Rican Example[J]. Annals of Tourism Research, 1980 (1): 56–68.

[424] Leaf M. A Tale of Two Villages: Globalization and Peri-Urban Change in China and Vietnam[J]. Cities, 2002, 19 (1): 23–31.

[425] Lefebvre H, Kolakowski L. Evolution or Revolution // Elders F. Reflexive Water: The Basic Concerns of Mankind[C]. London: Souvenir, 1974: 199–267.

[426] Lefebvre H. The Production of Space[M]. Translated by Donald Nicholson-Smith. Oxford: Blackwell, 1991: 33–34.

[427] Lehmann A C. The Perceived Impact of Tourism by Tesidents: A Case Study in Santa Marta, Colombia[J]. Annals of Tourism Research, 1980 (1): 83–101.

[428] Lennon R, Weber J M, Henson J. A test of a theoretical model of consumer travel behaviour: German consumers' perception of Northern Ireland as a tourist destination[J]. Journal of Vacation Marketing, 2001, 7 (1): 51–62.

[429] Lerner M, Haber S.Performance factors of small tourism ventures: The interface of tourism, entrepreneurship and the environment[J]. Journal of Business Venturing, 2000, 16 (1): 77–100.

[430] Li Y, Lai k, Fen X G. The Problem of "Guanxi" for Actualizing Community Tourism: A Case Study of Relationship Networking in China[J]. Tourism Geographies, 2007, 9 (2): 115–138.

[431] Lindström M, Hanson B S, Östergren P O. Socioeconomic differences in leisure-time physical activity: The role of social participation and social capital in shaping health related behavior[J]. Social Science and Medicine, 2001, 52: 441–451.

[432] Lobao L M, et al. Theorizing Inequality across Space: The Missing Middle Subnational Scale in Sociology[J]. Paper presented at the Annual Meeting of the American Sociological Association, 2007 (11).

[433] MacCannel D. Staged Authenticity: Arrangements of Social Space in Tourist Settings[J]. American Journal of Sociology, 1973, 79 (3): 589–603.

[434] Mair H, Reid D G. Tourism and Community Development vs. Tourism for Community Development: Conceptualizing Planning as Power, Knowledge, and Control[J]. Leisure, 2007, 31 (2): 403–425.

[435] Mair H. Searching for a New Enterprise: Themed Tourism and the Re-making of One Small Canadian Community[J]. Tourism Geographies, 2009, 11 (4): 462–483.

[436] Mansfeld Y, Jonas A. Evaluating the Social-Cultural Carrying Capacity of Rural Tourism Communities: A "Value Stretch" Approach[J]. Tijdschrift voor Economische en Sociale Geografie, 2006, 97 (5): 583–601.

[437] Masso A. Geographical Perspective on Identity Construction: Identification Strategies of Russian Youth in Estonia[J]. The International Journal of Interdisciplinary Social Sciences, 2010, 5 (6): 51–62.

[438] Mbaiwa J E. The socio-economic and environmental impacts of tourism development on the Okavango Delta, north-western Botswana[J]. Journal of Arid Environments, 2003, 54 (2): 447–467.

[439] Mbaiwa J E. Changes on traditional livelihood activities and lifestyles caused by tourism development in the Okavango Delta, Botswana[J]. Tourism Management, 2011, 32 (5):

1050-1060.

[440] McFarlane C. Translocal assemblages: Space, power and social movements[J]. Geoforum, 2009, 40 (4): 561-567.

[441] McGehee N G, Andereck K. Volunteer tourism and the "voluntoured": The case of Tijuana, Mexico[J]. Journal of Sustainable Tourism, 2009, 17 (1): 39-51.

[442] Michael Mann. States war and Capitalism: Studies in political sociology [M].Oxford: Blackwell, 1988.

[443] Milman A, Pizam A. Social Impacts of Tourism on Central Florida[J]. Annals of Tourism Research, 1988, 15 (2): 191-204.

[444] Miyakuni K, Stoep G A V. Linking Linkage Concepts from Diverse Fields to Build a Community-Based Tourism Planning Framework: The Case of Shuri, Japan[J]. Tourism Geographies, 2006, 8 (3): 286-309.

[445] Molotch H. The City as Growth Machine: Toward a Political Economy of Place[J]. The American Journal of Sociology, 1976, 82 (2): 309-330.

[446] Muganda M, Sahli M, Smith K A. Tourism's contribution to poverty alleviation: A community perspective from Tanzania[J]. Development Southern Africa, 2010, 27 (5): 629-646.

[447] Murphy P. Tourism: A community approach[M]. New York: Methuen, 1986.

[448] Murphy M P. Civil society in the shadow of the Irish state[J]. Irish Journal of Sociology, 2011, 19 (2): 170-187.

[449] Nepal S K. Residents' attitudes to tourism in central British Columbia, Canada[J]. Tourism Geographies, 2008, 10 (1): 42-65.

[450] Nunkoo R, Gursoy D, Juwaheer T D. Island residents' identities and their support for tourism:An integration of two theories[J]. Journal of Sustainable Tourism, 2010, 18 (5): 675-693.

[451] Nunta J, Sahachaisaeree N. Determinant of cultural heritage on the spatial setting of cultural landscape: A case study on the northern region of Thailand[J]. Procedia − Social and Behavioral Sciences, 2010 (5): 1241-1245.

[452] Okazaki E. A Community-Based Tourism Model: Its Conception and Use[J]. Journal of sustainable tourism, 2008, 16 (5): 511-529.

[453] Orueta F D. Madrid: Urban regeneration projects and social mobilization[J]. Cities, 2007, 24 (3): 183-193.

[454] Oslender U. Fleshing out the geographies of social movements: Colombia's Pacific coast black communities and the "aquatic space" [J]. Political Geography, 2004, 23 (8): 957-

985.

[455] Oyebanji J O. Multiple deprivation in cities: The case of Ilorin, Nigeria[J]. Applied Geography, 1984, 4（1）: 71-80.

[456] Page S J, Forer P, Lawton G R. Small business development and tourism: Terra incognita? [J].Tourism Management, 1999, 20（4）: 435-459.

[457] Peter R, Hugh S. Urban regeneration: A handbook[M]. London: SAGE Publications, 2000: 14.

[458] Phillips M. Differential productions of rural gentrification: Illustrations from North and South Norfolk[J]. Geoforum, 2005, 36（4）: 477-494.

[459] Pizam A, Uriely N, Reichel A. The intensity of tourist-host social relationship and its effects on satisfaction and change of attitudes: The case of working tourists in Israel[J]. Tourism Management, 2000, 21（4）: 395-406.

[460] Popke E J, Ballard R. Dislocating modernity: Identity, space and representations of street trade in Durban, South Africa[J]. Geoforum, 2004, 35（1）: 99-110.

[461] Poria Y. Challenging the Present Approach to Heritage Tourism: Is Tourism to Heritage Places Heritage Tourism? [J]. Tourism Review, 2001, 56（1/2）: 51-53.

[462] Poria Y, Butler R, Airey D. The Core of Heritage Tourism: Distinguishing Heritage Tourists from Tourists in Heritage Places[J]. Annals of Tourism Research, 2003, 30（1）: 238-254.

[463] Pred A. The social becomes the spatial, the spatial becomes the social; enclosures, social change and the becoming of place in the Swedish province of Skane // Gregory D, Urry J. Social Relations and Spatial Structures[C]. London: Macmillan, 1985: 343.

[464] Preston-Whyte R. Constructed leisure space: The Seaside at Durban[J]. Annals of Tourism Research, 2001, 28（3）: 581-596.

[465] Putnam R. The Prosperous Community, Social Capital and Public Life[J]. The American Prospect, 1993, 13（4）: 35-42.

[466] Raco M, Henderson S. Flagship Regeneration in a Global City: The Re-making of Paddington Basin[J]. Urban Policy and Research, 2009, 27（3）: 301-314.

[467] Raguraman K. Estimating the Net Economic Impact Of Air Services[J]. Annals Of Tourism Research, 1997（3）: 685-674.

[468] Reichela A, Haber S. A three-sector comparison of the business performance of small tourism enterprises: An exploratory study[J]. Tourism Management, 2005, 26（5）: 681-690.

[469] Reisinger Y, Turner L W. 旅游跨文化行为研究 [M]. 朱路平译. 天津: 南开大学出版社, 2004: 1-305.

[470] Remm T. Time in spatial metalanguage: The ambiguous position of time in concepts of

sociocultural, social and cultural space[J].TRAMES, 2010, 146459（4）: 394–410.

[471] Ritzer G. The *Globalizati on of Nothing*[M].Thousand Oaks, CA: Pine Forge Press, 2004.

[472] Ross G F. Resident Perceptions of the Impact of Tourism on an Australian City[J]. Journal of Travel Research, 1992, 30（3）: 13–17.

[473] Rousseau D M. Assessing organisational culture: The case for multiple methods // Schneider B. Organizational climate and culture[C]. San Francisco: Jossey-Bass, 1990: 153–192.

[474] Ryan C, Cave J. Structuring Destination Image: A Qualitative Approach[J]. Journal of Travel Research, 2005, 44（2）: 143–150.

[475] Saarinen J. Local tourism awareness: Community views in Katutura and King Nehale Conservancy, Namibia[J]. Development Southern Africa, 2010, 27（5）: 713–724.

[476] Sauer C O. The morphology of landscape // Leighly J. Land and Life: A Selection from the writings of Carl Ortwin Sauce[C]. Berkeley: University of California, 1963: 315–350.

[477] Schönfelder S, Axhausen K. W. Activity spaces: Measures of social exclusion?[J].Transport Policy, 2003, 10（4）: 273–286.

[478] Shoval N, Isaacson M. Tourism mobility and advanced tracking technologies[M].New York: Routledge, 2010: 110–114.

[479] Simpson M C. Community Benefit Tourism Initiatives——A conceptual oxymoron?[J]. Tourism Management, 2008, 29（1）: 1–18.

[480] Snepenqer D, Snepenqer M, et al. Meanings and Consumption Characteristics of Places at a Tourism Destination[J]. Journal of Travel Research, 2007, 45（3）: 310–321.

[481] Sofer M, Applebaum L. The rural space in Israel in search of renewed identity: The case of the moshav[J]. Journal of Rural Studies, 2006, 22（3）: 323–336.

[482] Sofield T H B. Empowerment for Sustainable Tourism Development[M].Pergamon, 2003.

[483] Sofield T. Border Tourism and Border Communities: An Overview[J]. Tourism Geographies, 2006, 8（2）: 102–121.

[484] Sofield T, 徐红罡. 旅游与人类学: 研究与实践 [J]. 思想战线, 2008, 34（4）: 38–43.

[485] Soja E. Post modern Geographies: The Reassertion of Space in Critical Social Theory[M]. London, Verso, 1989.

[486] Sorokin P A. Social and cultural mobility[M]. Glencoe: Free Press, 1959.

[487] Sorokin P A. Socio-cultural causality, space and time: A study of referential principles of sociology and social science[M]. New York: Russel and Russel, 1964: 148, 215–216.

[488] Sorre M. L'espacedu grapheet du sociologue // Rencontresde la geographieet de la sociologie[C].1957: 87–114.

[489] Stal G Y, Zuberi D M. Ending the cycle of poverty through socio-economic integration:

A comparison of Moving to Opportunity (MTO) in the United States and the Bijlmermeer Revival Project in the Netherlands[J]. Cities, 2010, 27 (1): 3–12.

[490] Stets J E, Biga C F. Bringing identity theory into environmental sociology[J]. Sociological Theory, 2003, 21 (4): 398–423.

[491] Stryker S, Burke P J. The past, present and future of an identity theory[J]. Social Psychology Quarterly, 2000, 63 (4): 4284–4297.

[492] Sun J, Bao J. Anthropological Tourism Analysis on Community Participation: The Case Study of Yulong River in Yangshuo[J]. Chinese Sociology and Anthropology, 2007, 39 (3): 50–68.

[493] Tao T C H, Wall G. Tourism as a sustainable livelihood strategy[J]. Tourism Management, 2009, 30 (1): 90–98.

[494] Taylor P J. Space and sustainability: An exploratory essay on the production of social spaces through city-work[J]. The Geographical Journal, 2007, 173 (3): 197–206.

[495] Teye V, Sonmez S F, Sirakaya L. Residents' attitudes toward tourism development[J]. Annals of Tourism Research, 2002, 29 (3): 668–688.

[496] Tolosa H C. Causes of urban poverty in Brazil[J]. World Development, 1978, 6 (9–10): 1087–1101.

[497] Tomljenovic R, Faulkner B. Tourism and older residents in a sunbelt resort[J]. Annals of Tourism Research, 2000, 27 (1): 93–114.

[498] Tosun C. Limits to community participation in the tourism development process in developing countries[J]. Tourism Management, 2000, 21 (6): 613–633.

[499] Tuan Y F. Space and Place: Humanistic perspectives[J]. Progress in geography, 1974 (6): 211–252.

[500] Urtasun A, Gutiérrez I. Tourism agglomeration and its impact on social welfare: An empirical approach to the Spanish case[J]. Tourism Management, 2006, 27 (5): 901–912.

[501] Van Zyl H J C, Mathur-Helm B. Exploring a conceptual model, based on the combined effects of entrepreneurial leadership, market orientation and relationship marketing orientation on South Africa's small tourism business performance[J].South African Journal of Business Management, 2007, 38 (2): 17–24.

[502] Veenstra G. Culture and Class in Canada[J]. Canadian Journal of SoCiology, 2010, 35 (1): 83–111.

[503] Walker J L, Mitchell B, Wismer S. Impacts during project anticipation in Molas, Indonesia: Implications for social impact assessment [J].Environmental Impact Assessment Review, 2000, 20 (5): 513–535.

[504] Weaver D, Lawton L. Resident perceptions in the urban-rural fringe[J]. Annals of Tourism Research, 2001, 28（2）: 439-458.

[505] Weinberg N. Preservation in American towns and cities[M]. Boulder: West view Press, Inc. Colorado, 1979: XV.

[506] Whyte P R. Constructed leisure space: The Seaside at Durban[J]. Annals of Tourism Research, 2001, 28（3）: 581-596.

[507] Wiles J L, Allen R E S, et al. Older people and their social spaces: A study of well-being and attachment to place in Aotearoa New Zealand[J]. Social Science & Medicine, 2009, 68（4）: 664-671.

[508] Williams D R, Patterson M E, Poggenbuck J H, et al. Beyond the community metaphor: Examining emotional and symbolic attachment to place[J]. Leisure Science, 1992, 14（2）: 29-46.

[509] Williams J, Lawson R. Community issues and resident opinions of tourism[J]. Annals of Tourism Research, 2001, 28（2）: 269-290.

[510] Wright J K. Terrae incognitae: The place of the imagination in geography[J]. Annals of the Association of American Geography, 1947, 37（1）: 1-15.

[511] Yang S C, Farn C K. Social capital, behavioural control, and tacit knowledge sharing——A multi-informant design[J]. International Journal of Information Management, 2009, 29: 210-218.

[512] Yu L, Goulden M. A comparative analysis of international tourists' satisfaction in Mongolia[J]. Tourism Management, 2006, 27（6）: 1331-1342.

[513] Zhang J, Inbakaran R J, Jackson M S. Understanding Community Attitudes Towards Tourism and Host-Guest Interaction in the Urban-Rural Border Region[J]. Tourism Geographies, 2006, 8（2）: 182-204.

[514] Zhang X, Ding P, Bao J. Patron-Client Ties in Tourism: The Case Study of Xidi, China[J]. Tourism Geographies, 2009, 11（3）: 390-407.

[515] Zheng Y, Wang H, Zheng B. Redevelopment Strategies of Tourism Landscape Resources in Ancient Villages of Southern Anhui Province[J]. Journal of Landscape Research,2010,2(1): 84-88.

隔页插图图片来源: 蒋龙梅、徐小波。

后 记

旅游是一个说不清的东西。它可以用来表达一段人生，也可以用来表达一场境遇；可以用来表达熙攘人群的欢歌笑语，也可以用来表达孑然只影的月下独酌；可以表达五湖四海的大千人文，也可以表达梓乡陌上的平常景象。其形宏兮，可纳天地；其性微兮，流于寸思。

我想，应该有很多人和我一样，小时候望着天盘算着"外面的世界"，而随着双脚踏过的足迹在世界上一点一点岔开，却愈加怀念那个"曾经的故乡"。人，生而如旅；生，处处成游。人生阅览的是一场风景，收纳的是一场风情。你我皆如此，信不信由你。

没必要把旅游当作一个"高大上"的领域。当然，它也不是一个"矮矬穷"的营生。在我们周围，经常有人"炫耀"一场场"说走就走"的旅行经历，于是乎，这些经历"说走"也就"走了"，留下的是一个空洞的时空标记。这些旅游很难用"场所"、"凝视"、"体验"这些"术语"来解读，而更适宜用"人次"、"花费"、"逗留时间"这些"指标"来刻画。旅游需要一种敬畏。它不只是舌尖上的形容词，更是心底里的读后感。譬如耄耋之言，描绘一场场故事，传承一出出阅历，情景交融，才是"有我之境"，而非"人去楼空江自流"。所以，旅游是一门学问，不只是一场"说道"。

是学问，就需要研究。研究什么？研究一切旅游之事项。具体是什么？未可定也。旅游研究或如"沙滩上的一张脸"，面对的是"存在与时间"百态。旅游研究的世界涉及人、景和行为，扩展一下就是社会、场景和活动，再延展一下就是人文、空间和运动。想象一下，研究者端坐在书房中央，其外就是各类旅游者不断编织的世界。这种景象就是旅游研究面临的巨大挑战，告诫研究者要敬畏、要警醒，缘于身处"十面埋伏"的"无间道"。

道可道，非常道。不禁想起扬州大明寺，在栖灵塔对面有一段石坡"路"，中途生长一参天大树。我曾拍摄下来，取名为"道"。"道"和"路"是不同的。大树与铺石，本可如水火之互不相容。然而，铺石留一窟，大树自荫蔽，此"路"遂成"金木水火土"齐性之"道"。旅游研究之道，亦在于"旅游世界"之齐性。执其一端，其势如泻；执其二端，其势稳而不固；执其者三，其势定也。旅游研究宜取"三"道。三者，社会、空间、实践；三位一体，成其"社会空间"。

社会空间，对国内旅游学界来说应谓之新兴词，但其意不新。历史原因，旅游研究的"话语体系"采信于西，掩映了不少传统智慧，"替古人操心"还真不是"说着玩的"。王恩涌先生说地理研究要"有地有理、目中有人"，乃至于"天时地利人和说"，都把西方"社会空间"要表达"社会性和空间性相互生产、辩证统一"的复杂意思说清楚了。总之，"人、地、行为"捆绑在一块，就是作为特定时间涌现的"社会空间"。用这个无所不包的社会空间来映射"旅游世界"，只会让研究者更付辛劳而不是"偷工减料"。

关于这本书所研究的社会空间，已经在正文中有不少阐述，后记就不再"画蛇添足"了。在这里，我更想阐述作为一个旅游研究者的社会空间的建构过程。这是一个很广博的空间，很多人入入出出，很多地方辗辗转转，很多事情沉沉浮浮。首先要感谢我的父母、家人，以及我那位于扬子江中的故乡，"那里"给了我做人做事的第一杯土。在中国，土的元神当属地藏佛，他教导我们土有七义：能生义、能摄义、能载义、能藏义、能持义、能依义、坚牢不动义。土是本，土之义就是本义。一个学者尤其是地理研究者的立足点总是各种"土"夯出来的，"故土"之义当属其冲。其次，要感谢在我人生旅途——无论囧途抑或乐途——中"出场"的那些人和那些事。是他们，化作我"土"中的各种装涂，让它扩张成一个斑斓的世界。再次，要感谢我作为一个旅游研究者的故土——淮左名都、竹西佳处——扬州。张旗老师、华国梁老师、潘宝明老师、黄傲成老师、王新驰老师……以及瘦西湖畔、史公祠前、东关渡口等凝聚"江淮大镇"悠久底蕴的众多"场所"，一道在我的旅游世界里铸入铿锵之声。聊以此书寓寄垂垂感恩之心。北大浇筑了我旅游社会空间里的立柱，坚实、存远、通灵、虚怀而敬上。坚实，若出我的导师——吴必虎老师。他对我一次次严厉而睿智的批判恰如匠心捶打，而他那堆满"过时"书籍的"小洞天"（办公室）里却蕴藏着坚实的学术根基。从他那里，我体会到学术大成没有"武功秘籍"，必须用日头去陪伴那一格格"好像不怎么有用"的纸片片。存远，若出吕斌老师。他总是以前瞻的眼光搜索着思想的远方，打量着学术地平线的"鱼肚白"。本书倡议的"可持续再生"理念，正是吕老师所传授的。在写作过程中，吕老师多番教诲、刘杂持正、莫敢忘怀。通灵，若出梁鹤年（Hok-Lin Leung）老师，他是我在加拿大女王大学（Queen's University）联合培养的导师。他饱阅中外，中正不倚，敏捷入丝。他教导我要学习"水"，明辨"真善美"，慎思"中为中用、洋为洋用"，区处"大我与小我"，笃行"自我保存、与人共存"。他的教诲总如穿针引线，带领我的思绪游走含混之际，在满目繁芜中曲径通幽。虚怀，若出冯长春老师、柴彦威老师、林坚老师、唐晓峰老师、贺灿飞老师、陈彦光老师、汪芳老师、孟晓晨老师等诸位师长。他们都是相关领域的"牛人"，但总不满足于既往，而孜孜于学术精长和诲人不倦。在他们的课堂里，出产的是洋洋洒落的"知识雨"和津津有味的"研讨范"。是他们，让我感受到谦谦君子、蔚蔚学风的平实，领略了学术无疆、博采众长的巍峨。敬上，若出"琳姐"（戴林琳博士）、"李大哥"（李云鹏博士）等一干青俊。她（他）们都身手不凡，各怀绝技，但总以"素面朝天"的姿态接纳"流星和流石"。这种"足下千峰、苍穹为上"的心态，让我领悟到"星汉灿烂、若出其里"的魅力和"向未知处求索有知"的深邃。当然，忘不了的还有温暖的"崔总"（崔锐"总管"）、快人快语的邵隽姐、"新儒范"潇婷姐、"大姐大"莉娜、爽快的海波姐、"知性女神"栎娜姐、眯着眼睛的宏杰兄、温吞吞的若龄、笑呵呵的尹骏小哥、忙里忙外的丛丽姐、秀外慧中的志娜、憨实好学的高璟、才思敏捷的刘鲁、勤快的王珺、聪敏的小岚、聪慧的小莉、静悄悄的旺姆、闹腾腾的小乔，以及能够驳斥 iCRTR"阴盛阳衰说"的"大将风范的华仔"、世罕、静儒……

需要感谢的还有"进口的莫教授"（Alastair Morrison）、同济刘滨谊教授、清华施祖麟教授、人大王琪延教授、民大徐永志教授、北林张玉钧教授、北交余青教授等师长，以及没有同窗交集却在各种群里"胡扯海吹"的 iCRTRers（"二咪"、"党帅"、"员外"……）。

对朝圣者来说，旅途总是"痛并快乐着"通向信仰，无论风雨和阳光。社会空间，无论是在旅游领域还是更开阔的人生旅程，都是夹杂着哭与笑、痛与乐、失与得、分与合、文与野、红与黑、傲慢与偏见、"to be or not to be"的熔融物。然而不泯的是信仰。在风雨和阳光、生长和衰亡都是客观际遇的世界，所幸我们有"可持续再生"的朝圣路径。返躬于东篱，遨游于无垠。愿每个人的赤诚信念都在自己的社会空间之旅中可持续再生，纵使栉风沐雨。

最后，谨以此书献给我的妻子燕维。感谢她在花信年华陪着我这个"无聊的人"跋涉于书山学海之僻陋。

二〇一六年，元旦夜，于东方润园书房